AF554596

LE TOUR DE LA FRANC
PAR DEUX ENFANTS

DEVOIR ET PATRIE

LIVRE DE LECTURE COURANTE
AVEC PLUS DE 200 GRAVURES INSTRUCTIVES POUR LES LEÇONS DE CHOSES

PAR

G. BRUNO
Lauréat de l'Académie française, auteur de *Francinet*

CENT QUATRE-VINGT-ONZIÈME ÉDITION
CONFORME AUX PROGRAMMES DU 27 JUILLET 1882

COURS MOYEN

PARIS
LIBRAIRIE CLASSIQUE EUGÈNE BELIN
Vve EUGÈNE BELIN ET FILS
RUE DE VAUGIRARD, N° 52

1889

Tout exemplaire de cet ouvrage non revêtu de ma griffe sera réputé contrefait.

Eug. Belin

PRÉFACE

La connaissance de la patrie est le fondement de toute véritable *instruction civique.*

On se plaint continuellement que nos enfants ne connaissent pas assez leur pays : s'ils le connaissaient mieux, dit-on avec raison, ils l'aimeraient encore davantage et pourraient encore mieux le servir. Mais nos maîtres savent combien il est difficile de donner à l'enfant l'idée nette de la patrie, ou même simplement de son territoire et de ses ressources. La *patrie* ne représente pour l'écolier qu'une chose abstraite à laquelle, plus souvent qu'on ne croit, il peut rester étranger pendant une assez longue période de la vie. Pour frapper son esprit, il faut lui rendre la patrie visible et vivante. Dans ce but, nous avons essayé de mettre à profit l'intérêt que les enfants portent aux récits de voyages. En leur racontant le voyage courageux de deux jeunes Lorrains à travers la France entière, nous avons voulu la leur faire pour ainsi dire voir et toucher; nous avons voulu leur montrer comment chacun des fils de la mère commune arrive à tirer profit des richesses de sa contrée et comment il sait, aux endroits même où le sol est pauvre, le forcer par son industrie à produire le plus possible.

En même temps, ce récit place sous les yeux de l'enfant tous les devoirs en exemples, car les jeunes héros que nous y avons mis en scène ne parcourent pas la France en simples promeneurs désintéressés : ils ont des devoirs sérieux à remplir et des risques à courir. En les suivant le long de leur chemin, les écoliers sont initiés peu à peu à la *vie pratique* et à l'*instruction civique* en même temps qu'à la *morale;* ils acquièrent des notions usuelles sur l'*économie industrielle et commerciale*, sur l'*agriculture*, sur les principales *sciences* et leurs applications. Ils apprennent aussi, à propos des diverses provinces, les vies les plus intéressantes des *grands hommes* qu'elles ont vus naître : chaque invention faite par les hommes illustres, chaque progrès accompli grâce à eux devient pour l'enfant un exemple, une sorte de morale en action d'un nouveau genre, qui prend plus d'intérêt en se mêlant à la description des lieux mêmes où les grands hommes sont nés.

En groupant ainsi toutes les connaissances morales et civiques autour de l'idée de la *France*, nous avons voulu présenter aux enfants la patrie sous ses traits les plus nobles, et la leur montrer grande par l'honneur, par le travail, par le respect religieux du devoir et de la justice (1).

1. Pour le développement du cours de morale sociale et d'instruction civique, voir la nouvelle édition de *Francinet*, entièrement refondue et complétée conformément aux nouveaux programmes, et notre livre de lecture courante intitulé *les Enfants de Marcel.*

SAINT-CLOUD. — IMPRIMERIE Ve EUG. BELIN ET FILS.

PROGRAMMES OFFICIELS DE 1882

ET PAGES CORRESPONDANTES DU TOUR DE LA FRANCE

COURS MOYEN

Morale.

« Entretiens, lectures avec explications, exercices pratiques... N'omettre aucun point important du programme.

I

L'enfant dans la famille. Parents, frères, serviteurs. Devoirs envers les parents.

» Obéissance, respect, amour, reconnaissance, etc. (Le maître trouvera l'occasion de développer ces devoirs déjà exposés dans nos livres pour l'*Enfant* et l'*Adolescent*, en faisant lire le chapitre III du *Tour de la France*, p. 9, et, *passim*, dans tout le cours du volume.)

Devoirs des frères et sœurs.

» S'aimer les uns les autres; protection des plus âgés à l'égard des plus jeunes, action de l'exemple. (Voir tout le volume et, spécialement, p. 9, *Amour fraternel;* 18, *Enseignements du frère aîné;* 21, 22, *Protection du frère aîné;* 69, 70, *Conseils et exemple fraternels;* 169, 171 et suivantes, *Soins fraternels;* etc.)

L'enfant dans l'école. (En parler notamment à propos des pages 43, 44, 54, 81, 83, 285, 304.)

La patrie.

» La France, ses grandeurs et ses malheurs. Devoirs envers la patrie et la société. (Voir le livre tout entier, spécialement : 9, 10, 11, 12, 13, 24, 34, 191, 214, 283, 300, 303, le *Souvenir de la Patrie*, 34; voir aussi les *Vies des grands hommes de la France*, et l'histoire des grands patriotes : Jeanne d'Arc, Drouot, 57; Vauban, 107; Vercingétorix, 134; l'Hôpital, 138; Bayard, 176; Mirabeau, Portalis, 197; Cujas, 210; Daumesnil, 217; Duguesclin, 236, l'abbé de Saint-Pierre, 250; Colbert, 272, etc.)

II

Devoirs envers soi-même.

1° Le *corps :* propreté, 26; sobriété et tempérance, dangers de l'ivresse, etc., 67, 69, etc. Les *biens extérieurs :* économie (à propos des pages 42, 63, 153, 154); éviter les dettes, 199, 200, 277. Le travail; ne pas perdre de temps, obligation du travail pour tous les hommes, noblesse du travail manuel. (Le maître en parlera à propos des pages 37, 53, 81, 94, 106, 107, 117, 118, 157 (de Jussieu).

2° *L'âme :* véracité et sincérité; ne jamais mentir, 123, 234. Dignité personnelle, respect de soi-même, 234. Modestie : ne point s'aveugler sur ses défauts, éviter l'orgueil, la vanité, etc., 55 (l'étourderie, 127). Courage dans le péril, 135, 138, 141, 143, 177, 218, 236, 251, 258, etc.; courage dans le malheur, 200; patience, 15, 206; esprit d'initiative, 49, 141, 143. Dangers de la colère, 67, 68. Traiter les animaux avec douceur; ne point les faire souffrir inutilement. (Le maître pourra parler de la loi Grammont et des sociétés protectrices des animaux, à propos des pages 70, 73, etc.)

III

Devoirs envers les autres hommes.

» Justice et charité; ne faites pas à autrui ce que vous ne voudriez pas qu'on vous fît; faites aux autres ce que vous voudriez qu'ils vous fissent, 69, 70. Ne porter atteinte ni à la vie, ni à la personne, ni aux biens, ni à la réputation d'autrui. (*Respect du bien d'autrui et probité*, 101, 121.) Bonté, fraternité, 143, 254, 255. (Exemples : *Montesquieu*, 218; *Fénelon*, 220; *saint Vincent de Paul*, 221; *Dévouement d'Eustache de Saint-Pierre*, 268; *Egoïsme et dévouement*, 143, 251; *Obligeance*, 39; *La charité du pauvre*, 11; *L'hospitalité*, 7, 26; *Un bienfait délicat*, 40; *Service pour service*, 27.)

N. B. — » Dans tout ce cours, l'instituteur prend pour point de départ l'existence de la conscience, de la loi morale et de l'obligation. Il fait appel au *sentiment* et à *l'idée* du devoir. (Voir le volume tout entier, dont le sous-titre est : *Devoir et patrie.*)

IV. *Devoirs envers Dieu.*

» L'instituteur n'est pas chargé de faire un cours *ex professo* sur la nature et les attributs de Dieu... Il apprend aux enfants à ne pas prononcer légèrement le nom de Dieu; il associe étroitement dans leur esprit, à l'idée de la *Cause première* et de l'*Être parfait*, un sentiment de respect et de vénération. (Voir p. 22, 25, 87, etc.)

Instruction civique, droit usuel, notions d'économie politique.

» Notions très sommaires sur l'*organisation de la France.* (Ces notions sont répandues *passim* dans tout le volume.)

Le citoyen, ses obligations et ses droits : l'obligation scolaire (le maître trouvera occasion d'en parler spécialement aux pages 43, 44, 81, 304), le service militaire (Exemples du devoir et du courage militaires, 58, 176, 219, 236, 263); 308; l'impôt, les octrois, 99, 100; le suffrage universel, 296. La commune, 76; le maire, 62, 161; le conseil municipal, 99. Le préfet, 62; l'Etat, le pouvoir législatif, le pouvoir exécutif, 296; la justice. (Le maître en pourra parler principalement à propos des pages 197, 211, 296.) La loi, 214. Les magistrats. Les juges, 210 (*Exemple de l'Hôpital*, 138, *Portalis*, 197, *Cujas*, 219), 217. L'armée (*Ecole de cavalerie*, 242, *Polygone d'artillerie*, 219)[1].

Éléments usuels des sciences physiques et naturelles.

» Notions très élémentaires sur les sciences naturelles.

L'homme, les animaux. Vertébrés : 1° classe des mammifères (*races d'hommes*, 188; *mammifères utiles*, 7, 71, 181, 125, 248, 31, 97, 147, 91; *mammifères féroces*, 288, 239, 289, 291; *singes*, 231; *girafe*, 292. 2° classe des oiseaux, 27, 98, 248, 92, 293, 294. 3° classe des poissons, 29, 246. 4° classe des reptiles, autres embranchements, 164, 208, 230, 231, 246.

Les végétaux. Les végétaux utiles, 22, 40, 103, 119, 157, 164, 194, 195, 228, 265, 295.

Minéraux, 64, 76, 112, 114.

Premières notions sur les autres sciences usuelles : *astronomie*, 18; *géométrie*, 108; *géologie : les montagnes*, 20, 24, 36, 76, 84, 93, 123, 128, 201; *glaciers*, 87, 232; *récifs*, 252; *dunes*, 261; *physique : forces motrices et états des corps*, 49; *photographie*, 109; *marées*, 223; *phares*, 250; *météorologie*, 36, 230; *tempêtes*, 225, 255; *chimie industrielle*, 46, 51, 64, 131, 159, 227, 247, 265, 274; Lavoisier, 290. *Hygiène*, 95, 96, 257; *médecine*, 287.

Agriculture et horticulture.

(Loi du 15 juin 1879, art. 10.)

» Notions, à propos des lectures, des leçons de choses et des promenades, sur les principales espèces de sols, les engrais, les travaux et les instruments usuels de culture (bêche, hoyau, charrue, etc.). Le maître trouvera l'occasion de développements sur l'agriculture notamment aux pages 29, 34, 76, 81, 90, 93, 95, 99, 103, 118, 147, 163, 169, 193, 194, 247, 264, 281, 300, 305, 306, arboriculture, 118.

Géographie et histoire de la France.

(Voir tout le volume, notamment les biographies des hommes illustres et les cartes des diverses parties de la France.)

1. Voir dans *Francinet* (nouvelle édition) et dans *les Enfants de Marcel* les développements complémentaires sur l'*instruction civique*, l'*économie politique* et le *droit usuel* : — organisation administrative et judiciaire de la France, constitution, justice, enseignement, état civil, propriétés, successions, contrats usuels, faillites et banqueroutes, le capital, la production, l'échange, l'association, sociétés de prévoyance, de secours mutuels, de retraite, etc. (programmes du cours moyen et supérieur).

LE
TOUR DE LA FRANCE
PAR DEUX ENFANTS

I. — Le départ d'André et de Julien.

Rien ne soutient mieux notre courage que la pensée d'un devoir à remplir.

Par un épais brouillard du mois de septembre deux enfants, deux frères, sortaient de la ville de Phalsbourg en Lorraine. Ils venaient de franchir la grande porte fortifiée qu'on appelle *porte de France*.

PORTE FORTIFIÉE. — Les portes des villes fortifiées sont munies de *ponts-levis* jetés sur les fossés qui entourent les remparts; le soir on lève ces ponts, on ferme les portes, et nul ennemi ne peut entrer dans la ville — La petite ville de Phalsbourg a été fortifiée par Vauban. Traversée par la route de Paris à Strasbourg, elle n'a que deux portes : la *porte de France* à l'ouest et la *porte d'Allemagne* au sud-est, qui sont des modèles d'architecture militaire.

Chacun d'eux était chargé d'un petit paquet de voyageur, soigneusement attaché et retenu sur l'épaule par un bâton. Tous les deux marchaient rapidement, sans bruit; ils avaient l'air inquiet. Malgré l'obscurité déjà grande, ils cherchèrent plus d'obscurité encore et s'en allèrent cheminant à l'écart le long des fossés.

L'aîné des deux frères, André, âgé de quatorze ans, était un robuste garçon, si grand et si fort pour son âge qu'il paraissait avoir au moins deux années de plus. Il tenait par la main son frère Julien, un joli enfant de sept ans, frêle et délicat comme une fille, malgré cela courageux et intelligent plus que ne le sont d'ordinaire les jeunes garçons de cet âge. A leurs vêtements de deuil, à l'air de tristesse répandu sur leur visage, on aurait pu deviner qu'ils étaient orphelins.

Lorsqu'ils se furent un peu éloignés de la ville, le grand frère s'adressa à l'enfant et, à voix très basse, comme s'il avait eu crainte que les arbres mêmes de la route ne l'entendissent :

— N'aie pas peur, mon petit Julien, dit-il ; personne ne nous a vus sortir.

— Oh ! je n'ai pas peur, André, dit Julien ; nous faisons notre devoir, Dieu nous aidera.

— Je sais que tu es courageux, mon Julien, mais, avant d'être arrivés, nous aurons à marcher pendant plusieurs nuits; quand tu seras trop las, il faudra me le dire : je te porterai.

— Non, non, répliqua l'enfant ; j'ai de bonnes jambes et je suis trop grand pour qu'on me porte.

Tous les deux continuèrent à marcher résolument sous la pluie froide qui commençait à tomber. La nuit, qui était venue, se faisait de plus en plus noire. Pas une étoile au ciel ne se levait pour leur sourire, le vent secouait les grands arbres en sifflant d'une voix lugubre et envoyait des rafales d'eau au visage des enfants. N'importe, ils allaient sans hésiter, la main dans la main.

A un détour du chemin, des pas se firent entendre. Aussitôt, sans bruit, les enfants se glissèrent dans un fossé et se cachèrent sous les buissons. Immobiles, ils laissèrent les passants traverser. Peu à peu, le bruit lourd des pas s'éloigna, sur la grande route ; André et Julien reprirent alors leur marche avec une nouvelle ardeur.

Après plusieurs heures de fatigue et d'anxiété, ils virent enfin, tout au loin, à travers les arbres, une petite lumière se montrer, faible et tremblante comme une étoile dans un ciel d'orage. Prenant par un chemin de traverse, ils coururent vers la chaumière éclairée.

Arrivés devant la porte, ils s'arrêtèrent interdits, n'osant frapper. Une timidité subite les retenait. Il était aisé de voir qu'ils n'avaient pas l'habitude de heurter aux portes pour demander quelque chose. Ils se serrèrent l'un contre l'autre, le cœur gros, tout tremblants. André rassembla son courage.

— Julien, dit-il, cette maison est celle d'Étienne le sabotier, un vieil ami de notre père : nous ne devons pas craindre de lui demander un service. Prions Dieu afin qu'il permette qu'on nous fasse bon accueil.

Et les deux enfants, frappant un coup timide, murmurèrent en leur cœur : — Notre Père, qui êtes aux cieux, donnez-nous aujourd'hui notre pain quotidien.

II. — Le souper chez Etienne le sabotier. L'hospitalité.

Le nom d'un père honoré de tous est une fortune pour les enfants.

— Qui est là? fit du dedans une grosse voix rude.

Au même instant, un aboiement formidable s'éleva d'une niche située non loin de la porte.

André prononça son nom : — André Volden, dit-il d'un accent si mal assuré que les aboiements empêchèrent d'entendre cette réponse.

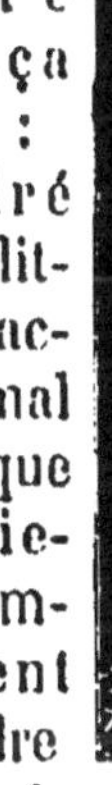

LE CHIEN DE MONTAGNE. — Ce chien est d'une taille très haute; il a la tête grosse et la mâchoire armée de crocs énormes. Les poils de sa robe sont longs et soyeux. Dans la montagne, il garde les troupeaux et au besoin les défend contre les loups et les ours. Les plus beaux chiens de montagne sont ceux du mont Saint-Bernard, dans les Alpes, ceux des Pyrénées et ceux de l'Auvergne.

En même temps, le chien de montagne, sortant de sa niche et tirant sur sa chaîne, faisait mine de s'élancer sur les enfants.

— Mais qui frappe là, à pareille heure? reprit plus rudement la grosse voix.

— André Volden, répéta l'enfant; et Julien mêla sa voix à celle de son frère pour mieux se faire entendre.

Alors la porte s'ouvrit toute grande, et la lumière de la lampe, tombant d'aplomb sur les petits voyageurs debout près du seuil, éclaira leurs vêtements trempés d'eau, leurs jeunes visages fatigués et interdits.

L'homme qui avait ouvert la porte, le père Etienne, les contemplait avec une sorte de stupeur :

— Mon Dieu! qu'y a-t-il, mes enfants? dit-il en

adoucissant sa voix, d'où venez-vous? où est le père?

Et, avant même que les orphelins eussent eu le temps de répondre, il avait soulevé de terre le petit Julien et le serrait paternellement dans ses bras.

L'enfant, avec la vivacité de sentiment naturelle à son âge, embrassa de tout son cœur le vieil Étienne, et poussant un grand soupir : — Le père est au ciel, dit-il.

— Comment! s'écria Étienne avec émotion, mon brave Michel est mort?

— Oui, répondit l'enfant. Depuis la guerre, sa jambe blessée au siège de Phalsbourg n'était plus solide : il est tombé d'un échafaudage en travaillant à son métier de charpentier, et il s'est tué.

— Hélas! pauvre Michel! dit Étienne, qui avait des larmes aux yeux; et vous, enfants, qu'allez-vous devenir?

André voulut reprendre le récit du malheur qui leur était arrivé, mais le brave Étienne l'interrompit.

— Non, non, dit-il, je ne veux rien entendre maintenant, mes enfants; vous êtes mouillés par la pluie, il faut vous sécher au feu; vous devez avoir faim et soif, il faut manger.

Etienne aussitôt, faisant suivre d'actions ses paroles, installa les enfants devant le poêle et ranima le feu. En un clin d'œil une bonne odeur d'oignons frits emplit la chambre, et bientôt la soupe bouillante fuma dans la soupière.

— Mangez, mes enfants, disait Étienne en fouettant les œufs pour l'omelette au lard.

Pendant que les enfants savouraient l'excellente soupe qui les réchauffait, le père Étienne confectionnait son omelette, et la femme du sabotier, enlevant un matelas de son lit, préparait un bon coucher aux petits voyageurs.

Le poêle ronflait gaîment. André, tout en mangeant, répondait aux questions du vieux camarade de son père et le mettait au courant de la situation.

Quant au petit Julien, il avait tant marché que ses jambes demandaient grâce et qu'il avait plus sommeil que faim. Il lutta d'abord avec courage pour ne pas fermer les yeux, mais la lutte ne fut pas de longue durée, et il finit par s'endormir avec la dernière bouchée dans la bouche.

Il dormait si profondément que la mère Étienne le déshabilla et le mit au lit sans réussir à l'éveiller.

III. — La dernière parole de Michel Volden. — L'amour fraternel et l'amour de la patrie.

O mon frère, marchons toujours la main dans la main, unis par un même amour pour nos parents, notre patrie et Dieu.

Pendant que Julien dormait, André s'était assis auprès du père Étienne. Il continuait le récit des événements qui les avaient obligés, lui et son frère, à quitter Phalsbourg où ils étaient nés. Revenons avec lui quelques mois en arrière.

On se trouvait alors en 1871, peu de temps après la dernière guerre avec la Prusse. A la suite de cette guerre, l'Alsace et une partie de la Lorraine, y compris la ville de Phalsbourg, étaient devenues allemandes; les habitants qui voulaient rester Français étaient obligés de quitter leurs villes natales pour aller s'établir dans la vieille France.

Le père d'André et de Julien, un brave charpentier veuf de bonne heure, qui avait élevé ses fils dans l'amour de la patrie, songea comme tant d'autres Alsaciens et Lorrains à émigrer en France. Il tâcha donc de réunir quelques économies pour les frais du voyage, et il se mit à travailler avec plus d'ardeur que jamais. André, de son côté, travaillait courageusement en apprentissage chez un serrurier.

Tout était prêt pour le voyage, l'époque même du départ était fixée, lorsqu'un jour le charpentier vint à tomber d'un échafaudage. On le rapporta mourant chez lui.

Pendant que les voisins couraient chercher du secours, les deux frères restèrent seuls auprès du lit où leur père demeurait immobile comme un cadavre.

Le petit Julien avait pris dans sa main la main du mourant, et il la baisait doucement en répétant à travers ses larmes, de sa voix la plus tendre : Père!... Père!...

Comme si cette voix si chère avait réveillé chez le blessé ce qui lui restait de vie, Michel Volden tressaillit, il essaya de parler, mais ce fut en vain ; ses lèvres remuèrent sans qu'un mot pût sortir de sa bouche. Alors une vive anxiété se peignit sur ses traits. Il sembla réfléchir, comme s'il cherchait avec angoisse le moyen de faire comprendre à ses deux enfants ses derniers désirs; puis, après quelques instants, il fit un effort suprême et, soulevant la petite main caressante de Julien, il la posa dans celle de son frère aîné. Épuisé par cet effort, il regarda longuement ses deux fils d'une façon expressive, et son regard profond, et ses yeux tristes semblaient vouloir leur dire : — Aimez-vous l'un l'autre, pauvres enfants qui allez désormais rester seuls ! Vivez toujours unis, sous l'œil de Dieu, comme vous voilà à cette heure devant moi, la main dans la main

André comprit le regard paternel, il se pencha vers le mourant :

— Père, répondit-il, j'élèverai Julien et je veillerai sur lui comme vous l'eussiez fait vous-même. Je lui enseignerai, comme vous le faisiez, l'amour de Dieu et l'amour du devoir : tous les deux nous tâcherons de devenir bons et vertueux.

Le père essaya un faible sourire, mais son œil, triste encore, semblait attendre d'André quelque autre chose.

André le voyait inquiet et il cherchait à deviner; il se pencha jusqu'auprès des lèvres du moribond, l'interrogeant du regard. Un mot plus léger qu'un souffle arriva à l'oreille d'André : — France !

— Oh ! s'écria le fils aîné avec élan, soyez tranquille, cher père, je vous promets que nous demeurerons les enfants de la France; nous quitterons Phalsbourg pour aller là-bas; nous resterons Français, quelque peine qu'il faille souffrir pour cela.

Un soupir de soulagement s'échappa des lèvres paternelles. La main froide de l'agonisant serra d'une faible étreinte les mains des deux enfants réunies dans la sienne, puis ses yeux se tournèrent vers la fenêtre ouverte par où se montrait un coin du grand ciel bleu : ses regards mourants s'éclairèrent d'une flamme plus pure; il semblait vouloir à présent ne plus songer qu'à Dieu. Son âme s'élevait vers lui dans une ardente et dernière prière, remettant à sa garde suprême les deux orphelins agenouillés auprès du lit.

Peu d'instants après, Michel Volden exhalait son dernier soupir.

Toute cette scène n'avait duré que quelques minutes; mais elle s'était imprimée en traits ineffaçables dans le cœur d'André et dans celui du petit Julien.

Quelque temps après la mort de leur père, les deux enfants avaient songé à passer en France comme ils le lui avaient promis. Mais il ne leur restait plus d'autre parent qu'un oncle demeurant à Marseille, et celui-ci n'avait répondu à aucune de leurs lettres; il n'y avait donc personne qui pût leur servir de tuteur. Dans ces circonstances, les Allemands refusaient aux jeunes gens orphelins la permission de partir, et les considéraient bon gré mal gré comme sujets de l'Allemagne. André et Julien n'avaient plus alors d'autre ressource, pour rester fidèles et à leur pays et au vœu de leur père, que de passer la frontière à l'insu des Allemands et de se diriger vers Marseille, où ils tâcheraient de retrouver leur oncle. Une fois qu'ils l'auraient retrouvé, ils le supplieraient de leur venir en aide et de régulariser leur situation en Alsace : car il restait encore une année entière accordée par la loi aux Alsaciens-Lorrains pour choisir leur patrie et déclarer s'ils voulaient demeurer Français ou devenir Allemands.

Tels étaient les motifs pour lesquels les deux enfants s'étaient mis en marche et étaient venus demander au père Étienne l'hospitalité.

Lorsque André eut achevé le récit des événements qu'on vient de lire, Étienne lui prit les deux mains avec émotion :

— Ton frère et toi, lui-dit-il, vous êtes deux braves enfants, dignes de votre père, dignes de la vieille terre d'Alsace-Lorraine, dignes de la patrie française! Il y a bien des cœurs français en Alsace-Lorraine! on vous aidera; et pour commencer, André, tu as un protecteur dans l'ancien camarade de ton père.

IV. — Les soins de la mère Étienne. — Les papiers d'André. — Un don fait en secret. — La charité du pauvre.

Ce qu'il y a de plus beau au monde, c'est la charité du pauvre.

Le lendemain, de bon matin, Mme Étienne était sur pied. En vraie mère de famille, elle visita les deux paquets de linge et d'habits que les deux voyageurs portaient sur l'épaule, et elle mit de bonnes pièces aux pantalons ou aux blouses qui en avaient besoin. En même temps elle avait allumé le poêle, ce meuble indispensable dans les pays froids du nord, qui sert tout à la fois à chauffer la maison et à préparer les aliments. Elle étendit tout autour les vêtements mouillés des enfants; lorsqu'ils furent secs, elle les brossa et les répara de son mieux.

Tandis qu'elle pliait avec soin le gilet d'André, un petit papier bien enveloppé tomba d'une des poches.

— Oh! se dit l'excellente femme, ce doit être là qu'est renfermée toute la fortune de ces deux enfants; si, comme je le crains, la bourse est trop légère, on fera son possible pour y ajouter quelque chose.

LE POÊLE. — Le poêle est nécessaire dans les pays froids comme ceux de l'est et du nord ; car il donne plus de chaleur qu'une cheminée, mais cette chaleur est moins saine, elle rend l'air trop sec. Pour y remédier, il est bon de placer sur le poêle un vase rempli d'eau.

Et elle développa le petit paquet. — Dix, vingt, trente, quarante francs, se dit-elle; que c'est peu pour aller si loin!... la route est bien longue d'ici à Marseille. Et les jours de pluie, et les jours de neige! car l'hiver bientôt va venir... Les yeux de la mère Étienne étaient humides.

— Et dire qu'avec si peu de ressources ils n'ont point hésité à partir!... O pauvre France! tu es bien malheureuse en ce moment, mais tu dois pourtant être fière de voir que, si jeunes, et pour rester tes fils, nos enfants montrent le courage des hommes... Seigneur Dieu, ajouta-t-elle, protège-les!... fais qu'ils rencontrent durant leur longue route des cœurs compatissants, et que pendant les froides soirées de l'hiver ils trouvent une petite place au foyer de nos maisons.

Pendant qu'elle songeait ainsi en son cœur, elle s'était approchée de son armoire et elle atteignait sa petite réserve d'argent, bien petite, hélas! car le père et la mère Étienne avaient cruellement souffert des malheurs de la guerre. Néanmoins, elle y prit deux pièces de cinq francs et les joignit à celles d'André :

— Étienne sera content, dit-elle : il m'a recommandé de faire tout ce que je pourrais pour les enfants de son vieux camarade.

Quand elle eut glissé dans la bourse les pièces d'argent :

— Ce n'est pas le tout, dit-elle; examinons ce petit rouleau qui enveloppait la bourse, et voyons si nos orphelins ont songé à se procurer de bons papiers, attestant qu'ils sont d'honnêtes enfants et non des vagabonds sans feu ni lieu... Ah! voici d'abord le certificat du patron d'André :

« J'atteste que le jeune André Volden a travaillé chez moi dix-huit mois » entiers sans que j'aie eu un seul reproche à lui faire. C'est un honnête garçon, » laborieux et intelligent : je suis prêt à donner de lui tous les renseignements » que l'on voudra. Voici mon adresse; on peut m'écrire sans crainte.

» PIERRE HETMAN,
» *maître serrurier, établi depuis trente ans à Phalsbourg.* »

— Bien, cela! dit Mme Étienne en repliant le certificat. Et ceci, qu'est-ce? Ah! c'est leur extrait d'âge, très bien. Enfin, voici une lettre de maître Hetman à son cousin, serrurier à Épinal, pour le prier d'occuper André un mois : André portera ensuite son livret d'ouvrier à la mairie d'Épinal et M. le maire y mettra sa signature. De mieux en mieux. Les chers enfants n'ont rien négligé : ils savent que tout ouvrier doit avoir un livret bien tenu et des certificats en règle. Allons, espérons en la Providence! tout ira bien.

Lorsque Julien et André s'éveillèrent, ils trouvèrent leurs habits en ordre et tout prêts à être mis; et cela leur parut merveilleusement bon, car les pauvres enfants, ayant perdu leur mère de bonne heure, n'étaient plus accoutumés à ces soins et à ces douces attentions maternelles.

Julien, dès qu'il fut habillé, peigné, le visage et les mains bien nets, courut avec reconnaissance embrasser Mme Étienne, et la remercia d'un si grand cœur qu'elle en fut tout émue.

— Cela est bel et bon, répondit-elle gaîment, mais il faut déjeuner. Vite, les enfants, prenez ce pain et ce fromage, et mangez.

V. — Les préparatifs d'Étienne le sabotier. — Les adieux. — Les enfants d'une même patrie.

Les enfants d'une même patrie doivent s'aimer et se soutenir comme les enfants d'une même mère.

Pendant qu'André et Julien mangeaient, Étienne entra.

— Enfants, dit le sabotier en se frottant les mains, je n'ai pas perdu mon temps : j'ai travaillé pour vous depuis ce matin. D'abord, je vous ai trouvé deux places dans la charrette d'un camarade qui va chercher des foins tout près de Saint-Quirin, village voisin de la frontière, où vous coucherez ce soir. On vous descendra à un quart d'heure du village. Cela économisera les petites jambes de Julien et les tiennes, André. Ensuite j'ai écrit un mot de billet que voici, pour vous recommander à une vieille connaissance que j'ai aux environs de Saint-Quirin, Fritz, ancien garde forestier de la commune. Vous serez reçus là à bras ouverts, les enfants, et vous y dormirez une bonne nuit. Enfin, ce qui vaut mieux encore, Fritz vous servira de guide le lendemain dans la montagne, et vous mènera hors de la frontière par des chemins où vous ne rencontrerez personne qui puisse vous voir. C'est un vieux chasseur que l'ami Fritz, un chasseur qui connaît tous les sentiers de la montagne et de la forêt. Soyez tranquilles, dans quarante-huit heures vous serez en France.

— Oh! monsieur Étienne, s'écria André, vous êtes bon pour nous comme un second père!

— Mes enfants, répondit Étienne, vous êtes les fils de mon meilleur ami, il est juste que je vous vienne en aide. Et puis, est-ce que tous les Français ne doivent pas être prêts à se soutenir entre eux? A votre tour, ajouta-t-il d'une voix grave, quand vous rencontrerez un enfant de la France en danger, vous l'aiderez comme je vous aide à cette heure, et ainsi vous aurez fait pour la patrie ce que nous faisons pour elle aujourd'hui.

LE SABOTIER DES VOSGES. — On fabrique surtout les sabots dans les pays de forêts et de montagnes, et on se sert principalement de bois de hêtre ou de noyer pour y creuser les sabots. Il y a beaucoup de sabotiers dans les Vosges, car ces montagnes sont très boisées.

En achevant ces paroles Étienne entra dans la pièce voisine, où était son atelier de sabotier, et, voulant réparer le temps perdu, il se mit à travailler avec activité. Le petit Julien l'avait suivi, et il prenait un grand plaisir à le voir creuser et façonner si lestement les bûches de hêtre de la montagne.

Vers le milieu de l'après-midi, la carriole dont avait parlé le père Étienne s'arrêta sur la grande route; le charretier, comme cela était convenu, siffla de tous ses poumons pour avertir les jeunes voyageurs.

A ce signal, André et Julien saisirent rapidement leur paquet de voyage; ils embrassèrent de tout leur cœur la mère Étienne, et aussitôt le sabotier les conduisit vers la carriole.

Après une nouvelle accolade, après les dernières et paternelles recommandations du brave homme, les enfants se casèrent dans le fond de la carriole, le charretier fit claquer son fouet et le cheval se mit au petit trot.

Le père Étienne, resté seul sur la grande route, suivait des yeux la voiture qui s'éloignait. Il se sentait à la fois tout triste et pourtant fier de voir les enfants partir.

— Brave et chère jeunesse, murmurait-il, va, cours porter à la patrie des cœurs de plus pour la chérir!

Et lorsque la voiture eut disparu, il revint chez lui lentement, songeur, pensant au père des deux orphelins, à son vieil ami d'enfance qui dormait son dernier sommeil sous la terre de Lorraine, tandis que ses deux fils s'en allaient seuls désormais au grand hasard de la vie. Alors une larme glissa des yeux du vieillard : — Juste Dieu, murmura-t-il, bénis et protège cette jeunesse innocente et sans appui!

VI. — Une déception. — La persévérance.

Il n'est guère d'obstacle qu'on ne puisse surmonter avec de la persévérance.

Une déception attendait nos jeunes amis à leur arrivée dans la maison isolée du garde Fritz, située aux environs de la forêt. Fritz, grand vieillard à barbe grise, d'une figure énergique, était étendu sur son lit qu'il n'avait pas quitté depuis plusieurs jours. Le vieux chasseur était tombé en descendant la montagne et s'était fait une fracture à la jambe.

— Voyez, mes enfants, dit-il après avoir lu la lettre; je ne puis bouger de mon lit. Comment pourrais-je vous conduire? Et je n'ai auprès de moi que ma vieille servante, qui ne marche pas beaucoup mieux que moi.

André fut consterné, mais il n'en voulut rien faire voir pour ne point inquiéter le petit Julien.

Toute la nuit il dormit peu. Le matin de bonne heure, avant même que Julien s'éveillât, il s'était levé pour réfléchir. Il se dirigea sans bruit vers le jardin du garde, voulant examiner le pays, qu'il n'avait vu que le soir à la brune.

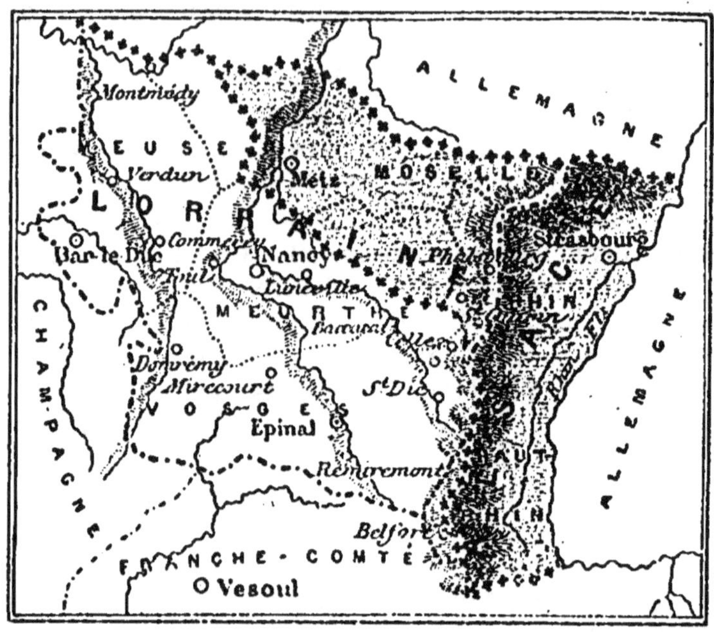

Carte de la Lorraine et de l'Alsace, et chaîne des Vosges. — La Lorraine, séparée de l'Alsace par la chaîne des Vosges, est une contrée montueuse, riche en forêts en lacs, en étangs et en mines de métaux et de sel. Elle a de beaux pâturages. Outre le blé et la vigne, on y cultive le lin, le chanvre, le houblon qui sert à faire la bière : l'agriculture y est, comme l'industrie, très perfectionnée. Une partie de la Lorraine et l'Alsace entière, sauf Belfort, ont été enlevées à la France par l'Allemagne en 1870.

Assis sur un banc au bord de la Sarre, qui coule le long du jardin entre deux haies de bouleaux et de saules. André se tourna vers le sud, et il regarda l'horizon borné par les prolongements de la chaîne des Vosges.

— C'est là, se dit-il, que se trouve la France, là que je dois la nuit prochaine emmener mon petit Julien, là qu'il faut que je découvre, sans aucun secours, un sentier assez peu fréquenté pour n'y rencontrer personne et passer librement la frontière. Mon Dieu, comment ferai-je?

Et il continuait de regarder avec tristesse les montagnes qui le séparaient de la France, et qui se dressaient devant lui comme une muraille infranchissable.

Des pensées de découragement lui venaient ; mais André était persévérant : au lieu de se laisser accabler par les difficultés qui se présentaient, il ne songea qu'à les combattre.

Tout à coup il se souvint d'avoir vu dans la chambre du garde forestier une grande carte du département, pendue à la muraille : c'était une de ces belles cartes dessinées par l'état-major de l'armée française, et où se trouvent indiqués jusqu'aux plus petits chemins.

— Je vais toujours l'étudier, se dit André. A quoi me servirait d'avoir été jusqu'à treize ans le meilleur élève de l'école de Phalsbourg, si je ne parvenais à me reconnaître à l'aide d'une carte? Allons! du courage! n'ai-je pas promis à mon père d'en avoir? Je dois passer la frontière et je la passerai.

VII. — La carte tracée par André. — Comment il tire parti de ce qu'il a appris à l'école.

Quand on apprend quelque chose, on ne sait jamais tout le profit qu'on en pourra retirer un jour.

Le garde Fritz approuva la résolution et la fermeté d'André. — A la bonne heure! dit-il. Quand on veut être un homme, il faut apprendre à se tirer d'affaire soi-même. Voyons, mon jeune ami, décrochez-moi la carte : si je ne puis marcher, du moins je puis parler. Vous avez si bonne volonté et je connais si bien le pays, que je pourrai vous expliquer votre chemin.

Alors tous deux, penchés sur la carte, étudièrent le pays.

Julien, de son côté, s'était assis sagement auprès d'eux, s'efforçant de retenir ce qu'il pourrait. Le garde parlait, montrant du doigt les routes, les sentiers, les raccourcis, faisant la description minutieuse de tous les détails du chemin. André écoutait; puis il essaya de répéter les explications; enfin il dessina lui-même tant bien que mal sa route sur un papier, avec les différents accidents de terrain qui lui serviraient comme de jalons pour s'y reconnaître.

« Ici, écrivait-il, une fontaine; là, un groupe de hêtres à travers les sapins; plus loin, un torrent avec le gué pour le franchir, un roc à pic que contourne le sentier, une tour en ruines. »

Enfin rien de ce qui pouvait aider le jeune voyageur ne fut négligé. — Tout ira bien, lui disait Fritz, si vous ne vous hâtez pas trop. Rappelez-vous que, quand on se trompe de chemin dans les bois ou les montagnes, il faut revenir tranquillement sur ses pas, sans perdre la tête et sans se précipiter : c'est le moyen de retrouver bientôt le vrai sentier.

Quand la brune fut venue, André et Julien se remirent en route, après avoir remercié de tout leur cœur le garde Fritz, qui de son lit leur répétait en guise d'adieu :

« Courage, courage! avec du courage et du sang-froid on vient à bout de tout. »

VIII. — Le sentier à travers la forêt. — Les enseignements du frère aîné. — La grande Ourse et l'étoile polaire.

Le frère aîné doit instruire le plus jeune par son exemple et, s'il le peut, par ses leçons.

A l'ouest, derrière les Vosges, le soleil venait de se coucher; la campagne s'obscurcissait. Sur les hautes cimes de la montagne, au loin, brillaient les dernières lueurs du crépuscule, et les noirs sapins, agitant leurs bras au souffle du vent d'automne, s'assombrissaient de plus en plus.

Les deux frères avançaient sur le sentier, se tenant par la main; bientôt ils entrèrent au milieu des bois qui couvrent toute cette contrée.

Julien marchait la tête penchée, d'un air sérieux, sans mot dire. — A quoi songes-tu, mon Julien? demanda André.

— Je tâche de bien me rappeler tout ce que disait le garde, fit l'enfant, car j'ai écouté le mieux que j'ai pu.

— Ne t'inquiète pas, Julien; je sais bien la route, et nous ne nous égarerons pas.

— D'ailleurs, reprit l'enfant de sa voix douce et résignée, si l'on s'égare, on reviendra tranquillement sur ses pas, sans avoir peur, comme le garde a dit de le faire, n'est-ce pas, André?

— Oui, oui, Julien, mais nous allons tâcher de ne pas nous égarer.

— Pour cela, tu sais, André, il faut regarder les étoiles à chaque carrefour; le garde l'a dit, je t'y ferai penser.

— Bravo, Julien, répondit André, je vois que tu n'as rien perdu de la leçon du garde; si nous sommes deux à nous souvenir, la route se fera plus facilement.

— Oui, dit l'enfant; mais je ne connais pas les étoiles par leur nom, et je n'ai pas compris ce que c'est que le grand Chariot.

— Je te l'expliquerai quand nous nous arrêterons.

Tout en devisant ainsi à voix basse, les deux frères avançaient et la nuit se faisait plus noire.

André avait tant étudié le pays toute la journée, qu'il lui semblait le reconnaître comme s'il y avait déjà passé. Malgré cela, il ne pouvait se défendre d'une certaine émotion : c'était la première fois qu'il suivait ainsi les sentiers de la montagne, et cela dans l'obscurité du soir. Toutefois c'était un courageux enfant, et qui n'oubliait jamais sa tâche de frère aîné : songeant que le petit Julien devait être plus ému que lui encore en face des grands bois sombres, André s'efforçait de surmonter les impressions de son âge, afin d'enhardir son jeune frère par son exemple et d'accomplir courageusement avec lui son devoir.

L'ÉTOILE POLAIRE ET LA GRANDE OURSE. — Il est utile d'apprendre à connaître dans le ciel les étoiles qui forment la constellation du *grand Chariot* ou *grande Ourse*. Près d'elles on aperçoit l'étoile polaire, qui marque exactement le nord et indique la nuit les points cardinaux.

A un carrefour ils s'arrêtèrent. André regarda le ciel derrière lui.

— Vois, dit-il à son frère, ces sept étoiles brillantes, dont quatre sont en carré comme les quatre roues d'un char, et trois autres par devant, comme le cocher et les chevaux : c'est ce qu'on appelle le grand Chariot ou encore la grande Ourse ; non loin se trouve une étoile assez brillante aussi, et qu'on voit toujours immobile exactement au nord : on l'appelle pour cela l'étoile polaire. Grâce à cette étoile, on peut toujours reconnaître sa route dans la nuit. La vois-tu bien ? Elle est juste derrière nous : cela prouve que nous sommes dans notre chemin ; nous marchons vers le sud, c'est-à-dire vers la France.

André, qui ne négligeait point les occasions d'instruire son frère en causant, lui enseigna aussi vers quel point la lune se lèverait bientôt, et, à la pensée qu'elle allait éclairer leur route, les enfants se réjouirent de tout leur cœur.

IX. — Le nuage sur la montagne. — Inquiétude des deux enfants.

Le courage ne consiste pas à ne point être ému en face d'un danger, mais à surmonter son émotion : c'est pour cela qu'un enfant peut être aussi courageux qu'un homme.

Après un petit temps de repos ils se remirent en route. Mais tout à coup l'obscurité augmenta. Julien effrayé se serra plus près de son grand frère.

Bientôt les étoiles qui les avaient guidés jusqu'alors disparurent. Un nuage s'était formé au sommet de la montagne, et, grossissant peu à peu, il l'avait enveloppée tout entière. Les enfants eux-mêmes se trouvèrent bientôt au milieu de ce nuage. Entourés de toutes parts d'un brouillard épais, ils ne voyaient plus devant eux.

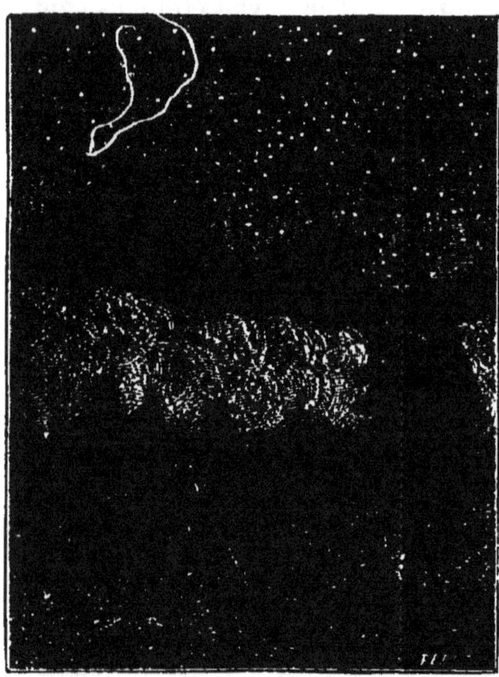

LE NUAGE SUR LA MONTAGNE. — Les nuages sont formés de la vapeur d'eau qui s'échappe de la mer, des fleuves et de la terre : ils ne sont pas toujours très élevés en l'air ; fréquemment ils se traînent sur les montagnes et on les voit flotter sur leurs flancs. Les voyageurs qui gravissent une montagne entrent souvent dans les nuages ; ils se trouvent alors au milieu d'un épais brouillard et courent le danger de se perdre.

Ils s'arrêtèrent, bien inquiets ; mais tous deux, pour ne pas s'affliger l'un l'autre, n'osèrent se le dire.

— Donne-moi ton paquet, dit André à Julien ; je le joindrai au mien ; ton bâton sera libre, il me servira à tâter la route comme font les aveugles, afin que nous ne nous heurtions pas aux racines ou aux pierres. J'irai devant ; tu tiendras ma blouse, car mes deux mains vont être embarrassées ; mais je t'avertirai, je te guiderai de mon mieux. N'aie pas peur, mon Julien.

Tu ne vas plus avoir rien à porter, tu pourras marcher facilement.

— Oui, dit l'enfant d'une voix tremblante qu'il s'efforçait de rendre calme.

Ils se remirent en marche, lentement, avec précaution. Malgré cela, André à un moment se heurta contre une de ces grosses pierres qui couvrent les chemins de montagne; il tomba, et faillit rouler du haut des rochers, entraînant avec lui le petit Julien.

Les deux enfants comprirent alors le danger qu'ils couraient.

— Asseyons-nous, dit André tout ému, en attirant Julien près de lui.

— André, s'écria Julien, nous avons des allumettes et un bout de bougie. Le garde a dit de ne les allumer que dans un grand besoin; crois-tu qu'il serait dangereux de les allumer maintenant?

— Non, mon Julien; la brume est si épaisse que notre lumière ne risque pas d'être aperçue et d'attirer l'attention des soldats allemands qui gardent la frontière.

André, en achevant ces mots, alluma sa petite bougie, et Julien fut bien étonné de voir quelle faible et tremblante lueur elle répandait au milieu de l'épais brouillard. Pourtant on se remit en marche aussitôt, car il fallait être en France avant le lever du soleil. Julien, qui n'était plus embarrassé de son paquet, prit la bougie d'une main, et, la protégeant de l'autre contre le vent, il avança, non sans trébucher souvent sur le chemin pierreux.

Ce qu'André craignait surtout, c'était de s'être égaré au milieu de la brume. Au bout de quelques instants il prit le papier sur lequel il avait marqué le plan de sa route, et, suivant du regard la ligne qui devait lui indiquer son chemin, il se demanda : « Est-ce bien cette ligne que je suis? »

Puis il dit à Julien : — Si nous avons marché sans nous tromper, nous devons être assez près d'une vieille tour en ruines; mais je ne la vois point. Toi qui as d'excellents yeux, regarde toi-même, Julien.

Julien regarda, mais il ne vit rien non plus.

Ils reprirent leur marche, cherchant avec anxiété à percer du regard les ténèbres. Mais ils n'apercevaient toujours point la vieille tour. De plus la bougie touchait à sa fin ; elle s'éteignit. Les deux enfants n'avaient plus qu'un parti à prendre : s'arrêter, attendre.

X. — La halte sous le sapin. — La prière avant le sommeil. — André reprend courage.

Enfants, la vie entière pourrait être comparée à un voyage où l'on rencontre sans cesse des difficultés nouvelles.

André s'approcha d'un grand sapin dont les branches s'étendaient en parasol et pouvaient leur servir d'abri contre la rosée nocturne.

Le sapin des Vosges. — Les Vosges sont presque entièrement recouvertes de vastes forêts de pins et de sapins qui atteignent jusqu'à 40 et 50 mètres de hauteur. Ces arbres fournissent un bois excellent pour la charpente des maisons et les mâts des navires.

— Viens, dit-il à son jeune frère, viens près de moi : nous serons bien là pour attendre.

Julien s'approcha, silencieux; André s'aperçut que, sous l'humidité glaciale du brouillard, l'enfant frissonnait ; ses petites mains étaient tout engourdies par le froid.

— Pauvre petit, murmura André, assieds-toi sur mes genoux : je vais te couvrir avec les vêtements renfermés dans notre paquet de voyage ; cela te réchauffera, et, si tu peux dormir en attendant que le brouillard se lève, tu reprendras des forces pour la longue route qu'il nous reste à faire.

L'enfant était si las qu'il ne fit aucune objection. Il passa un de ses bras autour du cou de son frère, et déjà ses yeux fatigués se fermaient lorsqu'il lui revint une pensée.

— André, dit-il, puisque je vais dormir, je vais faire ma prière du soir.

— Oui, mon Julien, nous la dirons ensemble.

Et les deux orphelins, perdus au milieu de cette grande et triste solitude de la montagne, élevèrent dans une même prière leurs jeunes cœurs vers le ciel.

Peu de temps après, Julien s'était endormi. Sa petite tête reposait confiante sur l'épaule d'André; le frère aîné, de son mieux, protégeait l'enfant contre la fraîcheur de la nuit, et il écoutait sa respiration tranquille : ce bruit léger troublait seul le silence qui les enveloppait.

André, malgré lui, sentit une grande tristesse lui monter au cœur. — Réussirons-nous jamais à arriver en France? se disait-il. Quelquefois les brouillards dans la montagne durent plusieurs jours. Qu'allons-nous devenir si celui-ci tarde à se dissiper?

Une fatigue extrême s'était emparée de lui. La bise glaciale, qui faisait frissonner les pins, le faisait lui aussi trembler sur le sol où il était assis. Parfois le vent soulevait autour de lui les feuilles tombées à terre : inquiet, André dressait la tête, craignant que ce ne fût le bruit de pas ennemis et que quelqu'un tout à coup ne se dressât en face de lui pour lui dire en langue allemande : — Que faites-vous ici? Qui êtes-vous? Où allez-vous?

Ainsi le découragement l'envahissait. Mais alors un cher souvenir s'éleva en son cœur et vint à son aide. Il se rappela le regard profond de son père mourant, lorsqu'il avait placé la main de Julien dans la sienne pour le lui confier; il crut entendre encore ce mot plus faible qu'un souffle passer sur les lèvres paternelles : France. Et lui aussi le redit tout bas ce mot : France! patrie!... Et il se sentit honteux de son découragement.

— Enfant que je suis, s'écria-t-il, est-ce que la vie n'est pas faite tout entière d'obstacles à vaincre? Comment donc enseignerai-je à mon petit Julien à devenir courageux, si moi-même je ne sais pas me conduire en homme?

Réconforté par ce souvenir plus puissant que tous les obstacles, priant l'âme de son père de leur venir en aide dans ce voyage vers la patrie perdue, il sut mettre à attendre le même courage qu'il avait mis à agir.

XI. — Le brouillard se dissipe. — Arrivée d'André et de Julien sur la terre française.

Quand on a été séparé de sa patrie, on comprend mieux encore combien elle vous est chère.

Peu à peu la douce tranquillité du sommeil de Julien sembla gagner André, lui aussi. Dans l'immobilité qu'il gardait pour ne pas éveiller l'enfant, il sentit ses yeux s'appesantir par la fatigue. Il eut beau lutter avec fermeté contre le sommeil, malgré lui ses paupières se fermèrent à demi.

Après un temps assez long, comme il était à moitié plongé dans une sorte de rêve, il lui sembla, à travers ses paupières demi-closes, apercevoir une faible clarté. Il tressaillit, et, secouant par un dernier effort le sommeil qui l'envahissait, il ouvrit les yeux tout grands. Le brouillard était encore autour de lui, mais il était devenu à demi lumineux. De pâles rayons pénétraient à travers la brume : la lune venait de se lever.

Bientôt la brume elle-même devint moins épaisse, elle se dissipa comme un mauvais rêve. A travers chacune des branches du vieux sapin, les étoiles brillantes se montrèrent dans toute leur splendeur, et à peu de distance la vieille tour qu'André avait tant cherchée se dressa devant lui inondée de lumière.

Le cœur d'André battit de joie. Il serra son jeune frère dans ses bras.

— Réveille-toi, mon Julien, s'écria-t-il; regarde! le brouillard et l'obscurité sont dissipés; nous allons pouvoir enfin repartir.

Julien ouvrit les yeux; en voyant ce ciel lumineux, il se mit à sourire naïvement, et, frappant ses petites mains l'une contre l'autre, il sauta de plaisir.

— Que Dieu est bon! dit-il, et que la montagne est belle, à présent que la voilà toute éclairée par ces jolis rayons de lune!... Ah! voici la vieille tour; André, nous n'avons pas perdu la bonne route, partons vite.

Aussitôt on refit les paquets de voyage. Cette gaie lumière avait fait oublier les fatigues précédentes. Les deux enfants reprirent allègrement leur bâton; tout en marchant, on mangea une petite croûte de pain, et on se rafraîchit en partageant une pomme que la mère Étienne avait mise dans la poche de Julien.

Les enfants continuèrent à marcher courageusement tout le reste de la nuit, et aussi vite qu'ils pouvaient. Le ciel était si lumineux que la route était devenue facile à reconnaître. Leur seule préoccupation était à présent d'échapper aux surveillants de la frontière, jusqu'à ce qu'on eût franchi le col de la montagne qui sépare en cet endroit la France des pays devenus allemands. Les jeunes voyageurs s'avançaient avec attention, sans bruit, passant comme des ombres à travers ce pays boisé.

COL DES VOSGES. — Un col est un passage étroit entre deux montagnes. Quand on arrive au haut d'un col, on aperçoit derrière soi le versant de la montagne qu'on vient de gravir, et devant soi celui qu'on va redescendre.

Ce fut vers le matin qu'ils atteignirent enfin le col.

Alors, se trouvant sur l'autre versant de la montagne, les deux enfants virent tout à coup s'étendre à leurs pieds les campagnes françaises, éclairées par les premières lueurs de l'aurore. C'était là ce pays aimé vers lequel ils s'étaient dirigés au prix de tant d'efforts.

Le cœur ému, songeant qu'ils étaient enfin sur le sol de la France et que le vœu de leur père était accompli, ils s'agenouillèrent pieusement sur cette terre de la patrie qu'ils venaient de conquérir par leur courage et leur volonté persévérante ; ils élevèrent leur âme vers le ciel, et tout bas remerciant Dieu, ils murmurèrent :

— France aimée, nous sommes tes fils, et nous voulons toute notre vie rester dignes de toi !

Lorsque le soleil parut, empourprant les cimes des Vosges, ils étaient déjà loin de la frontière, hors de tout danger ; et, se tenant toujours par la main, ils marchaient joyeusement sur une route française, marquant le pas comme de jeunes conscrits.

XII. — L'ordre dans les vêtements et la propreté. — L'hospitalité de la fermière lorraine.

Voulez-vous qu'au premier coup d'œil on pense du bien de vous?
Soyez propres et décents; les plus pauvres peuvent toujours l'être.

Après plusieurs temps de repos suivis de marches courageuses, les deux enfants aperçurent enfin vers midi la petite pointe du clocher de Celles. Fritz leur avait laissé un mot de recommandation pour la veuve d'un cultivateur de ce village, et ils se réjouissaient d'arriver. Mais, avant de se présenter au village, André se souvint des conseils que Mme Étienne leur avait donnés.

« Mes enfants, leur avait-elle dit, partout où vous allez passer, personne ne vous connaîtra; ayez donc bien soin de vous tenir propres et décents, afin qu'on ne puisse vous prendre pour des mendiants ou des vagabonds. Si pauvre que l'on soit, on peut toujours être propre. L'eau ne manque pas en France, et rien n'excuse la malpropreté. »

— Julien, dit André à son frère, n'oublions pas les conseils de la bonne mère Étienne; mettons-nous bien propres avant de nous présenter chez les amis du garde.

— Oui, dit l'enfant, courons au bord de cette jolie rivière qui coule près de la route; nous nous laverons le visage et les mains.

— Ensuite, répondit André, je brosserai tes habits avec mon mouchoir, nous rangerons bien nos cheveux, nous frotterons nos souliers avec de l'herbe pour les nettoyer, et comme cela nous n'aurons pas l'air de deux vagabonds.

Aussitôt dit, aussitôt fait. En un clin d'œil ils eurent réparé le désordre causé par une nuit et une demi-journée de voyage dans les bois à travers la montagne.

Lorsqu'ils eurent fini leur toilette, André jeta un dernier coup d'œil sur son jeune frère, et il fut tout fier de voir la bonne mine de Julien, son air bien élevé et raisonnable.

Tous les deux alors se présentèrent dans le village et cherchèrent la maison de la veuve dont ils avaient l'adresse. On leur indiqua une ferme située à l'extrémité du village. En entrant dans la cour, ils virent un grand troupeau de belles oies lorraines, qui se réveillèrent en sursaut au bruit de leurs pas et les saluèrent de leurs cris. Ils s'avancèrent vers la porte de la maison, suivis du troupeau et accompagnés d'un bruyant tapage.

La fermière vint sur le pas de sa porte et regarda les enfants qui s'approchaient d'elle, chapeau à la main.

OIES DE LORRAINE. — C'est une des races les plus répandues dans le nord et l'est de la France. Elles sont petites, mais fortes. Les oies de la plus haute taille se trouvent dans le Languedoc. Les oies aiment la propreté. Si elles ont de l'eau pour se baigner et une litière fréquemment renouvelée, elles rapportent davantage et dédommagent la fermière des soins qu'on leur donne.

Dès le premier coup d'œil la ménagère, femme d'ordre et de soin, fut bien prévenue en faveur des enfants qu'elle voyait si propres et si soigneux de leur personne. Aussi, lorsqu'elle eut lu le billet de Fritz, elle fut tout à fait gagnée à leur cause.

« Quoi! pensa-t-elle, ces enfants ont fait seuls et la nuit une route si longue dans la montagne! Voilà de jeunes cœurs bien courageux et dignes qu'on leur vienne en aide. »

Elle les accueillit aussitôt avec empressement, et, comme on se mettait à table, elle les plaça auprès d'elle.

Le dîner était frugal, mais l'accueil de la ménagère était si cordial et nos jeunes voyageurs si fatigués, qu'ils mangèrent du meilleur appétit la soupe aux choux et la salade de pommes de terre.

XIII. — L'empressement à rendre service pour service. — La pêche.

Vous a-t-on rendu un service, cherchez tout de suite ce que vous pourriez faire pour obliger à votre tour celui qui vous a obligé.

Tout en mangeant, André observait que la maison avait l'air fort pauvre. Sans la grande propreté qui faisait tout reluire autour d'eux, on eût deviné la misère.

Après le dîner, chacun des membres de la famille se leva

bien vite pour retourner à son travail, les jeunes enfants vers l'école, les aînés aux champs.

Quoique André fût tout à fait las, il proposa ses services et ceux de Julien avec empressement, car il aurait bien voulu dédommager son hôtesse de l'hospitalité qu'elle leur offrait; mais la fermière n'y voulut jamais consentir.

— Reposez-vous, mes enfants, disait-elle; sinon vous me fâcherez.

Pendant que le débat avait lieu, le petit Julien n'en perdait pas un mot; il devinait le sentiment d'André, et lui aussi aurait voulu être le moins possible à la charge de la fermière.

Tout à coup l'enfant avisa deux lignes pendues à la muraille : — Oh! dit-il, regarde, André, quelles belles lignes! Il faut nous reposer en pêchant. N'est-ce pas, madame, vous voulez bien nous permettre de pêcher? Nous serions si contents si nous pouvions rapporter de quoi faire une bonne friture!

— Allons, mon enfant, dit la veuve, je le veux bien. Tenez, voici les lignes.

Un quart d'heure après, les deux enfants, munis d'appâts, se dirigeaient vers la rivière avec leurs lignes et un petit panier pour mettre le poisson si l'on en prenait.

André était bon pêcheur; plus d'une fois, le dimanche, il avait en quelques heures pourvu au dîner du soir. Julien était moins habile, mais il faisait ce qu'il pouvait. On s'assit plein d'espoir à l'ombre des saules, dans une belle prairie comme il y en a beaucoup en Lorraine.

Cependant carpes et brochets n'arrivaient guère, et Julien sentait le sommeil le prendre à rester ainsi immobile, la ligne à la main, après une nuit de marche et de fatigue. Il ne tarda pas à se lever.

— André, dit-il, j'ai peur, si je reste assis sans rien dire, de m'endormir comme un paresseux qui n'est bon à rien; je ne veux pas parler pour ne pas effrayer le poisson, mais je vais prendre mon couteau et aller chercher de la salade : cela me réveillera.

Pendant que l'enfant faisait une provision de salade sauvage, jeune et tendre, André continua de pêcher avec persévérance, tant et si bien que le panier commençait à s'emplir de truites et d'autres poissons lorsque Julien revint : le petit garçon était bien joyeux.

— Quel bonheur! André, disait-il, nous allons donc, nous aussi, pouvoir offrir quelque chose à la fermière.

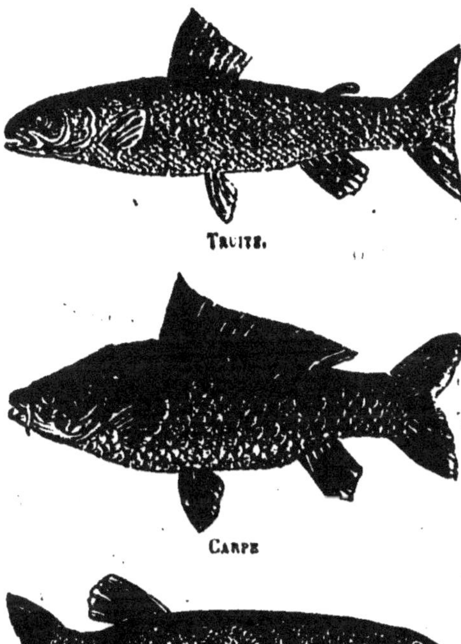

TRUITE.

CARPE

BROCHET.

LES PRINCIPAUX POISSONS D'EAU DOUCE. — La *truite* de montagne est une petite espèce de poisson, aux taches noires, rouges et argentées, à la chair délicate, qui vit dans les eaux froides des montagnes, dans les torrents et les lacs presque glacés. — La *carpe* devient très grosse en vieillissant; on trouve des carpes qui ont plus d'un mètre de long. Sa chair est assez estimée, mais pleine d'arêtes. — Le *brochet* est un poisson vorace qu'on a surnommé le *requin* des rivières, et qui avale toute espèce de proie. On en trouve dans certains fleuves qui atteignent 2 mètres de longueur et pèsent jusqu'à 20 kilogr.

Au moment où les enfants de la fermière revenaient de l'école, André et Julien entrèrent, apportant le panier presque rempli de poissons encore frétillants, et la salade bien nettoyée.

On fit fête aux jeunes orphelins. La veuve était touchée des efforts d'André et de Julien pour la dédommager de l'hospitalité qu'elle leur offrait.

— Chers enfants, leur dit-elle, il n'y a qu'une demi-journée que je vous connais; mais je vous aime déjà de tout mon cœur. Cette nuit, vous vous êtes montrés courageux comme deux hommes, et aujourd'hui, quoique fatigués, vous avez tenu à me montrer votre reconnaissance de l'accueil que je vous faisais. Vous êtes de braves enfants, et, si vous continuez ainsi, vous vous ferez aimer partout où vous irez; car le courage et la reconnaissance gagnent tous les cœurs.

XIV. — La vache. — Le lait. — La poignée de sel. — Nécessité d'une bonne nourriture pour les animaux.

Des animaux bien soignés font la richesse de l'agriculture, et une riche agriculture fait la prospérité du pays.

Le reste de l'après-midi se passa gaîment. — Puisque

vous avez tant envie d'être utiles, dit la fermière lorraine aux deux orphelins, je vais vous occuper à présent. Vous, André, je vous prie, surveillez mes enfants : ils arrivent de la classe, et ils ont leurs devoirs à faire. Pendant que vous me remplacerez auprès d'eux, Julien va venir avec moi : nous soignerons la vache et nous ferons le beurre pour le marché de demain.

— Oui, oui, dit le petit garçon; et il sautait de plaisir à l'idée de voir la vache, car il aimait beaucoup les animaux.

— Prenez ce petit banc en bois et cette tasse, lui dit la fermière; moi, j'emporte mon chaudron pour traire la vache.

Julien prit le banc, et arriva tout sautant à l'étable.

— Oh! s'écria-t-il en entrant, qu'elle est jolie cette petite vache noire, avec ses taches blanches sur le front et sur le dos! Comme son poil est lustré et ses cornes brillantes! Et quels grands yeux aimables elle a! Je voudrais bien savoir comment elle se nomme.

— Nous l'appelons Bretonne, dit la fermière en atteignant une botte de ce foin aromatique qu'on recueille dans les montagnes, et qui donne au lait un goût si parfumé; elle y ajouta de la paille.

— Tenez, Julien, dit-elle, portez-lui cela: elle est douce parce que nous l'avons toujours traitée doucement; elle ne vous fera pas de mal.

Julien prit le fourrage et l'étala devant le ratelier de Bretonne; pendant ce temps la fermière s'était assise sur le petit banc, son chaudron à ses pieds, et elle commençait à traire la vache. Le lait tombait, blanc et écumeux, dans le chaudron en fer battu, brillant comme de l'argent.

— Julien, dit la fermière, apportez votre tasse; je veux que vous me disiez si le lait de Bretonne est à votre gré.

L'enfant tendit sa tasse, et, quand elle fut remplie, il la vida sans se faire prier. — Que cela est bon, le lait tout chaud et frais tiré! dit-il. Voilà la première fois que j'en goûte.

— Puisque vous êtes content du lait de Bretonne, cherchez dans la poche de mon tablier, dit la veuve sans s'interrompre de sa besogne; ne trouvez-vous pas une poignée de sel, Julien?

— Oui, que faut-il donc en faire?

— Prenez-le dans votre main, et présentez-le à Bretonne, vous lui ferez grand plaisir.

— Quoi! fit l'enfant en voyant la vache passer sa langue avec gourmandise sur le sel qu'il lui présentait dans la main, elle aime le sel comme du sucre!

VACHE BRETONNE. — La France possède un grand nombre d'excellentes vaches laitières, parmi lesquelles on compte la vache bretonne qui, lorsqu'elle est bien soignée, peut donner du lait tout en travaillant aux champs. Les vaches flamandes et normandes donnent une quantité de lait plus grande encore, mais à condition qu'on ne les fasse pas travailler.

— Oui, mon enfant, tous les animaux l'aiment, et le sel les entretient en bonne santé; nous aussi nous avons besoin de sel pour vivre, et, si nous en étions privés, nous tomberions malades. Vous admiriez tout à l'heure le poil lustré de Bretonne et ses yeux brillants. Eh bien, si elle a cette bonne mine, c'est qu'elle est bien nourrie, bien soignée, et qu'on lui donne tout ce qu'il lui faut.

— Alors vous lui donnez du sel tous les jours?

— Pas à la main, ce serait trop long. Nous faisons fondre le sel dans l'eau, et nous arrosons le fourrage avec cette eau salée au moment de le lui présenter.

— Qu'est-ce qu'on lui fait encore après cela pour qu'elle ait cette jolie mine?

— On la tient proprement, Julien. Voyez-vous comme sa litière est sèche et propre. Pour qu'une vache donne beaucoup de lait et qu'elle se porte bien, il lui faut une litière souvent renouvelée. Si je la laissais sur un fumier humide comme font bien des fermières, son lait diminuerait vite et serait plus clair. Voyez aussi comme l'étable est haute d'étage : elle a trois mètres du sol au plafond. Les fenêtres sont placées tout en haut et donnent de l'air aux bêtes sans les exposer au froid. Certes, Bretonne est bien logée.

— Pourquoi l'appelle-t-on Bretonne? dit Julien, qui s'intéressait de plus en plus à la bonne vache.

— C'est qu'elle est de race bretonne, en effet, dit la fermière en se levant, car elle avait fini de la traire. La Bretagne est bien loin, mais cette bonne petite race est répandue par toute la France. Voyez, Bretonne n'est pas grande; aussi elle n'est pas coûteuse à nourrir, et nous, qui ne sommes pas riches, nous avons besoin de ne pas trop dépenser. Son lait contient aussi plus de beurre que celui des autres races, et j'ai des pratiques qui me prennent tout le beurre que je fais. Et puis, la race bretonne est robuste, très utile dans les pays montagneux; au besoin je puis faire travailler ma petite vache sans qu'elle en souffre. Elle sait labourer ou traîner un char avec courage.

— Bonne Bretonne! dit Julien en caressant une dernière fois la vache.

L'enfant prit le petit banc, et, tandis que la laitière emportait le lourd chaudron de lait, on se dirigea vers la laiterie.

XV. — Une visite à la laiterie. — La crème. — Le beurre. — Ce qu'une vache fournit de beurre par jour.

Un bon agriculteur doit se rendre compte de ce que chaque chose lui coûte et lui rapporte.

— Quel joli plancher, propre et bien carrelé! dit Julien en entrant dans la laiterie. Tiens, les fenêtres et toutes les ouvertures sont garnies d'un treillis de fer, comme une prison; pourquoi donc, madame?

— C'est pour que les mouches, les rats et les souris ne puissent entrer. Avant les malheurs de la guerre nous étions plus à l'aise : j'avais six vaches au lieu d'une, je faisais beaucoup de beurre; aussi ma laiterie comme mon étable est soigneusement installée. Voyez, ce carrelage dont elle est recouverte permet de la laver à grande eau, et cette eau s'écoule par les rigoles que voici. Il faut au lait une grande propreté, et tout doit reluire chez une fermière qui sait son métier.

— Comme il fait frais ici! reprit Julien en s'avançant dans la salle un peu sombre, autour de laquelle étaient rangées des jattes de lait.

— Mon enfant, il faut qu'il fasse frais dans une laiterie.

S'il faisait chaud, le lait aigrirait, et la crème n'aurait pas le temps de monter à la surface. Regardez ces grands pots : ils sont tout couverts d'une épaisse croûte blanche que je vais enlever avec ma cuiller pour la mettre dans la baratte : c'est la crème. Passez le doigt sur ma cuiller, et goûtez.

LA LAITERIE ET LA FABRICATION DU BEURRE. — La France produit d'excellents beurres, principalement la Normandie et la Bretagne; on les expédie jusqu'en Allemagne et en Angleterre. Nous en vendons à l'étranger pour 40 000 000 de francs par an.

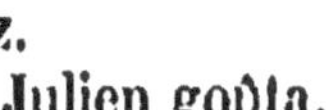

Julien goûta.

— C'est meilleur encore que le lait, cette bonne crème.

— Je le crois bien, dit la fermière. Maintenant, avec cette crème, nous allons faire le beurre.

Et, versant dans la baratte toute la crème qu'elle avait recueillie, elle se mit à battre avec courage.

Au bout de quelque temps, elle s'arrêta, et levant le couvercle : — Voyez, Julien, dit-elle. L'enfant regarda et vit flotter dans la baratte de légers flocons jaune paille, qui étaient déjà nombreux. — Oh! dit-il enchanté, voilà le beurre qui se fait.

Pendant qu'on causait, le beurre s'acheva. La fermière l'égoutta et le lava avec soin, car le beurre bien égoutté et lavé se conserve mieux. Puis elle le mit en boules et chargea Julien de dessiner avec la pointe du couteau de petits losanges sur le dessus.

Il s'appliqua consciencieusement à cette besogne, et le beurre avait bonne mine quand Julien eut achevé son dessin.

— Mais, s'écria-t-il, toute la crème n'est pas devenue du beurre; qu'est-ce que tout cela qui reste?

— C'est le petit-lait. On le donnera aux porcs délayé avec de la farine pour les engraisser. Au besoin, j'en fais aussi de la soupe quand nous n'avons pas grand'chose à manger.

— Il faut donc bien du lait pour faire le beurre? demanda Julien tout surpris.

— Eh oui, cher enfant. Quinze litres de lait de Bretonne ne font qu'un kilogramme de beurre, et pourtant Bretonne, comme les vaches de sa race, est une merveille. Il y a d'autres vaches dont il faut jusqu'à vingt-cinq litres pour faire un kilogramme de beurre. Mais, Julien, vous allez devenir savant dans les choses de la ferme comme si vous vouliez être un jour fermier, vous aussi.

L'enfant rougit de plaisir. — Vrai, dit-il, c'est un métier que j'aimerais mieux que tous les autres. Mais, dites-moi encore, je vous prie, combien Bretonne vous donne-t-elle de lait par jour?

— Sept litres au plus, l'un dans l'autre.

— Alors il faut donc plus de deux jours à Bretonne pour vous donner un kilogramme de beurre?

— Précisément. Mais comme vous comptez bien, mon enfant! Il y a plaisir à causer avec vous.

Un instant après, la fermière sortit de la laiterie avec le jeune garçon, et tous deux portaient à la main de belles boules de beurre, enveloppées dans des feuilles de vigne que Julien était allé cueillir.

XVI. — Les conseils de la fermière avant le départ. — Les rivières de la Lorraine. — Le souvenir de la terre natale.

Que le souvenir de notre pays natal, uni à celui de nos parents, soit toujours vivant en nos cœurs.

Pendant que la fermière lorraine avait fait le beurre en compagnie de Julien, ses enfants avaient achevé leurs devoirs sous la direction d'André. La veuve les envoya tous jouer et se mit à préparer le souper.

On fit une grande partie de barres, ce qui excita l'appétit de toute cette jeunesse : la friture et la salade parurent excellentes; mais André et Julien, qui se ressentaient de leur course de nuit, trouvèrent bien meilleur encore le bon lit que la fermière leur avait préparé; ils dormirent d'un seul somme jusqu'au lendemain.

Ils auraient dormi plus longtemps sans doute si la fermière n'avait pris soin de les éveiller.

— Levez-vous, enfants; je connais, à deux heures d'ici, un cultivateur qui va chaque semaine à Épinal; il vous prendra dans sa voiture si vous allez le trouver assez matin.

Julien et André sortirent du lit : quoiqu'il leur semblât n'avoir pas dormi la moitié de leur content, ils ne se le firent pas dire deux fois et s'habillèrent à la hâte. Ils se lavèrent à grande eau le visage et les mains, ce qui acheva de les éveiller et de les rendre dispos. Puis ils firent leur prière tous deux et poliment allèrent dire bonjour à la fermière.

Elle leur mit à chacun une écuelle de soupe de lait entre les mains. Ils eurent bientôt mangé, et au bout de peu de temps ils étaient prêts à partir, tenant leur paquet de vêtements et leur bâton.

Tous deux, avant de se mettre en route, allèrent remercier la fermière qui les avait traités comme ses enfants.

— Mes amis, leur répondit-elle, si j'ai eu plaisir à vous aider, c'est que vous m'avez paru dignes d'intérêt par vos bonnes qualités. Si vous continuez à être de braves enfants, désireux de travailler et de rendre service pour service, vous trouverez de l'aide partout : car on aime à secourir ceux qui en sont dignes, tandis qu'on craint d'obliger ceux qui pourraient devenir une charge par leur indolence.

Un défilé des Vosges. — Un défilé est une vallée très étroite resserrée entre des rochers ou des montagnes abruptes. Le plus souvent, des torrents ou des ruisseaux coulent au fond des défilés.

En achevant ces paroles, elle embrassa les enfants, et tous deux, la remerciant de nouveau, s'élancèrent rapidement sur la route.

Le soleil n'était pas encore levé, mais une jolie lueur rose empourprait les sommets arrondis des Vosges et annonçait qu'il allait bientôt paraître.

La route, formant un défilé entre de hautes collines, suivait tout le temps le bord de l'eau, et les petits oiseaux gazouillaient joyeusement sur les buissons de la rivière.

Nos jeunes voyageurs étaient ravis du beau temps qui s'annonçait, mais ils étaient encore plus satisfaits des bonnes paroles que la fermière leur avait dites au départ, et le petit Julien, qui trouvait en lui-même qu'il est bien facile d'être reconnaissant, s'étonnait qu'on leur en sût tant de gré. Il marchait gaîment, tenant André par la main et sautant de temps à autre comme un petit pinson.

— Où va donc, s'écria-t-il, cette jolie rivière qui coule tout le temps à côté de notre route entre des rochers hauts comme des murailles?

— Tu sais bien, Julien, que les petites rivières vont aux grandes, les grandes aux fleuves, et les fleuves à la mer.

— Oui, mais je voulais demander dans quel pays elle ira.

— Elle ira retrouver la Meurthe, qui se jette elle-même dans la Moselle. Tu te rappelles, Julien, quel pays arrosent la Meurthe et la Moselle?

— Oui, dit l'enfant devenant triste soudain, je sais que la Meurthe et la Moselle sont des rivières de la Lorraine. La Moselle passe en Alsace-Lorraine où nous sommes nés, où nous n'irons plus, et où notre père est resté pour toujours.

Et le petit garçon semblait réfléchir. Tout à coup il quitta la main d'André : il avait vu dans l'herbe les jolies clochettes d'une fleur d'automne; il en fit un bouquet, le lia avec de l'herbe, et le jetant avec un doux sourire dans l'eau limpide de la rivière : « Peut-être s'en ira-t-il jusque là-bas? »

André murmura doucement : « Peut-être. » Et, pris lui aussi d'un cher ressouvenir pour la terre natale, il détacha une branche de chêne et l'envoya rejoindre le bouquet de Julien.

Puis ils continuèrent leur route, suivant de l'œil le bouquet et la branche qui descendaient la rivière, et sans rien dire ils pensaient en leur cœur : « Petite fleur des Vosges, petite branche de chêne, va, cours, que les flots t'emportent vers la terre natale comme un dernier adieu, comme une dernière couronne aux morts qui dorment dans son sein. »

XVII. — Arrivée d'André et de Julien à Épinal. — Le moyen de gagner la confiance.

Voulez-vous mériter la confiance de ceux qui ne vous connaissent pas? travaillez. On estime toujours ceux qui travaillent.

Le soir, grâce à la voiture du fermier, les enfants arrivèrent à Épinal, où André se proposait de travailler un mois pour obtenir un bon certificat de son patron et du maire de la ville.

Epinal est une petite ville animée, chef-lieu du département des Vosges. Les enfants traversèrent sur un pont la Moselle qui arrose la ville et s'y divise en plusieurs bras Ils furent d'abord embarrassés au milieu de toutes les rues qui s'entre-croisaient; mais, après s'être informés poliment de leur chemin, ils arrivèrent chez une parente de la fermière qui leur avait donné la veille l'hospitalité à Celles.

Ils lui dirent qu'ils venaient de la part de la fermière et lui demandèrent de les prendre en pension, c'est-à-dire de les loger et de les nourrir, pendant le mois qu'ils allaient passer à Épinal. André eut soin d'ajouter qu'ils avaient quelques économies et paieraient le prix que la bonne dame fixerait.

Mme Gertrude (c'est ainsi qu'on l'appelait) fit les plus grandes difficultés. C'était une petite vieille voûtée, ridée, mais l'œil vif et observateur. Elle était assise auprès de la fenêtre devant une machine à coudre, le pied posé sur la pédale de la machine et la main sur l'étoffe pour la diriger. Elle interrompit son travail afin de questionner les enfants, parut hésitante :

LA MACHINE A COUDRE. — Cette machine, si utile et si répandue aujourd'hui, a été inventée il n'y a pas longtemps par l'Américain Elias Howe. On la meut la plupart du temps avec le pied. Elle coud avec rapidité et solidité. Une machine à coudre fait l'ouvrage de deux ouvrières actives.

— Je suis trop âgée, dit-elle, pour prendre un pareil embarras.

Puis, rajustant ses lunettes, pour observer encore mieux les enfants inconnus qui lui arrivaient et qu'elle avait laissés tout le temps debout sur le seuil de sa porte, elle finit par dire :

— Entrez toujours, je vous coucherai ce soir ; après cela nous verrons, vous et moi, ce que nous avons de mieux à faire.

Les deux enfants fort interdits entrèrent dans la maison de la vieille dame. Elle ouvrit un cabinet où il y avait un grand lit, deux chaises et une petite table.

— C'est l'ancienne chambre de mon fils, dit-elle ; mon fils est mort dans la dernière guerre.

Elle s'arrêta, poussant un long soupir. — Prenez sa chambre pour ce soir, ajouta-t-elle ; plus tard nous verrons.

Elle referma la porte brusquement et s'éloigna, les laissant fort attristés de l'accueil qui leur était fait. Julien surtout était confondu, car il voyait que la vieille dame se méfiait d'eux ; il se jeta au cou de son frère.

— Oh ! André, s'écria-t-il, il vaudrait mieux aller ailleurs. Nous serons trop malheureux de passer un mois chez quelqu'un qui nous prend, bien sûr, pour des vagabonds... Pourtant, ajouta l'enfant, nous sommes bien propres, et nous nous étions présentés si poliment !

— Julien, dit André courageusement, ailleurs ce serait sans doute tout pareil, puisque personne à Épinal ne nous connaît. Ici, au moins, nous sommes sûrs d'être chez une brave et digne femme, car la fermière nous l'a dit. Tu sais bien, Julien, qu'il ne faut pas juger les gens sur la mine. Au lieu de nous désoler, faisons tout ce que nous pourrons afin de gagner sa confiance... Pour commencer, puisqu'il n'est pas encore sept heures, je vais lui demander où demeure le maître serrurier pour lequel j'ai une recommandation. J'irai le voir tout de suite, et, si j'obtiens de l'ouvrage, la dame Gertrude verra bien que nous sommes d'honnêtes enfants qui voulons travailler et gagner son estime. Tu sais bien, Julien, qu'on estime toujours ceux qui travaillent.

— Et moi ? dit Julien.

— Toi, mon frère, reste à m'attendre : je crois que cela vaut mieux.

Et André partit dans la direction que lui indiqua la mère Gertrude, tandis que Julien, poussant un gros soupir, regardait son frère s'éloigner.

— Oh ! combien nous serons heureux, pensait-il, quand nous aurons retrouvé notre oncle, que nous aurons une maison et que nous ne serons plus ainsi seuls comme deux enfants à l'abandon. Rien ne vaut la maison de la famille.

XVIII. — La cruche de la mère Gertrude. — L'obligeance.

Combien il est facile de se faire aimer de tous ceux qui nous entourent ! Il suffit pour cela d'un peu d'obligeance et de bonne volonté.

Julien, tout craintif, n'osait s'approcher de dame Gertrude, qui, sans s'occuper de l'enfant, s'était remise à sa machine à coudre et travaillait avec activité, car elle ne perdait jamais une minute. Enfin la petite vieille se leva, rangea son ouvrage avec soin, et prit sa cruche pour aller à la fontaine. Elle passa près de Julien sans rien dire, marchant toute voûtée, à pas lents, et respirant d'un air fatigué.

L'enfant, en la regardant passer ainsi, faible et cassée, se sentit ému. Il était habitué à respecter les vieillards, et obligeant de son naturel. Il sut donc vaincre la crainte qu'elle lui inspirait, il fit deux pas en courant pour la rattraper et, tout rougissant, il lui demanda :

— Voulez-vous, madame, que j'aille vous chercher de l'eau?

La petite vieille surprise releva la tête : — C'est que, dit-elle, j'ai peur que vous ne cassiez ma cruche.

— Oh ! que non, dit l'enfant; je vais bien faire attention, soyez tranquille.

Et lestement il partit à la fontaine. Il revint bientôt, portant avec précaution la précieuse cruche, qui, bien sûr, était plus vieille que lui; car la mère Gertrude était si soigneuse qu'elle ne cassait jamais rien; aussi son antique mobilier avait-il l'air presque aussi respectable qu'elle-même. La machine à coudre était le seul objet moderne qui tranchât au milieu du reste.

Julien n'avait pas empli la cruche jusqu'aux bords, crainte de mouiller ses vêtements; en arrivant, il la posa bien doucement pour ne pas répandre l'eau sur le plancher reluisant. La mère Gertrude l'observait du coin de l'œil avec plaisir.

— Bon ! dit-elle, vous êtes soigneux et de plus serviable: vous aimez à épargner de la peine aux vieilles gens; c'est bien, mon enfant.

Et la petite vieille sourit si amicalement à Julien qu'il se sentit tout réconforté.

XIX. — Les deux pièces de cinq francs. — Un bienfait délicat.

« Que votre main gauche ignore ce qu'a donné votre main droite. »

Lorsque André rentra une heure plus tard, il trouva Julien bien affairé. Assis en face de la mère Gertrude, il lui aidait à écosser sa récolte de haricots; car la bonne dame avait un bout de jardin, derrière sa maison, et, l'été ayant été favorable, elle avait fait une belle récolte de haricots, pois, fèves, lentilles et autres plantes légumineuses.

André fut émerveillé de voir l'enfant et la vieille dame causer tous deux comme d'anciennes connaissances. La défiance de Mme Gertrude n'avait pu tenir devant le gentil caractère de Julien; André acheva de rompre la glace en annonçant qu'il avait de l'ouvrage pour le lendemain même, et que son nouveau patron lui avait promis de faire entrer Julien à l'école.

Haricots. Fèves. Pois. Lentilles.

PLANTES LÉGUMINEUSES.— On appelle *légumineuses* les plantes qui ont pour fruits des *gousses*. Les plus précieuses de ces plantes sont, dans notre pays, les haricots et les pois, si nourrissants, les fèves et les lentilles, qu'on cultive surtout dans nos départements maritimes de l'ouest et du midi et dont les équipages des navires font une consommation considérable.

Mme Gertrude parut alors aussi satisfaite que les enfants eux-mêmes. Elle trempa la soupe, qui était cuite à point, et les trois nouveaux amis soupèrent ensemble avec plus d'entrain qu'on n'eût pu le croire une heure auparavant.

Après le dîner, André rangea ses vêtements de travail tout prêts pour le lendemain. Il mit bien en ordre, dans le placard de leur chambre, le linge de son frère et le sien. De son côté, Julien rangeait aussi ses affaires, c'est-à-dire son carton d'écolier, ses plumes, son papier et ses livres, qu'il avait eu bien soin d'emporter dans son paquet de voyage.

Quand tout fut en ordre, André prit dans la poche de son gilet le petit paquet qui renfermait leurs économies, pour le porter à Mme Gertrude et la prier de le leur garder.

En le dépliant, il fut tout étonné d'y trouver deux belles pièces de cinq francs qu'il n'y avait point mises.

— Comment cela peut-il se faire? pensa-t-il.

Puis il se rappela qu'au départ la mère Étienne avait remis en ordre leurs habits et leurs paquets. — C'est elle, se dit-il, qui, sans que nous le sachions, a voulu augmenter ainsi notre petit avoir. Bonne mère Étienne! elle n'est pas riche pourtant, et ces deux pièces ont dû lui coûter bien de la peine à gagner. Comme elle a su nous venir en aide sans même nous le dire, de peur sans doute de nous humilier!

Tout en pensant cela, André fut si touché qu'il faillit se mettre à pleurer.

XX. — La reconnaissance. — La lettre d'André et de Julien à la mère Étienne.

On n'est jamais si heureux de savoir écrire que quand on peut, par une lettre, montrer à un absent son affection ou sa reconnaissance.

André ne fut pas longtemps à songer au bienfait délicat de la mère Étienne sans chercher comment il pourrait lui en témoigner sa reconnaissance.

— Oh! dit-il, je ne puis faire qu'une seule chose en ce moment, c'est de lui écrire tout de suite pour la remercier, et je n'y manquerai pas; toi aussi, Julien, tu vas lui écrire quelques lignes.

— Oui, certes, dit l'enfant tout joyeux de penser qu'il savait écrire et qu'il pourrait, lui aussi, remercier la mère Étienne. Mais, André, ajouta-t-il, nous n'avons point de papier à lettres.

— Nous en achèterons tout de suite, reprit André. Il ne faut jamais être paresseux à écrire quand on doit le faire, et c'est pour nous un devoir d'écrire à Mme Étienne, de lui dire combien nous lui sommes reconnaissants.

—Attends, s'écria Julien avec vivacité, nous allons prendre une feuille de mon cahier.

— C'est cela, dit André en prenant le cahier que lui tendait l'enfant et en déchirant proprement une feuille. La mère Étienne sait bien que nous ne sommes pas riches, elle ne regardera pas au papier, mais aux pensées qui seront dessus.

— Et de l'encre?... et un timbre-poste? dit Julien; nous n'en avons pas.

— Eh bien, nous allons en acheter.

André prit une de ses pièces de cinq francs pour aller la changer; mais Mme Gertrude, bien qu'elle fût occupée à laver sa vaisselle et à ranger son ménage, avait néanmoins à peu près tout entendu et tout compris; elle s'y opposa.

— Non, non, dit-elle, toute pièce changée est vite dépensée. Économisons, mes enfants; cela vaut mieux J'ai là un vieil encrier où il reste encore quelque peu d'encre; on va mettre une goutte d'eau, on remuera... Voyez, cela va à merveille. Quant au timbre, j'en ai un de réserve dans mon armoire, je vais vous le donner; nous arrangerons cela plus tard.

Les enfants obéirent, et ils firent gentiment leur lettre tous les deux. Ensuite, ils prièrent Mme Gertrude de la lire, lui demandant si elle était bien comme cela.

La bonne dame était plus instruite qu'elle n'en avait l'air.

Dans son jeune temps, avant de se marier, elle avait été institutrice, et elle était fort savante. Elle mit donc ses lunettes et lut attentivement les deux lettres. Quand elle eut fini, elle essuya ses yeux qui étaient humides, et ouvrant ses bras aux deux orphelins :

— Venez m'embrasser, dit-elle. Je vois à la façon dont vos lettres sont tournées que vous êtes deux bons cœurs, deux enfants bien élevés et qui savent reconnaître un bienfait. J'ai l'air méfiante parce que je suis bien vieille et que j'ai été souvent trompée; mais j'aime la jeunesse, et à présent que je vois ce que vous valez tous les deux, je sens que je m'attache à vous. Chers enfants, quand on fait son devoir, on est toujours sûr de gagner l'estime des honnêtes gens.

On se coucha après cette expansion. Nos jeunes orphelins, en s'endormant dans l'ancien lit du fils de la vieille dame, étaient plus heureux peut-être d'avoir conquis de vive force la sympathie de leur hôtesse que si elle la leur eût accordée du premier coup; car il y a plus de plaisir à mériter la confiance par ses efforts qu'à l'obtenir sans peine.

XXI. — André ouvrier. Les cours d'adultes. — Julien écolier. Les bibliothèques scolaires et les lectures du soir. — Ce que fait la France pour l'instruction de ses enfants.

Après qu'on a travaillé, le plus utile des délassements est une lecture qui vous instruit. L'âge de s'instruire n'est jamais passé.

Deux jours après leur arrivée à Épinal, grâce à l'activité d'André, grâce à celle de Mme Gertrude, nos enfants étaient complètement installés. André travaillait toute la journée à l'atelier de son patron, faisant rougir au feu de la forge le fer qu'il façonnait ensuite sur l'enclume, et qui devenait entre ses mains tantôt une clef, tantôt un ressort de serrure, un verrou, un bec de cane. A ses moments perdus le jeune serrurier, voulant se rendre utile à la mère Gertrude, fit la revue de toutes les serrures et ferrures de la maison : il joua si bien du marteau et de la lime qu'il remit tout à neuf, au grand étonnement de la bonne vieille.

FORGE DE SERRURIER. — On voit derrière l'âtre un petit trou noir : c'est par ce trou qu'arrive le vent du soufflet, qui sert à exciter le feu de charbon de terre. Au-dessous du foyer se trouve un baquet rempli d'eau ; on s'en sert pour mouiller le charbon.

Mais tout cela ne fut pas long à faire, car la maison de la mère Gertrude n'était pas grande; aussi il ne tarda pas à se trouver inoccupé le soir, au retour de l'atelier.

— André, lui dit Mme Gertrude, vous n'allez plus à l'école, vous voilà maintenant un jeune ouvrier; mais ce n'est point une raison, n'est-ce pas, pour cesser de vous instruire?

Tous les soirs M. l'instituteur fait un cours gratuit pour les adultes; bien des ouvriers de la ville se réunissent auprès de lui, et il leur enseigne ce qu'ils n'ont pu apprendre à l'école. Il faut y aller, André. Que de choses on peut apprendre à tout âge en s'appliquant deux heures par jour!

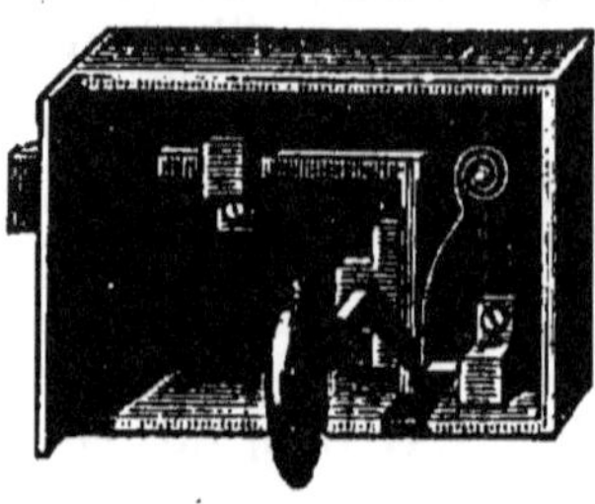

SERRURE APPELÉE BEC DE CANE. — C'est la serrure la plus simple. Il suffit, pour la fermer, de pousser la porte; le ressort, qu'on voit à droite, la maintient fermée.

André fit ce que lui conseillait la mère Gertrude, et désormais il alla chaque soir au cours d'adultes.

Julien, de son côté, suivait l'école bien régulièrement. Entre les heures de classe, quand son devoir était fait, au lieu d'aller vagabonder dans la rue, il rendait à la mère Gertrude tous les services qu'il pouvait. Il partait à la fontaine, il faisait les commissions, il descendait le bois du grenier, il sarclait les herbes folles du jardin.

— Cet enfant, c'est mon bras droit! disait la bonne femme avec admiration.

Le fait est que Julien l'aimait de tout son cœur, et le soir, à la veillée, quand elle lui racontait quelque histoire en écossant les haricots, il ne perdait pas une de ses paroles.

— Eh mais, Julien, lui dit-elle un jour, vous aimez les histoires, et je vous ai dit toutes celles qui me sont restées dans la mémoire; si vous m'en lisiez quelques-unes à présent, quelles bonnes soirées nous passerions!

— Oui, dit Julien, mais les livres coûtent cher et nous n'en avons point.

— Et la bibliothèque de l'école, petit Julien, vous l'oubliez. A l'école, il y a des livres que M. l'instituteur prête aux écoliers laborieux. Voyons, dès demain, nous irons le prier de vous prêter quelques livres à votre portée.

Le lendemain soir ce fut une vraie fête pour l'enfant. Il arriva tenant à la main un livre plein d'histoires, dans lequel il fit ce jour-là et les jours suivants la lecture à haute voix.

Julien lisait très joliment : il s'arrêtait aux points et aux virgules, il faisait sentir les *s* et les *t* devant les voyelles, et, au lieu de nasiller comme font les petits garçons qui ne savent pas lire, il prononçait distinctement les mots d'une voix toujours claire. Quand il trouvait un mot difficile à comprendre, la bonne vieille institutrice, qui n'avait point oublié la profession de ses jeunes années, le lui expliquait rapidement.

Après la lecture elle l'interrogeait sur tout ce qu'il venait de lire, et Julien répondait de son mieux. Le temps passait donc plus vite encore que de coutume. Julien était tout heureux d'employer lui aussi ses soirées à s'instruire et de suivre l'exemple que lui donnait son frère aîné.

— Oh! dit un jour Julien quand l'heure fut venue de se coucher, c'est une bien belle chose d'avoir toute une bibliothèque où l'on peut emprunter des livres! Madame Gertrude, nous les lirons tous, n'est-ce pas?

— Je ne demande pas mieux, répondit en souriant la mère Gertrude. Mais dites-moi, Julien, qui a fait les frais de tous ces livres dont la bibliothèque de l'école est remplie, et à qui devez-vous, en définitive, ce plaisir de la lecture? Y avez-vous réfléchi?

— Non, dit l'enfant, je n'y songeais pas.

— Julien, les écoles, les cours d'adultes, les bibliothèques scolaires sont des bienfaits de votre patrie. La France veut que tous ses enfants soient dignes d'elle, et chaque jour elle augmente le nombre de ses écoles et de ses cours, elle fonde de nouvelles bibliothèques, et elle prépare des maîtres savants pour diriger la jeunesse.

— Oh! dit Julien, j'aime la France de tout mon cœur! Je voudrais qu'elle fût la première nation du monde.

— Alors, Julien, songez à une chose : c'est que l'honneur de la patrie dépend de ce que valent ses enfants. Appliquez-vous au travail, instruisez-vous, soyez bon et généreux ; que tous les enfants de la France en fassent autant, et notre patrie sera la première de toutes les nations.

XXII. — Le récit d'André. — Les chiffons changés en papier. — Les papeteries des Vosges.

Si vous parcouriez la France, que de merveilles vous admireriez dans l'industrie des hommes, à côté des beautés de la nature!

Les jours où il n'y avait pas de classes d'adultes, André passait la soirée avec son frère et la mère Gertrude. Le temps alors s'écoulait encore plus gaîment que de coutume, car André avait toujours quelque chose à raconter.

Un soir, il arriva tout joyeux de l'atelier.

— Julien, dit-il à son frère, si tu avais pu voir ce que j'ai vu aujourd'hui, cela t'aurait bien intéressé.

— Qu'as-tu donc vu? fit l'enfant en s'approchant pour mieux écouter.

La mère Gertrude elle-même, qui était en train de tailler le pain pour la soupe, s'interrompit et releva ses lunettes en signe d'attention.

— Imaginez-vous, dit André, que j'ai accompagné le premier ouvrier du patron qui allait faire une réparation dans une usine. Cet ouvrier, qui est savant, connaît les machines et ne s'en étonnait guère; mais moi, c'est la première fois que j'en voyais marcher; aussi cela me faisait l'effet d'un rêve.

— Pourquoi donc, André? s'écria Julien.

— Racontez-nous ce que vous avez vu, reprit la mère Gertrude, ce sera comme si nous étions allés avec vous; pendant ce temps je tremperai la soupe.

— Eh bien, reprit André, nous sommes allés à une grande papeterie; il paraît qu'il y en a plusieurs aux environs d'Épinal. Tu sais, Julien, que le papier est fait avec des chiffons réduits en pâte.

— Oui, dit Julien, avec de vieux chiffons, de la paille et d'autres choses.

— Eh bien, reprit André, j'ai vu aujourd'hui des chiffons devenir du papier, et cela se faisait tout seul : les ouvriers n'avaient qu'à regarder et à surveiller la machine. Au fond de la salle, les chiffons étaient dans de grandes cuves, où j'entendais remuer une sorte de maillet qui les broyait pour en faire de la bouillie.

— C'était donc comme dans la baratte de la fermière?

— Justement; mais le marteau remuait tout seul. Je voyais ensuite la bouillie jaillir de la cuve et tomber sur des tamis percés de mille petits trous ; ces tamis s'agitaient comme si une main invisible les eût secoués. Alors, peu à peu, la bouillie s'égouttait. Ensuite elle s'engageait entre des rouleaux, qui sont chauffés à l'intérieur tout exprès pour la dessécher, et elle passait de rouleau en rouleau. M'écoutes-tu, Julien?

— Oui, André, et je crois voir tout ce que tu me dis. Cela faisait comme lorsque Mme Gertrude prépare un gâteau avec de la pâte : elle se sert d'un rouleau pour étendre la pâte et l'amincir.

— C'est cela même ; seulement les rouleaux de la papeterie tournaient tout seuls sans qu'on pût deviner qui les mettait

LA PAPETERIE. — A gauche se trouve la grande cuve carrée où les chiffons, réduits en pâte et blanchis, forment comme une bouillie liquide. Cette bouillie sort et jaillit sur les tamis où elle s'égoutte. Puis, elle se dessèche et s'aplatit entre les rouleaux. A droite on voit les ouvriers qui recueillent les feuilles de papier. — Outre les papeteries des Vosges, il y en a de très nombreuses aux environs d'Angoulême, à Essonne, à Annonay, etc.

en mouvement. Puis, sais-tu ce qui sortait à la fin de toute cette rangée de rouleaux ? C'était une interminable bande de papier blanc, qui se déroulait sans cesse comme un large ruban. La machine elle-même coupait cette bande comme avec des ciseaux, et les feuilles de papier tombaient alors toutes faites : les ouvriers n'avaient qu'à les ramasser. N'est-ce pas merveilleux, Julien? à un bout de la grande salle, on voit des chiffons et une bouillie blanche ; à l'autre bout, des feuilles de papier sur lesquelles on pourrait tout de suite écrire ; et il ne faut pas plus de deux minutes pour que la bouillie se change ainsi en papier.

— Oh ! j'aimerais bien voir cela, moi aussi, dit Julien.

— On m'a dit, reprit André, que tout le long de la France nous rencontrerions bien d'autres machines aussi belles et aussi commodes, qui font toutes seules la besogne des ouvriers et travaillent à leur place, et je m'en suis revenu émerveillé de l'industrie des hommes.

XXIII. — Les moyens que l'homme emploie pour mettre en mouvement ses machines. — Un ouvrier inventeur.

La prétendue baguette des fées était moins puissante que ne l'est aujourd'hui la science des hommes.

Julien avait écouté de toutes ses oreilles le récit d'André.

— Mais pourtant, dit-il, ces machines ne peuvent pas aller toutes seules. Bien sûr, il y avait quelque part des ouvriers que tu n'as pas vus, et qui les mettaient en mouvement, comme le rémouleur quand il fait tourner sa roue de toutes ses forces.

— Je t'assure, Julien, qu'il n'y avait pas d'ouvriers à remuer les machines, et cependant elles ne s'arrêtaient pas une minute.

— Alors, dit la mère Gertrude gaîment, cela ressemblait à un conte de fées.

— Justement, dit André ; en voyant cela je songeais à un conte où l'on parlait d'un vieux château habité par les fées : dans ce château, les portes s'ouvraient et se fermaient toutes seules ; à l'intérieur, on entendait de la musique et il n'y avait point de musiciens : les archets des violons couraient sur les cordes et les faisaient chanter sans qu'on pût voir la main qui les poussait.

Julien était plongé dans de grandes réflexions : il cherchait ce qui pouvait mouvoir la machine, car il savait bien qu'il n'y a pas de fées. Le sourire de la mère Gertrude indiquait qu'elle était dans le secret, et ses petits yeux gris qui brillaient à travers ses lunettes semblaient dire à l'enfant :

— Eh bien, Julien, n'avez-vous pas déjà deviné ?

— A quoi pensais-je donc ? s'écria Julien, c'est la vapeur qui remuait les machines.

— Point du tout, dit André.

Julien demeura confondu. La mère Gertrude souriait de plus en plus malignement. — Eh ! eh ! Julien, dit-elle, nous avons peut-être des fées à Épinal... Mais, en attendant que vous les interrogiez, il faut souper et j'aurais besoin d'un peu d'eau ; voulez-vous, Julien, aller bien vite à la fontaine ?

L'enfant prit la cruche d'un air préoccupé.

— Surtout, dit la bonne mère Gertrude, ne cassez pas ma cruche, et rappelez-vous que, dans tous les contes, c'est à la fontaine que l'on rencontre les fées.

— Bon! dit aussitôt le petit garçon en sautant de plaisir, vous m'avez fait deviner : c'est l'eau qui doit faire marcher les machines à Épinal.

— Allons, bravo! dit André. C'est l'eau de la Moselle qui passe par-dessous l'usine et y fait tourner des roues comme dans un moulin; ces roues en font tourner d'autres, et la machine tout entière se met en mouvement.

— Vous voyez bien, dit la mère Gertrude à Julien, qu'il n'y avait point besoin de bras pour faire tourner les roues. Rappelez-vous, Julien, qu'il y a trois choses principales dont l'homme se sert pour mouvoir ses machines : l'eau, comme dans la papeterie d'Épinal; puis la vapeur et le vent. C'est ce qu'on nomme les forces motrices.

— Tu ne sais pas, Julien, reprit André, qui a imaginé la belle machine à faire le papier? On me l'a dit là-bas; c'est un simple ouvrier, un ouvrier papetier nommé Louis Robert. Il

PRINCIPALES FORCES MOTRICES. — Les principales forces motrices que l'homme emploie à son service sont d'abord celle des animaux, comme dans le manège qu'un cheval fait tourner, puis celle de l'eau et du vent, comme dans les moulins, et enfin la grande force de la vapeur qui fait mouvoir tant de machines et de locomotives.

avait travaillé depuis son enfance; mais au lieu de faire, comme bien d'autres, sa besogne machinalement, il cherchait à tout comprendre, à s'instruire par tous les moyens, à perfectionner les instruments dont il se servait. C'est ainsi qu'il en vint à inventer cette grande machine que j'ai vue faire tant de travail en si peu de temps.

— Eh bien! André, dit la mère Gertrude, qui apportait en ce moment la soupière fumante, l'histoire du papetier Robert ne vous donne-t-elle pas envie, à vous aussi, de devenir un ouvrier habile dans votre métier?

— Oh! Madame, je ferai bien tout ce que je pourrai pour cela, et le courage ne me manquera ni pour travailler ni pour m'instruire.

— Ni à moi non plus, s'écria Julien.

— Maintenant, mettons-nous à table, dit la mère Gertrude.

XXIV. — La foire d'Épinal. — Les produits de la Lorraine. — Verres, cristaux et glaces. — Les images et les papiers peints. — Les instruments de musique.

On regarde une chose avec plus d'intérêt quand on sait d'où elle vient et qui l'a faite.

— Julien, dit un jour la mère Gertrude, c'est aujourd'hui la foire d'Épinal. Il fait beau temps, et vous n'avez pas de classe : venez avec moi. Nous irons acheter ma provision d'oignons et de châtaignes pour l'année, et nous la rapporterons tous les deux.

Julien, bien content, prit deux sacs sous son bras, Mme Gertrude un panier, et l'on partit pour la foire, en ayant bien soin de se ranger sur les trottoirs, car il passait sans cesse des bestiaux, des voitures et une grande foule de monde.

Les magasins avaient leurs plus beaux étalages : Julien et la mère Gertrude s'arrêtaient de temps en temps pour les regarder. On parcourut ensuite le marché pour se mettre au courant des prix, et après les débats nécessaires on fit les achats : on emplit un sac d'oignons, l'autre de châtaignes, et le panier de pommes.

Mais tout cela était lourd à porter. L'enfant et la bonne vieille avisèrent un banc à l'écart sur une place, et l'on s'assit pour se reposer en mangeant une belle pomme que la marchande avait offerte à Julien.

— Que de choses il y a à la foire! dit Julien, qui était enchanté de sa promenade. Je trouve cela bien amusant de voir tant de monde et tant d'étalages de toute sorte.

— Moi aussi, dit gaîment la mère Gertrude, j'aime à voir la foire bien approvisionnée; cela prouve combien tout le monde travaille dans notre pays de Lorraine, et combien la vieille terre des Vosges est fertile.

— Tiens, dit Julien, je n'avais pas songé à cela!

— Eh bien, il faut y songer, Julien. Voyons, dites-moi ce

que vous avez remarqué de beau à la foire, et vous allez voir qu'il y a en ce moment à Épinal comme un échantillon des travaux de toute la Lorraine.

— D'abord, dit Julien, je me suis beaucoup amusé à regarder le grand magasin de verrerie; au soleil, cela brillait comme des étoiles. Et puis, la marchande, d'une chiquenaude, faisait sonner si joliment ses verres! « Quel fin cristal! disait-elle, écoutez. » Et en effet, madame Gertrude, c'était une vraie musique.

CRISTAUX ET GLACES. — Le cristal est une sorte de verre très transparent, dur et résonnant sous le doigt, fabriqué avec du sable blanc, de la potasse et du plomb. La première fabrique de cristaux de France se trouve à Baccarat, en Lorraine. — Nous avons aussi en France, à Saint-Gobain (Aisne), la manufacture de glaces la plus célèbre de l'Europe : on y coule des glaces de plus de 3 mètres de haut. A cette manufacture se rattache celle de Cirey, dans la Meurthe.

— Savez-vous d'où venaient toutes ces verreries, Julien? Savez-vous où l'on a fabriqué les belles glaces d'un seul morceau où tout à l'heure, devant le magasin, nous nous regardions tous les deux, vous, frais et rose comme la jeunesse qui arrive, moi, ridée et tout en double, comme une petite vieille qui s'en va?

Julien réfléchit. — Oh! dit-il, je sais cela, car c'est dans la Meurthe, où je suis né, que ces belles choses se font. Je sais qu'il y a une grande cristallerie à Baccarat.

— Vous voyez qu'on sait travailler en Lorraine; savez-vous pourquoi on fait tant de verreries chez nous?

— Oh! pour cela, non, madame Gertrude

— C'est que nous avons beaucoup de forêts; eh bien, c'est dans les cendres du bois qu'on trouve la potasse, qui, fondue avec du sable, sert à faire les verres fins et les glaces.

— Je ne me doutais pas, s'écria Julien, que le bois de nos forêts servît à faire le verre. Mais dites-moi, madame Gertrude, d'où viennent donc toutes ces images grandes et petites qu'un marchand avait étalées à la foire, le long d'un mur, et que vous m'avez laissé regarder tout à mon aise? Je n'en avais jamais vu autant. Toute l'histoire du petit Poucet était là en images, et la Belle et la Bête, et l'Oiseau bleu! Il y avait aussi de ces soldats qu'on découpe et qu'on colle sur des cartons pour les ranger en bataille sur la table. Il y avait des portraits de grands hommes. C'était bien amusant.

Papiers peints. — Pour recouvrir de fleurs et autres dessins coloriés les rouleaux de papier ou de toile, l'ouvrier trempe dans la peinture une planche sur laquelle ces dessins sont gravés en relief; puis, de la main droite, il appuie cette planche sur le papier ou la toile. Alors les dessins s'impriment comme les lettres d'un sceau sur le papier.

— Mon enfant, tout cela se fabrique ici même, à Épinal. Le papier qu'André a vu faire sera peut-être recouvert de ces dessins coloriés, qui s'en iront ensuite par toute la France pour amuser les enfants. Nos papeteries, nos imageries, nos fabriques de papiers peints pour tapisseries sont connues partout. Nous avons aussi dans notre département la petite ville de Mirecourt, où se fabrique une très grande quantité d'instruments de musique, des violons, des flûtes, des clarinettes, des orgues de Barbarie comme celui qui joue là-bas sur un coin de la place.

— Madame Gertrude, je connais tous ces instruments de musique, car il y a eu à Phalsbourg un concours d'orphéons et de fanfares, et je suis allé entendre les musiciens. C'était très beau, je vous assure. Quand nous serons plus grands, André et moi, nous ferons partie d'un orphéon.

— Vous aurez raison, mes enfants; la musique est une dis-

Violon. Basson. Trombone. Cor.
Piano. Cornet à piston. Clarinette. Flûte. Harpe.
LES PRINCIPAUX INSTRUMENTS DE MUSIQUE.

traction intelligente : elle élève nos cœurs en exprimant les grands sentiments de l'âme, l'amour de la famille, de la patrie et de Dieu; aussi est-il bien à désirer qu'elle se répande de plus en plus dans notre pays.

XXV. — Le travail des femmes lorraines. — Les broderies. — Les fleurs artificielles de Nancy.

Que chaque habitant et chaque province de la France travaillent, selon leurs forces, à la prospérité de la patrie.

— Julien, continua Mme Gertrude, les hommes ne sont pas seuls à bien travailler en Lorraine.

— Oui, dit Julien, les femmes lorraines savent faire de jolies broderies, et j'en ai vu à bien des étalages aujourd'hui; mais je n'entends rien à cela, moi.

— D'autres que vous s'y entendent, Julien; les broderies de Nancy, d'Épinal et de toute la Lorraine se vendent dans le monde entier. Les navires en emportent des cargaisons jusque dans les Indes; c'est le travail de nos paysannes, de nos filles du peuple qu'on se dispute ainsi. Nous avons 35 000 brodeuses en Lorraine. Mais, si vous ne regardez pas volontiers les broderies et les dentelles, je vous ai vu pourtant vous arrêter fort en admiration devant une vitrine de fleurs artificielles.

— Oh ! c'est vrai, dit Julien, il y a un rosier dans un pot qui ressemble si bien à un rosier pour de bon, que je n'aurais jamais voulu croire qu'il fût en papier, si ce n'était vous, madame Gertrude, qui me l'avez assuré.

— D'où viennent ces fleurs, Julien?

— Je n'en sais rien du tout, mais elles sont bien jolies.

Femme de la Lorraine brodant. — On appelle broderie un dessin tracé en relief sur un tissu avec du fil de soie, de coton, de laine, d'or ou d'argent. — Le métier de brodeuse est très fatigant pour la vue; l'immobilité qu'il exige et la position assise sont également fâcheuses pour la santé. Il serait bon que les brodeuses eussent toutes un second état qui leur permît de temps à autre de se délasser du premier.

— Elles viennent de l'ancienne capitale de la Lorraine, de Nancy, une grande et belle ville de soixante mille âmes. Nancy est la seule ville de France qui rivalise avec Paris pour les fleurs artificielles. Vous le voyez, Julien, les femmes de Lorraine sont laborieuses, et leur bon goût est renommé. Du reste, elles sont instruites : presque toutes savent lire et écrire. Les trois départements de la Lorraine sont parmi les plus instruits et les plus industrieux de la France.

— Mais, dit le petit garçon, on fait bien d'autres choses en Lorraine que des glaces, des fleurs et des broderies.

— Oh ! certainement, Julien; mais je n'ai voulu vous parler que des industries où nous tenons le premier rang en France et en Europe. Travailler est déjà bien, mon enfant; mais travailler avec tant d'art et de conscience que notre patrie puisse tenir le premier rang au milieu des autres nations, c'est un honneur dont on peut être fier, n'est-ce pas, Julien?

— Oh ! oui, dit l'enfant, et je suis content de savoir qu'il en est ainsi de notre Lorraine.

XXVI. — La modestie. — Histoire du peintre Claude le Lorrain.

« Voulez-vous qu'on pense et qu'on dise du bien de vous, n'en dites point vous-même. »

Un jour Julien arriva de l'école bien satisfait, car il avait été le premier de sa classe, et il avait beaucoup de bons points.

— Puisque vous avez si joliment travaillé, Julien, dit Mme Gertrude, venez vous distraire avec moi. Je vais chercher de l'ouvrage au magasin qui me donne des coutures; il fait beau temps, nous suivrons les promenades d'Épinal.

Julien tout joyeux s'empressa de poser son carton d'écolier à sa place; Mme Gertrude mit son châle, on ferma la porte à clef et on partit.

Chemin faisant, Julien, bien fier d'avoir été le premier, se redressait de toute sa petite taille. Il ne manqua point de dire à Mme Gertrude que pourtant il était parmi les plus jeunes de sa division. Il raconta même, en passant devant la maison d'un camarade, que le petit garçon qui demeurait là et qui avait deux ans de plus que lui n'en était pas moins le dernier de la classe.

Enfin, je ne sais comment cela se fit (c'était sans doute l'enthousiasme du succès), mais Julien sortit de son naturel aimable et modeste jusqu'à se moquer du jeune camarade en question, et il le déclara tout à fait sot.

— Eh mais, Julien, dit Mme Gertrude, est-ce que vous seriez vaniteux, par hasard? Je ne vous connaissais pas ce défaut-là, mon enfant, et j'aurais bien du chagrin de vous le voir prendre.

— Mon Dieu, madame Gertrude, quand on est le premier à l'école, est-ce qu'on ne doit pas en être fier?

— Mon enfant, vous pouvez être content d'avoir le premier rang en classe sans pour cela vous moquer des autres. Songez d'ailleurs que, si vous êtes moins sot qu'un autre, ce n'est pas une raison d'en tirer vanité : avez-vous oublié, Julien, que ce n'est point vous qui vous êtes fait ce que vous êtes? Et d'ailleurs, mon garçon, rien ne me prouve que le camarade dont vous vous moquez n'ait pas cent fois plus d'esprit que vous-même. Tenez, je veux vous dire une histoire qui rabaissera peut-être votre vanité d'écolier, et qui vous montrera qu'il ne faut pas juger sur l'apparence. Ecoutez cette histoire, Julien : c'est celle d'un homme que ses obscurs commencements n'ont pas empêché de devenir illustre : c'est celle d'un des plus grands peintres qui aient jamais existé. Il s'appelait Claude Gelée, et on l'a surnommé le Lorrain en l'honneur de son pays, car il est né dans ce département et en est une des gloires. Ce petit Claude était fils de simples domestiques. Dans son enfance on le croyait presque imbécile, tant son intelligence était lente et tant il avait de peine à apprendre. Ses camarades d'école se moquaient alors de lui, comme vous faisiez tout à l'heure, Julien, et cependant leur nom à tous est resté inconnu, tandis que celui du petit Claude est devenu célèbre dans le monde entier. Que cela vous apprenne, mon ami, à ne plus vous moquer de personne et à ne pas vous croire au-dessus de vos camarades.

Julien rougit un peu embarrassé, et la bonne vieille reprit :

— Le pauvre enfant qui était si mal partagé de la nature eut encore le malheur de perdre son père et sa mère dès l'âge de douze ans. Resté orphelin, on le mit en apprentissage chez un pâtissier, mais il ne put jamais apprendre à faire de bonne pâtisserie. Son frère aîné, qui était dessinateur, voulut lui enseigner le dessin : il ne put y réussir.

Enfin un parent du jeune Claude l'emmena à Rome.

C'était en Italie et à Rome que se trouvaient alors les plus grands peintres. Le petit Claude fut placé à Rome au service d'un peintre pour apprêter ses repas et aussi pour broyer ses couleurs. Il était là broyant sur du marbre du blanc, du bleu, du rouge, et il voyait ensuite, grâce au pinceau de son maître, toutes ces couleurs s'étendre sur la toile et former de magnifiques tableaux.

Peu à peu il prit goût à la peinture, et son maître lui donna quelques leçons.

Lorsque Claude venait à sortir de la ville et qu'il parcourait la campagne, il restait des heures entières à regarder les paysages, les arbres, les prairies, le soleil qui s'élevait ou se couchait sur les montagnes. Il se rappelait les paysages de sa chère Lorraine, qu'il avait tant de fois regardés des heures entières sans mot dire, alors que ses camarades d'école jouaient étourdiment sans rien remarquer des belles choses de la nature et se moquaient de son air endormi.

Claude était maintenant sorti de ce long sommeil où s'était écoulée son enfance. Il essaya de transporter sur les tableaux les paysages qui le frappaient, et il y réussit si bien que, dès l'âge de vingt-cinq ans, il s'était rendu illustre. Il travailla beaucoup et devint très riche, car ses tableaux se vendaient à des prix fort élevés. De nos jours, leur valeur n'a fait qu'augmenter avec le temps, et on estime à un demi-million quatre tableaux de Claude le Lorrain qui ornent aujourd'hui le palais de Saint-Pétersbourg. Ceux que nous avons à Paris, au musée du Louvre, sont d'un prix inestimable. Eh bien, Julien, que pensez-vous de ce récit?

CLAUDE LE LORRAIN PEIGNANT UN TABLEAU. — La petite tablette qu'il tient de sa main gauche s'appelle la *palette*; c'est sur la palette que sont étendues les couleurs, le bleu, le *blanc*, le noir, le rouge, etc. De sa main droite, il tient le *pinceau*. Près de lui, un jeune aide est occupé à broyer les couleurs, que le peintre étendra ensuite sur sa palette.

— Oh! madame Gertrude, répondit l'enfant, qui avait honte de sa faute, embrassez-moi, je vous en prie, et oubliez les sottises que j'ai dites tout à l'heure. Jamais plus, je vous le promets, je ne me moquerai de personne.

— A la bonne heure, petit Julien! et, quand vous serez tenté de le faire, rappelez-vous notre grand peintre de Lorraine, et que son souvenir vous rende modeste.

XXVII. — Les grands hommes de guerre de la Lorraine. — Histoire de Jeanne Darc.

« N'attaquez pas les premiers; mais, si on vient vous attaquer, défendez-vous hardiment, et vous serez les maîtres. » JEANNE DARC.

Le samedi suivant, Julien fut encore le premier; il était si content, qu'il sautait de plaisir en revenant de l'école.

Mme Gertrude était assise à sa fenêtre devant sa machine à coudre. La fenêtre était ouverte, car il faisait beau temps.

En relevant la tête Mme Gertrude aperçut de loin le petit garçon : à son air satisfait elle devina vite qu'il avait de bonnes nouvelles; elle lui sourit donc; l'enfant aussitôt éleva en l'air ses bons points et accourut à toutes jambes pour les lui mettre dans la main. Cette fois il ne dit rien pour se glorifier, mais le cœur lui battait d'émotion.

— Vous êtes un brave enfant, Julien; embrassez-moi, et dites-moi ce qui vous ferait le plus de plaisir, car je veux vous récompenser.

Julien rougit, et lorsqu'il eut embrassé la bonne dame :

— Peut-être bien, madame Gertrude, qu'en cherchant dans votre mémoire vous y retrouveriez encore une histoire à me raconter, comme celle de Claude le Lorrain.

— Mon Dieu, Julien, puisque vous aimez tant la Lorraine et que j'ai commencé à vous parler des grands hommes qu'elle a donnés à la patrie, je veux bien continuer.

Julien approcha sa petite chaise pour mieux entendre; car la machine à coudre faisait du bruit et il ne voulait pas perdre une parole.

DROUOT. — Il naquit à Nancy en 1774 et mourut en 1847. Homme de guerre et de science tout à la fois, il fit la campagne d'Egypte sous Bonaparte et s'illustra plus tard dans toutes les campagnes du premier empire, surtout dans les batailles de Wagram, de la Moscowa, de Lutzen, où il décida la victoire. Après Waterloo, il rallia les débris de l'armée et les conduisit au delà de la Loire. Il se retira ensuite à Nancy, où il mourut.

— Vous saurez d'abord, Julien, que, toutes les fois qu'il s'est agi de défendre la France, la Lorraine a fourni des hommes résolus et de grands capitaines. Vous vous rappelez que la Lorraine est placée sur la frontière française : nous sommes donc, nous autres Lorrains, comme l'avant-garde vigilante de la patrie, et nous n'avons pas manqué à notre rôle : nous avons donné à la France de grands généraux pour la défendre. Nancy a vu naître Drouot, fils d'un pauvre boulanger, célèbre par ses vertus privées comme par ses vertus militaires, et que Napoléon Ier appelait *le sage*. Bar-le-Duc, le chef-lieu du département de la Meuse, nous a donné Oudinot, qui fut blessé trente-cinq fois dans les batailles, et Exelmans, autre modèle de bravoure. Le général Chevert, de Verdun, défendit une ville avec quelques centaines d'hommes seulement et donna l'exemple d'une valeur inflexible. Et votre ville de Phalsbourg, petit Julien, elle a vu naître le maréchal Lobau, encore le fils d'un boulanger, qui devint un de nos meilleurs généraux et dont on disait : « Il est invariable comme le devoir. »

Mais si les hommes, en Lorraine, se sont illustrés à défendre la patrie, sachez qu'une femme de la Lorraine, une jeune fille du peuple, Jeanne Darc, s'est rendue encore plus célèbre. Écoutez son histoire.

I. Jeanne Darc était née à Domremy, dans le département des Vosges où nous sommes, et elle n'avait jamais quitté son village.

LA MAISON DE JEANNE DARC. — C'est à Domremy, en 1409, que naquit Jeanne Darc. On montre encore aujourd'hui cette maison, qu'un Anglais voulut acheter en 1811 à un prix élevé, mais que le propriétaire ne voulut pas lui vendre. Près de la maison, en l'honneur de Jeanne Darc, on a fondé une école gratuite pour les jeunes filles du pays.

Bien souvent, tandis que ses doigts agiles dévidaient la quenouille de lin, elle avait entendu dans la maison de son père raconter la grande misère qui régnait alors au pays de France. Depuis quatre-vingts ans la guerre et la famine duraient Les Anglais étaient maîtres de presque toute la France; ils s'étaient avancés jusqu'à Orléans et avaient mis le siège devant cette ville; ils pillaient et rançonnaient le pauvre monde. Les ouvriers n'avaient point de travail, les maisons abandonnées s'effondraient, et les campagnes désertes étaient parcourues par les brigands. Le roi Charles VII, trop indifférent aux misères de son peuple, fuyait devant l'ennemi, oubliant dans les plaisirs et les fêtes la honte de l'invasion.

Lorsque la simple fille songeait à ces tristes choses, une grande pitié la prenait. Elle pleurait, priant de tout son cœur Dieu et les saintes du paradis de venir en aide à ce peuple de France que tout semblait avoir abandonné.

Un jour, à l'heure de midi, tandis qu'elle priait dans le jardin de son père, elle crut entendre une voix s'élever : — Jeanne, va trouver le roi de France; demande-lui une armée, et tu délivreras Orléans.

Jeanne était timide et douce; elle se mit à fondre en larmes. Mais d'autres voix continuèrent à lui ordonner de partir, lui promettant qu'elle chasserait les Anglais.

Persuadée enfin que Dieu l'avait choisie pour délivrer la patrie, elle se résolut à partir.

Tout d'abord elle fut traitée de folle, mais la ferme douceur de ses réponses parvint à convaincre les plus incrédules. Le roi lui-même finit par croire à la mission de Jeanne, et lui confia une armée.

A ce moment les Anglais étaient encore devant Orléans, et toute la France avait les yeux fixés sur la malheureuse ville, qui résistait avec courage, mais qui allait bientôt manquer de vivres. Jeanne, à la tête de sa petite armée, pénétra dans Orléans malgré les Anglais. Elle amenait avec elle un convoi de vivres et de munitions.

STATUE DE JEANNE DARC A ORLÉANS. — Les habitants d'Orléans, reconnaissants envers Jeanne Darc qui avait sauvé leur ville, lui ont élevé une statue. Cette statue est sur une des principales places d'Orléans, cité de 53000 âmes, d'un bel aspect, située sur les bords de la Loire et du canal d'Orléans.

Les courages se ranimèrent. Alors Jeanne, entraînant le peuple à sa suite, sortit de la ville pour attaquer les Anglais.

Dès la première rencontre, elle fut blessée et tomba de cheval. Déjà le peuple, la croyant morte, prenait la fuite : mais elle, arrachant courageusement la flèche restée dans la plaie et remontant à cheval, courut vers les retranchements des Anglais. Elle marchait au premier rang et enflammait ses soldats par son intrépidité : toute l'armée la suivit, et les Anglais furent chassés. Peu de jours après, ils étaient forcés de lever le siège.

Après Orléans, Jeanne se dirigea vers Reims, où elle voulait faire sacrer le roi. D'Orléans à Reims la route était longue, couverte d'ennemis. Jeanne les battit à chaque rencontre, et son armée entra victorieuse à Reims, où le roi fut sacré dans la grande cathédrale.

Jeanne déclara alors que sa mission était finie et qu'elle devait retourner à la maison de son père. Mais le roi n'y voulut pas consentir et la retint en lui laissant le commandement de l'armée.

II. Bientôt Jeanne fut blessée à Compiègne, prise par trahison et vendue aux Anglais qui l'achetèrent dix mille livres. Puis les Anglais la conduisirent à Rouen, où ils l'emprisonnèrent.

Le procès dura longtemps. Les juges faisaient tout ce qu'ils pouvaient pour embarrasser Jeanne, pour la faire se contredire et se condamner elle-même. Mais elle, répondant toujours avec droiture et sans détours, savait éviter leurs embûches.

— Est-ce que Dieu hait les Anglais? lui demandait-on. — Je

n'en sais rien, répondit-elle; ce que je sais, c'est qu'ils seront tous mis hors de France, sauf ceux qui y périront.

On lui demandait encore comment elle faisait pour vaincre :

— Je disais : « Entrez hardiment parmi les Anglais, » et j'y entrais moi-même.

— Jamais, ajouta-t-elle, je n'ai vu couler le sang de la France sans que mes cheveux se levassent.

Après ce long procès, après des tourments et des outrages de toute sorte, elle fut condamnée à être brûlée vive sur la place de Rouen.

En écoutant cette sentence barbare, la pauvre fille se prit à pleurer. « Rouen! Rouen! disait-elle, mourrai-je ici? » — Mais bientôt ce grand cœur reprit courage.

Elle marcha au supplice tranquillement; pas un mot de reproche ne s'échappa de ses lèvres ni contre le roi qui l'avait lâchement abandonnée, ni contre les juges iniques qui l'avaient condamnée.

Quand elle fut attachée sur le bûcher, on alluma. Le Frère qui avait accompagné Jeanne Darc était resté à côté d'elle, et tous les deux étaient environnés par des tourbillons de fumée. Jeanne, songeant comme toujours plus aux autres qu'à elle-même, eut peur pour lui, non pour elle, et lui dit de descendre.

Alors il descendit et elle resta seule au milieu des flammes qui commençaient à l'envelopper. Elle pressait entre ses bras une petite croix de bois. On l'entendit crier : Jésus! Jésus! et elle mourut.

Le peuple pleurait : quelques Anglais essayaient de rire, d'autres se frappaient la poitrine, disant : — Nous sommes perdus; nous avons brûlé une sainte.

Jeanne Darc, mon enfant, est l'une des gloires les plus pures de la patrie.

Les autres nations ont eu de grands capitaines qu'ils peuvent opposer aux nôtres. Aucune nation n'a eu une héroïne qui puisse se comparer à cette humble paysanne de Lorraine, à cette noble fille du peuple de France.

Dame Gertrude se tut; Julien poussa un gros soupir, car il était ému, et, comme il gardait le silence en réfléchissant tristement, on n'entendait plus que le bruit monotone de la machine à coudre.

Au bout d'un moment, Julien sortit de ses réflexions.

Oh! madame Gertrude, s'écria-t-il, que j'aime cette pauvre Jeanne, et que je vous remercie de m'avoir dit son histoire!

XXVIII. — Les bons certificats d'André. — L'honnêteté et l'économie.

Si tu es honnête, laborieux et économe, aie confiance dans l'avenir.

Cependant le temps s'écoulait : il y avait un mois qu'André et Julien étaient à Épinal; on songeait déjà au départ.

Le patron d'André, qui n'avait que des louanges à faire du jeune garçon, lui avait procuré des papiers en règle, un livret bien en ordre, un certificat signé de lui-même avec le sceau de la mairie, puis l'attestation du maire de la ville déclarant qu'André et Julien étaient de braves et honnêtes enfants, et qu'ils avaient passé laborieusement leur temps à Épinal, l'un à l'école, l'autre chez son patron. La mère Gertrude avait voulu, elle aussi, se porter garante des jeunes orphelins, et de sa plus belle écriture elle avait joint son témoignage à celui de M. l'instituteur, à ceux du patron d'André et du maire.

4e feuillet.

Je certifie que le nommé André Volden a travaillé chez moi comme ouvrier serrurier, du 5 septembre 1871 au 5 octobre 1871 et que sa conduite n'a rien laissé à désirer.

Kennedy

Épinal, le 5 octobre 1871.

VILLE D'ÉPINAL MAIRIE (VOSGES)

Vu le 5 octobre 1871.
Le maire,

Schwerz

Une page d'un livret d'ouvrier. — Quand un ouvrier entre dans un établissement, il présente son livret au patron pour que celui-ci y inscrive la date de son entrée. Lorsqu'il sort, il lui présente également son livret pour que le patron y marque la date de la sortie. Un livret bien tenu est la meilleure recommandation pour l'ouvrier et lui sert de passeport.

Nos jeunes garçons étaient bien contents. — Comme c'est bon, disait André, d'avoir l'estime de tous ceux avec lesquels on vit ! — Et Julien frappait de joie dans ses deux mains en regardant les précieux papiers.

Quand il fut question de régler le prix de la pension chez la mère Gertrude, elle leur dit :

— Mes enfants, voilà un mois que nous sommes ensemble, je suis économe, comme vous savez ; aussi j'ai déployé toutes mes finesses pour que nous ne dépensions pas trop d'argent. André m'a remis chaque semaine ce qu'il gagnait ; je me suis arrangée pour ne pas tout dépenser. Voilà deux belles pièces de cinq francs qui restent sur les journées d'André, et nous allons les joindre à la petite réserve que vous m'avez confiée en arrivant.

— Oh ! madame Gertrude, dit André, il n'est pas possible que vous ayez si peu dépensé pour nous ; à ce compte-là vous devez être en perte et nous serions trop riches.

— Non, non, dit obstinément l'excellente petite vieille ; soyez tranquille, André, je ne suis point en perte, et j'ai eu tant de plaisir à vous avoir avec moi que ma vieille maison va me paraître vide à présent et mes années plus lourdes à porter. Hélas ! la belle jeunesse ressemble au soleil, elle réchauffe tout ce qui l'entoure.

— Oh ! madame Gertrude, dit Julien ému, en l'embrassant de tout son cœur, nous penserons souvent à vous et nous vous écrirons quand nous aurons rejoint notre oncle.

— Oui, mes enfants, il faudra m'écrire ; et, si vous vous trouviez dans l'embarras, adressez-vous à moi. Je ne suis pas riche, mais je suis si économe que je trouve toujours moyen de mettre quelques petites choses de côté. L'économie a cela de bon, voyez-vous, que non seulement elle vous empêche de devenir à charge aux autres, mais encore elle vous permet de secourir à l'occasion ceux qui souffrent.

— Madame Gertrude, nous allons tâcher de faire comme vous, dirent les deux enfants : nous allons être bien économes. Nous sommes tout fiers d'avoir tant d'argent !... cela nous donne bon courage et bon espoir.

XXIX. — La Haute-Saône et Vesoul. — Le voiturier jovial. — La confiance imprudente.

Ne vous fiez pas étourdiment à ceux que vous ne connaissez point. On ne se repent jamais d'avoir été prudent.

Depuis que le jour du départ était fixé, la mère Gertrude s'était mise en quête pour trouver aux enfants l'occasion d'une voiture. Après bien des peines et au prix d'une légère gratification, elle découvrit un voiturier qui allait à Vesoul et le décida à prendre les enfants avec lui.

Le lendemain, de grand matin, elle les conduisit à la place où le voiturier avait donné rendez-vous, et, après s'être embrassés plus d'une fois, on se sépara les larmes aux yeux et le cœur bien gros.

Il était à peine quatre heures du matin lorsque la voiture quitta Epinal ; aussi le soir même les enfants étaient à Vesoul, c'est-à-dire en Franche-Comté. Vesoul est une ville de dix mille âmes située au pied d'une haute colline, dans une vallée fertile et verdoyante. Le département de la Haute-Saône, dont elle est le chef-lieu, est peut-être le plus riche de France en mines de fer, et de nombreux ouvriers travaillent à arracher le minerai de fer dans les profondes galeries creusées sous le sol.

UNE MINE DE FER. — Le fer est le plus utile des métaux, c'est aussi celui dont la France est le plus riche. Il se trouve le plus souvent dans la terre sous forme de rouille. Les mineurs le détachent à coups de pic, et on le fait fondre ensuite dans les *hauts fourneaux* pour le purifier.

André et Julien ne connaissaient personne à Vesoul : là, il n'y avait plus pour eux d'amis; il fallut payer pour le lit et la nuit, entamer la petite réserve pour acheter à déjeuner, et ne plus compter que sur ses jambes pour faire la route.

Malgré cela, après avoir dormi une bonne nuit, les enfants le lendemain partirent gaîment de Vesoul et prirent la grande route de Besançon. Le soleil brillait : de petits nuages flottaient en l'air à une grande hauteur.

— Nous aurons beau temps! dit Julien.

— Oui, répondit André, si ces nuages se maintiennent aussi hauts qu'ils le sont à présent.

Les deux enfants espéraient coucher à moitié chemin et arriver à Besançon le lendemain soir. Malheureusement, après quelques kilomètres de marche, ils virent le ciel se couvrir de nuages. André s'arrêta un instant pour observer l'horizon.

Les nuages avaient grossi et s'étaient arrondis comme des balles de coton; quelques-uns étaient bas et noirâtres.

— Hâtons le pas, Julien, dit André, car les nuages semblent annoncer la pluie.

Bientôt, en effet, les deux enfants sentirent de grosses gouttes. Apercevant un hangar abandonné qui se trouvait au bord de la route, ils s'y abritèrent et attendirent patiemment que la pluie cessât. Plusieurs heures se passèrent ; mais la pluie tombait toujours avec violence.

— Quel malheur ! pensait André, voilà un jour de retard. Il nous faudra aller coucher au petit village que j'aperçois d'ici. Et s'il pleut encore demain !...

FORMES DES NUAGES ANNONÇANT LE BEAU TEMPS OU LA PLUIE. — Ces petits nuages déliés et transparents qui se trouvent à gauche tout en haut de la gravure annoncent presque toujours le beau temps. Il n'en est pas ainsi de ceux qui sont placés au-dessous et qui ressemblent à des *balles de coton ;* lorsqu'ils se maintiennent après le coucher du soleil et deviennent plus nombreux, on doit s'attendre à la pluie ou à l'orage. Déjà, à droite, dans les gros nuages noirs, la pluie a commencé.

A ce moment, Julien vit passer sur la route une carriole qui s'en allait dans la direction de Besançon. C'était un boisselier de Besançon qui revenait d'une foire où il était allé vendre des boisseaux, des litres en bois de chêne, des seaux, soufflets et tamis. Il avait aussi dans sa voiture des objets de vannerie, paniers et corbeilles de toute sorte. Il allait vite, car sa marchandise n'était pas lourde.

— Mon Dieu ! André, s'écria Julien, si nous demandions à ce voiturier de nous prendre avec lui en payant quelque chose : cela ne vaudrait-il pas mieux ? — Essayons, dit André.

Ils coururent et poliment expliquèrent au conducteur l'embarras où la pluie les mettait. Le voiturier avait l'air souriant, le visage fort enluminé, les manières joviales, mais un peu grossières.

— Montez, mes gaillards, dit-il, et donnez-moi quinze sous ; vous serez ce soir à Besançon.

André hésita un instant.

— Est-il bien sage, pensait-il, de nous confier à un homme que nous ne connaissons pas et dont les manières n'inspirent pas grand respect ?

Mais au même moment la pluie et le vent redoublèrent, et la carriole protégée par une bonne toile cirée promettait aux enfants un abri bien agréable. André se décida à tenter l'aventure. Il donna ses quinze sous, non sans un peu d'inquiétude, et s'installa avec Julien au fond de la carriole, parmi les boisseaux et les corbeilles. Le cocher fouetta son cheval hardiment, et l'on arriva bientôt à un village : on le traversa au bruit retentissant des *clic clac*, et en galopant si fort que la carriole allait de droite et de gauche avec mille cahots.

BOISSELLERIE ET VANNERIE. — La *boissellerie* est l'art de fabriquer des *boisseaux* ou mesures de décalitres et toutes les autres mesures en bois de chêne, les seaux, soufflets, tamis, enfin une foule d'autres menus ouvrages. La *vannerie* est l'art de fabriquer des *vans*, des *corbeilles*, des *paniers*, des *hottes* et tous les ouvrages qui se font avec des brins d'osier, de saule et autres tiges flexibles.

Julien était ravi : — Comme on marche vite ! dit-il tout bas à André ; nous serons ce soir de bonne heure à Besançon. Cela vaut bien quinze sous, vraiment.

Mais l'enthousiasme du cocher et l'ardeur du cheval tombèrent subitement devant la dernière maison du village, qui était une auberge. Là, des buveurs attablés chantaient bruyamment.

— Eh ! eh ! les enfants, dit le joyeux voiturier, il faut se rafraîchir un peu... Ici le vin est bon... Une bouteille de vin ne fait jamais de mal.

— Merci, monsieur, dit André tout interdit, car il s'aperçut que leur conducteur, en sautant par terre, avait chancelé comme un homme qui a bu déjà, et il commençait à soupçonner que les belles couleurs du jovial cocher tenaient sans doute à la boisson.

— Mon Dieu ! dit-il tout bas à Julien, nous avons agi comme des étourdis et des imprudents en nous adressant au premier venu et en lui donnant notre argent. Je crains bien que nous n'ayons à nous en repentir. Cet homme a l'air pris de vin.

Le petit Julien confus garda le silence.

XXX. — Le cabaret. — L'ivrognerie.

Les ivrognes sont un fléau pour leur pays, pour leur famille et pour tous ceux qui les entourent.

Le voiturier avait attaché son cheval à la porte de l'auberge, et, sans plus s'occuper des enfants restés dans la carriole, il était allé s'attabler avec les gens qui buvaient. Bientôt, on entendit sa grosse voix se mêler aux cris et aux rires des ivrognes. Dans le cabaret, empesté par les vapeurs du vin et la fumée du tabac, c'était un tumulte assourdissant. A mesure que les verres se vidaient, les chants et les rires firent place aux disputes, et l'on voyait, à travers les carreaux blanchis, s'agiter en gesticulant les ombres des buveurs.

— Que mon père avait raison, s'écria André, de fuir les cabarets comme la peste! Certes, notre conducteur serait bien mieux chez lui à cette heure, avec sa femme et ses enfants, que dans ce cabaret enfumé où il est en train de dépenser nos quinze sous.

— Et nous donc, ajouta Julien, nous serions bien mieux à Besançon!

— Le temps passait; les bouteilles de vin se succédaient sur la table, et le voiturier ne sortait point de l'auberge: on eût dit qu'il se croyait au but de son voyage.

La pluie tombait à verse et coulait en ruisseaux bruyants sur la toile cirée de la voiture et sur les harnais du cheval. Le pauvre animal, de temps à autre, se secouait patiemment comme un être habitué depuis longtemps à tout subir.

André n'y tint plus. Il sortit de la carriole et, entrant dans l'auberge, il rappela au voiturier poliment, mais avec fermeté, l'heure qu'il était.

— Eh bien! dit l'homme d'une voix avinée, si vous êtes plus pressé que moi, partez devant, vagabond.

André allait riposter avec énergie, mais l'aubergiste le tira par le bras.

— Taisez-vous, dit-il, cet homme est, à jeun, le plus doux

du monde; mais, quand il a bu, il n'y a pas de brute pareille : il assomme son cheval de coups, et il en ferait autant du premier venu qui le contredirait.

— Mais, dit André, je l'ai payé d'avance pour nous emmener ce soir à Besançon.

— Vous avez eu tort, dit sèchement l'aubergiste. Pourquoi payez-vous d'avance des gens que vous ne connaissez pas? Et maintenant vous aurez tort de nouveau si vous voulez raisonner avec un homme qui n'a plus sa raison.

André, tout pensif, retourna trouver Julien au fond de la carriole. Les deux enfants, bien désolés, décidèrent qu'il fallait reprendre leurs paquets sur leur dos et se remettre en marche malgré la pluie, pour faire à pied les seize kilomètres qui leur restaient, plutôt que de continuer la route avec un homme ivre et brutal.

Au même moment le charretier sortit de l'auberge, sa pipe à la main, jurant comme un forcené contre la pluie, contre son cheval, contre les deux enfants, contre lui-même. Il monta dans sa carriole avant que les enfants surpris eussent eu le temps d'en descendre, et sangla son cheval d'un coup de fouet. La carriole se remit en marche au grand galop, vacillant par bonds d'un côté, puis de l'autre, tant le cheval excité à force de coups marchait vite.

Le petit Julien était transi de peur : il eût voulu être à cent lieues de là. André lui-même, prévenu par l'aubergiste, n'était pas rassuré et n'osait souffler mot. Les deux enfants, se serrant l'un contre l'autre au fond de la voiture, n'avaient qu'un désir : se faire oublier de l'ivrogne, qui ne cessait de vociférer comme un furieux. A chaque passant qu'on rencontrait il adressait des injures et des menaces; il jurait d'une voix chevrotante qu'il ferait un mauvais coup parce qu'un vaurien l'avait insulté à l'auberge.

Plus d'une heure se passa ainsi. Les deux enfants épouvantés et silencieux réfléchissaient tristement. — « Mon Dieu! pensait André, que l'ivresse est un vice horrible et honteux !»

Pour le petit Julien, il était si désolé de se voir en cette vilaine compagnie, que tout lui eût paru préférable à ce supplice. Il se rappelait presque avec regret la nuit passée sur la montagne au milieu du brouillard sous la conduite de son frère, et elle lui semblait plus douce mille fois que ce voyage en la société d'un homme devenu pareil à une brute.

Il pensait aussi à leur petite maison de Phalsbourg, où ils retrouvaient leur père le soir après la journée de travail, et il se disait :

Oh ! combien sont heureux ceux qui ont une famille, une maison où on les aime, et qui ne sont pas forcés de voyager sans cesse avec des gens qu'ils ne connaissent point.

XXXI. — L'ivrogne endormi. — Une louable action des deux enfants.

Un homme en danger, quel qu'il soit, a droit à notre aide.

Une grande heure se passa ainsi dans l'anxiété. Le cheval allait comme le vent, car les coups pleuvaient sur lui plus drus que grêle.

Enfin à la longue l'ivrogne, appesanti par le vin, cessa de jurer et de fouetter; il se renversa en arrière sur son siège et finit par s'endormir du lourd sommeil de l'ivresse. Aussitôt le cheval, de lui-même, comme s'il devinait cet incident prévu, ralentit le pas peu à peu : bientôt même il s'arrêta tout à fait, heureux sans doute de souffler à l'aise après la course folle qu'il venait d'exécuter.

L'ivrogne ne bougea point : il ronflait à poings fermés.

Alors nos enfants, pris d'une même idée tous les deux, se levèrent sans bruit, saisissant leurs petits paquets de voyageurs et leurs bâtons. Ils enjambèrent doucement par-dessus le voiturier, et d'un saut s'élancèrent sur la grande route, courant à cœur joie, tout aises d'être enfin en liberté.

— Oh ! André, s'écria Julien, j'aimerais mieux marcher à pied toute ma vie, par les montagnes et les grands bois, que d'être en compagnie d'un ivrogne, eût-il une calèche de prince?

— Sois tranquille, Julien, nous profiterons de la leçon désormais, et nous ne nous remettrons plus aux mains du premier venu.

Pendant ce temps le cheval, surpris en entendant sauter les enfants, s'était mis à marcher et les avait devancés. Comme le voiturier dormait toujours, la voiture s'en allait au hasard, effleurant les fossés et les arbres de la route.

Par un moment, une des roues passa sur un tas de pierres;

la carriole chancela prête à verser dans le fossé, qui, à cet endroit, était profond.

— Mon Dieu ! dit André, il va arriver malheur à cet homme.

— Tant pis pour lui, dit Julien, qui gardait rancune à l'ivrogne ; il n'aura que ce qu'il mérite.

André reprit doucement : — Peut-être sa femme et ses enfants l'attendent-ils en ce moment, Julien ; peut-être, si nous l'abandonnons ainsi, le verront-ils rapporter chez eux blessé, sanglant, comme l'était notre père.

En entendant ces paroles, Julien se jeta au cou de son frère : — Tu es meilleur que moi, André, s'écria-t-il ; mais comment faire ?

— Marchons à côté du cheval, nous le tiendrons par la bride. Si le voiturier s'éveille, nous nous sauverons.

— Et s'il ne s'éveille point ?

— Nous verrons alors ce qu'il y a de mieux à faire. En tout cas, nous avons commis une étourderie ce matin en nous liant avec lui si rapidement ; ne faisons pas ce soir une mauvaise action en l'abandonnant sur la grande route. Un honnête homme ne laisse point sans secours un autre homme en danger, quel qu'il soit.

XXXII. — Une rencontre sur la route. Les deux gendarmes.

Quand on n'a rien à se reprocher, on n'a point sujet d'avoir peur.

Les deux enfants hâtèrent le pas et rejoignirent le cheval ; ils marchèrent auprès de lui, le dirigeant et l'empêchant de heurter la voiture aux tas de pierres.

Ils allèrent ainsi longtemps, et l'ivrogne ne s'éveillait point. Julien était exténué de fatigue, car le pas du cheval était difficile à suivre pour ses petites jambes, mais il avait repris son courage habituel. — Ce que nous faisons est bien, pensait-il, il faut donc marcher bravement.

Enfin nos enfants aperçurent deux gendarmes qui arrivaient à cheval derrière eux. André, aussitôt, s'avança à leur rencontre, et simplement il leur raconta ce qui était arrivé, leur demandant conseil sur ce qu'il y avait de mieux à faire.

Les gendarmes, d'un ton sévère, commencèrent par dire à André de montrer ses papiers. Il les leur présenta aussitôt. Lorsqu'ils les eurent vérifiés, ils se radoucirent.

— Allons, dit l'un d'eux, qui avait un fort accent alsacien, vous êtes de braves enfants, et j'en suis bien aise, car je suis du pays moi aussi.

Les gendarmes descendirent de cheval et secouèrent l'ivrogne ; mais ils ne purent le réveiller. — Il est ivre-mort, dirent-ils.

— Enfants, reprit l'Alsacien, nous allons ramener l'homme, ne vous en inquiétez pas ; nous savons qui il est, nous lui avons déjà fait un procès pour la brutalité avec laquelle il traite son cheval, car la loi défend de maltraiter les animaux. Mais vous, où allez-vous coucher ?

— Je ne sais pas, monsieur, dit André ; nous nous arrêterons au premier village.

— Parbleu ! s'écria l'autre gendarme, puisque les enfants ont payé pour aller à Besançon et que nous ramenons la carriole jusque-là, qu'ils remontent ; nous ferons route ensemble, et, si l'ivrogne s'éveillait, nous sommes là pour le surveiller : ils n'ont rien à craindre.

Les gendarmes poussèrent l'ivrogne tout au fond de la carriole. André et Julien s'assirent devant sur le banc du cocher.

— Prenez les guides, mon garçon, dit à André le gendarme alsacien, et conduisez ; nous remontons à cheval et nous vous suivrons.

Vue de Besançon. — Besançon a 50 000 habitants. La principale industrie de cette ville très commerçante est l'horlogerie. Elle produit par an près de 100 000 montres, sans compter les grosses horloges. C'est Besançon et la Franche-Comté qui donnent l'heure à une bonne partie de la France.

André ne savait guère conduire ; mais le gendarme lui expliqua comment faire, et il s'appliqua si bien que tout alla à merveille. On arriva à Besançon le plus gaîment du monde. Julien remarqua que cette ville est une place forte et qu'elle est tout entourée par le Doubs, sauf d'un côté; mais, de ce côté-là, la citadelle se dresse sur une grande masse de rochers pour défendre la ville. Julien, quoique bien jeune, avait déjà assisté au siège de Phalsbourg : aussi les places fortes l'intéressaient. Il admira beaucoup Besançon, et, en lui-même, il était content de voir que la France avait l'air bien protégée de ce côté.

Le gendarme alsacien recommanda ses jeunes compatriotes chez une brave femme qui leur donna un lit à bon marché.

— Oh! André, s'écria alors naïvement le petit Julien, je ne me serais pas douté combien ces deux gendarmes devaient être bons pour nous; j'aurais plutôt eu peur d'eux.

— Julien, répondit doucement André, quand on fait ce qu'on doit et qu'on n'a rien à se reprocher, on n'a jamais sujet d'avoir peur, et on peut être sûr d'avoir tout le monde pour soi.

XXXIII. — Une proposition de travail faite à André. — Le parapluie de Julien.

Celui qui se fait reconnaître pour un honnête garçon trouve aide et sympathie partout où il passe.

Le lendemain, au moment où les enfants achevaient de s'habiller, leur hôtesse entr'ouvrit la porte.

— Jeunes gens, leur dit-elle, vous allez, paraît-il, jusqu'à Marseille; peut-être seriez-vous bien aises d'avoir une occasion de faire la route jusqu'à Saint-Etienne, sans qu'il vous en coûtât rien que la peine de travailler pendant un mois. Il y a soixante lieues d'ici à Saint-Etienne : c'est un fameux bout de chemin.

— Madame, dit André, pourvu que ce soit en compagnie de braves gens, nous ne demandons qu'à travailler.

— Soyez tranquilles, dit l'hôtesse; celui qui vous emploiera est un ami des gendarmes qui vous ont recommandés à moi hier soir. C'est un bien honnête homme, mais proche de ses intérêts. Descendez, vous lui parlerez.

André et Julien descendirent dans la cuisine et se trouvèrent en face d'un grand montagnard jurassien qui, le dos à la cheminée, se chauffait debout, vis-à-vis de la porte par où arrivaient les enfants.

Il les regarda rapidement et parut satisfait de son examen.

— Voici ce qu'il y a, dit-il à André. Tous les ans, à cette époque, je faisais avec ma femme une tournée de Besançon à Saint-Etienne pour vendre et transporter les marchandises du pays ; mais cette année-ci ma femme est malade : elle vient de me donner un fils, et je vais avoir de la peine à faire mes affaires tout seul. Pourtant ce n'est pas le moment de se reposer, puisque j'ai une bouche de plus à nourrir. Si vous voulez tous les deux travailler avec moi de bonne volonté, je me charge de vous pour quinze jours. Au bout de ces quinze jours vous serez à Saint-Etienne. Je vous coucherai et je vous nourrirai tout le long du chemin, mais je ne puis vous payer.

Le petit Julien ouvrait de grands yeux et souriait à l'étranger.

— Monsieur, dit André en montrant Julien, mon frère n'a pas huit ans, il ne peut guère faire autre chose que des commissions.

— Justement, dit le Jurassien, il ne fera pas autre chose. Vous qui êtes grand et fort, vous m'aiderez à charger ma voiture, à soigner le cheval et à vendre.

— Volontiers, dit André ; mais, si vous pouviez ajouter quelque chose, ne fût-ce que cinq francs, nous serions bien aises.

— Pas un centime, dit l'homme, c'est à prendre ou à laisser.

Julien sourit gentiment : — Oh ! fit-il, vous me donnerez bien un parapluie, n'est-ce pas ? si je vous contente bien : cela fait que nous pourrons voyager après cela même par la pluie.

Le marchand ne put s'empêcher de rire à cette demande de l'enfant. — Allons, dit-il, mon petit homme, tu auras ton parapluie si les affaires marchent bien.

XXXIV. — Le cheval. — Qualités d'un bon cheval. — Soins à donner aux chevaux.

Un bon animal ne coûte pas plus à nourrir qu'un mauvais et rapporte beaucoup plus.

Le lendemain de bon matin M. Gertal (c'était le nom du Jurassien) éveilla les deux enfants. André mit ses habits de travail. — Venez avec moi, dit M. Gertal, je vais vous montrer à soigner mon cheval Pierrot ; je tiens à ce qu'il soit bien soigné, car il me coûte cher et me rend de grands services, et puis c'est pour moi un compagnon fidèle.

André descendit à l'écurie avec son nouveau patron, et Julien, qui aimait les animaux, ne manqua pas de le suivre.

Pierrot était un bel et bon animal ; sa robe bai brun, signe de vivacité et de courage, son œil grand, sa tête assez petite et ses reins solides indiquaient que M. Gertal l'avait choisi en connaisseur. Pierrot n'avait jamais été maltraité ; aussi était-il doux et Julien lui-même pouvait en approcher sans danger.

Le cheval fut étrillé et brossé avec soin.

— Voyez-vous, mes enfants, disait M. Gertal, la propreté

LE CHEVAL DE TRAIT. — La France est le pays qui possède les races de chevaux les plus belles et les plus variées. La meilleure race pour traîner les lourds chariots est la race *boulonaise* ; la meilleure pour traîner plus rapidement des fardeaux moins lourds, est la race *percheronne* ; mais la plus élégante et la plus rapide à la course est la race *normande* (Calvados).

est pour les animaux ce qu'elle est pour l'homme, le meilleur moyen d'entretenir la santé. — Tout en parlant ainsi, M. Gertal dirigeait l'étrille et la brosse avec courage, et on voyait à chaque coup de l'étrille la poussière tomber abondante par terre, tandis que le poil devenait plus luisant.

— Vraiment, dit le petit Julien, Pierrot comprend sans doute que c'est pour son bien, car il a l'air trop content.

— Oui certes, cela le soulage, et il le sent bien. Vois-tu,

Julien, la peau des animaux, comme celle de l'homme, est percée d'une multitude de petits trous appelés pores, par lesquels s'échappe la sueur, et la sueur sert à purifier le sang. Quand la poussière et la malpropreté bouchent ces milliers de petits trous, le sang se vicie et la santé s'altère chez les animaux comme chez l'homme. Il y a un vieux proverbe qui dit : « Le jeu de l'étrille équivaut à un picotin d'avoine ; la main engraisse autant que la nourriture. »

La toilette de Pierrot finie, on le conduisit à l'abreuvoir.

— André, dit M. Gertal, tu le ramèneras au pas et non en le faisant trotter comme font tant de garçons étourdis. Un cheval qui revient de l'abreuvoir doit toujours être ramené tranquillement, pour bien digérer l'eau qu'il a bue.

Lorsque Pierrot revint de l'abreuvoir, on lui donna sa ration d'avoine.

— Tiens ! dit Julien, on a fait boire Pierrot avant de lui donner à manger.

— Oui certes, on doit faire boire le cheval avant de lui donner l'avoine ; retiens cela, petit, car c'est une chose importante que bien des gens ignorent. Si au contraire le cheval boit après avoir mangé l'avoine, l'eau entraîne les grains hors de l'estomac avant qu'ils soient digérés complètement, et l'animal est mal nourri. Remarque-le aussi, je ne vais atteler Pierrot qu'une heure après son dîner, parce que je le ferai trotter et qu'on ne doit pas faire trotter un cheval qui vient de manger, si on veut qu'il digère bien sa nourriture.

— Est-ce que tout le monde prend ces précautions, monsieur Gertal ?

— Non, et il y en a bien d'autres encore que l'on néglige. Les uns remettent sur le cheval le harnais mouillé, qui le refroidit ; d'autres négligent de jeter sur son dos une couverture de laine quand ils sont forcés de le faire arrêter et qu'il est en sueur ; d'autres le mènent boire quand il est en transpiration, ou lui donnent de l'eau trop fraîche. Tous ceux qui font ainsi agissent contre leurs intérêts. Un cheval mal soigné ne tarde pas à perdre sa vigueur et à tomber malade : c'est une grosse perte, surtout pour les petits marchands comme moi. En toutes choses, le chemin de la ruine, mes enfants, c'est la négligence.

XXXV. — Les montagnes du Jura. — Les salines. — Les grands troupeaux des communes conduits par un seul pâtre. — Associations des paysans jurassiens.

Que de peines nous nous épargnerions les uns aux autres, si nous savions toujours nous entendre et nous associer dans le travail !

Après déjeuner, on quitta Besançon. Pierrot marchait bon train comme un animal vigoureux et bien soigné. Julien et André regardaient avec grand plaisir le pays montagneux de la Franche-Comté, car ils étaient assis tous les deux à côté du patron sur le devant de la voiture, d'où ils découvraient l'horizon.

A chaque étape du voyage, on déchargeait la voiture, et chacun, suivant ses forces, le patron aussi, allait porter dans les divers magasins les marchandises qu'on avait amenées. Il fallait faire bien des courses fatigantes, et souvent assez tard dans la soirée ; mais le patron était juste : il nourrissait bien les enfants, et on dormait dans de bons lits. Nos deux orphelins étaient si heureux de gagner leur nourriture et leur voyage qu'ils en oubliaient la fatigue.

On s'arrêta à Lons-le-Saulnier et à Salins, qui doivent leurs noms et leur prospérité à leurs puits de sel. Les enfants purent voir en passant ces grands puits d'où on tire sans cesse l'eau salée, pour la faire évaporer dans des chaudières.

ÉVAPORATION DES EAUX SALÉES. — On trouve dans la terre de grandes masses de *sel ;* tantôt ces masses de sel sont dures comme le roc, et on se sert pour les briser du pic et de la pioche ; tantôt elles sont fondues dans des sources souterraines. Alors on puise l'eau salée avec des *pompes* et on la fait évaporer dans de larges *chaudières* ou dans des *réservoirs ;* quand l'eau est évaporée, on retrouve le sel au fond des réservoirs.

En quittant Lons-le-Saulnier, M. Gertal mit le cheval au pas. — Voici une rude journée pour Pierrot, dit-il, car nous allons monter sans cesse. Le village des Rousses, où nous nous rendons, est en pleines montagnes, sur la frontière suisse.

En effet, la route ondulait continuellement en côtes et en descentes rapides. Par moments on apercevait les hautes cimes du Jura montrant au loin leurs premières neiges, et de noirs sapins poudrés de givre s'étalaient sur les flancs escarpés de la montagne.

— Regarde, Julien, dit André : voilà un pays qui ressemble aux Vosges.

— Oui, dit l'enfant, cela me fait songer au jour où nous avons traversé la montagne pour passer en France.

— Le Jura, en effet, a plus d'un rapport avec les Vosges, dit le patron; mais il a des cimes plus élevées.

— Eh oui, mon ami; aussi nous ne nous attarderons pas longtemps dans ce pays : d'ici à quinze jours, il y aura sans doute des neiges partout où nous sommes.

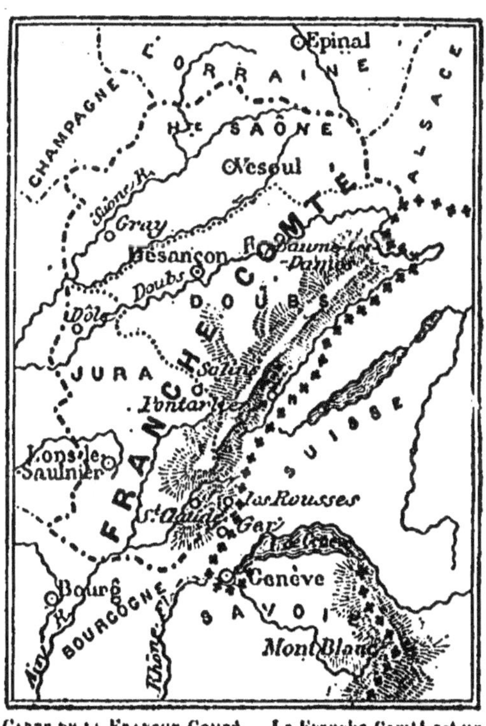

CARTE DE LA FRANCHE-COMTÉ. — La Franche-Comté est un pays très montagneux : les sommets du Jura y atteignent jusqu'à 1 700 mètres. Il est arrosé par de nombreux cours d'eau. Là où le sol est pauvre et pierreux, les habitants suppléent par l'industrie à l'insuffisance de l'agriculture. C'est une population intelligente, pleine d'ordre et d'économie.

Lorsqu'on arriva au bourg des Rousses, le soleil venait de se coucher; c'était l'heure où les vaches descendaient toutes à la fois des pâturages de la montagne pour rentrer aux étables. On arrêta Pierrot, afin de ne pas effaroucher les bonnes bêtes; celles-ci s'en revenaient tranquillement, faisant sonner leurs clochettes dont le bruit rustique emplissait la vallée.

Julien n'avait jamais été à pareille fête, car il n'avait pas encore vu un si nombreux troupeau ; aussi il s'agitait de plaisir dans la voiture.

— Regarde bien, Julien, s'écria M. Gertal, et observe ce qui va se passer.

— Oh ! dit Julien, je regarde si bien toutes ces belles vaches que je suis en train de les compter ; mais il y en a tant que c'est impossible.

— Ce sont toutes les vaches de la commune réunies en un

PÂTRE COMMUNAL FAISANT RENTRER LES VACHES DANS LE JURA. — Toutes les vaches d'une commune, dans le Jura, sont souvent conduites par un seul pâtre, et tous les cultivateurs s'entendent pour le payer : de cette façon cela coûte moins cher, et les enfants de la commune ont le temps d'aller à l'école et de s'instruire.

seul troupeau, dit M. Gertal, et il n'y a pour les conduire qu'un pâtre, appelé le pâtre communal.

— Tiens ! s'écria Julien, qui regardait avec plus d'attention que jamais ; les unes s'en vont à droite, les autres à gauche, celles-là devant ; voilà tout le troupeau divisé, et le pâtre qui ne bouge pas pour les rappeler : à quoi pense-t-il ?

— N'as-tu pas entendu qu'il a sonné de la trompe ? Eh bien, dans le bourg chacun est prévenu par ce son de trompe : on a ouvert les portes des étables, et, si le troupeau se divise, c'est parce que chacune des vaches prend le chemin de son étable et s'en va tranquillement à sa crèche.

— Oh ! vraiment, monsieur Gertal, vous croyez qu'elles ne se tromperont pas ?

— Jamais elles ne se trompent ; elles rentrent ainsi tous les soirs ; et tous les matins, à l'heure du départ, il suffit encore au pâtre communal de sonner de la trompe : aussitôt, dans le village, chacun ouvre les portes de son étable ; les vaches sortent et vont se réunir toutes à un seul et même endroit, où le pâtre les attend pour les conduire dans les belles prairies que nous avons vues le long du chemin.

— Oh ! que voilà des vaches intelligentes ! dit André.

— Oui, certes, reprit Julien ; mais il y a autre chose à remarquer que l'intelligence du troupeau ; c'est celle des habitants du pays, qui s'entendent de bonne amitié pour mettre leurs troupeaux en commun et ne payer qu'un seul pâtre, au lieu de payer autant de pâtres qu'il y a de fermes et de troupeaux.

— Tiens, c'est vrai, cela, dit André ; c'est une bonne économie de temps et d'argent pour chacun. Mais pourquoi n'en fait-on pas autant partout, monsieur Gertal ?

— Ce n'est pas partout facile. De plus tout le monde ne comprend pas le bienfait qu'il y a à s'entendre et à s'associer ensemble. Chacun veut tout faire seul, et tous y perdent. Pour moi, ajouta M. Gertal, je suis fier d'être Jurassien, car c'est dans mon pays que, pour la première fois en France, cette grande idée de s'associer a été mise en pratique par les cultivateurs.

XXXVI. — Les grands fromages de Gruyère. — Visite de Julien à une fromagerie. — Les associations des paysans jurassiens pour la fabrication des fromages.

Le pays le plus heureux sera celui où il y aura le plus d'accord et d'union entre les habitants.

Le lendemain on se leva de bonne heure. M. Gertal avait acheté la veille au soir des marchandises qu'il s'agissait de charger dans la voiture. Il y avait de ces énormes fromages dits de *Gruyère* qu'on fait dans le Jura, et Julien était tout étonné à la vue de ces meules de fromages pesant vingt-cinq kilogrammes, qu'il n'aurait pas pu soulever. Il regardait avec admiration André les mettre dans la voiture.

En allant faire une commission pour le patron, Julien fut introduit dans une fromagerie où se trouvait le *fruitier* auquel il devait parler : on appelle fruitier, dans le Jura, celui qui fait les fromages. Le fruitier était aimable ; en voyant Julien ouvrir de grands yeux surpris pour regarder la fromagerie, il lui demanda ce qui l'étonnait tant que cela.

— Oh ! dit Julien, c'est cette grande chaudière que je vois

là sur le feu. Elle est aussi grande qu'une barrique et elle a l'air pleine de lait.

— Tout juste, enfant; il y a là trois cents litres de lait à chauffer pour faire du fromage.

UNE FROMAGERIE DANS LE JURA. — Dans la Franche-Comté comme en Suisse on fabrique une grande quantité de fromages, surtout de *Gruyère*. On verse le lait dans de vastes *chaudières*, on l'y fait chauffer, on le fait *cailler* avec la *présure* : puis on le retire du feu et on le verse dans un grand *moule*. Ensuite on le presse pour en faire sortir toute l'eau; on le sale, et, après l'avoir laissé quatre ou cinq mois dans la cave, on l'expédie dans tous les pays.

— Mais, monsieur, dit le petit Julien, j'ai appris d'une fermière de Lorraine que souvent une vache ne donne pas plus de deux cents litres de lait en un mois; vous avez donc bien des vaches, vous, monsieur, pour avoir ainsi trois cents litres de lait à la fois!

— Moi, dit le fruitier, je n'en ai pas une. Et dans tout le bourg il n'y a personne assez riche pour en avoir, à lui seul, une quantité capable d'alimenter la fromagerie. Mais les fermiers s'associent ensemble : ils m'apportent leur lait tous les jours, de façon que je puisse emplir ma grande chaudière. Alors je mesure le lait de chacun, et je marque sur une coche le nombre de litres qu'il a donnés. Quand les fromages sont faits et vendus, on me paie pour ma peine, et les fermiers partagent entre eux le reste de l'argent avec justice, suivant la quantité de lait que chacun a fournie.

— Alors celui qui n'a qu'une vache peut aussi apporter du lait et avoir sa part?

— Pourquoi pas, mon petit homme? Il est aussi content, et il a plus besoin qu'un autre de voir son lait bien employé.

— Cela doit donner bien des fromages dans une année, toutes les vaches que j'ai vues dans la montagne!

— Je crois bien ; notre seul département du Jura possède plus de cinquante mille vaches et fabrique par an plus de quatre millions de kilogrammes de fromages Et nous faisons tout cela en nous associant, riches comme pauvres, d'un bon accord ; car, voyez-vous, enfant, en apportant chacun sa pierre, la maison se fait sans peine.

— Oh ! dit Julien, que j'aime votre pays, où tout le monde sait si bien s'entendre ! Mais comment peut-il n'y avoir jamais d'erreur dans le partage et dans les comptes?

— Quand tout le monde veut la justice, chacun y veille, enfant. Chez nous, tout se passe honnêtement, parce que tout se fait au grand jour, sous la surveillance de tous et avec l'avis de tous.

Le petit Julien, pour rattraper le temps qu'il avait passé à écouter le fruitier, s'en revint en courant de la fromagerie. Tout en marchant vite, il songeait à ce qu'avait dit la veille M. Gertal sur les associations du Jura, et, arrangeant tout cela dans sa petite tête, il se disait : — Quelle bonne chose de s'entendre et de s'aider les uns les autres !

XXXVII. — Le travail du soir dans une ferme du Jura. — Les ressorts d'horlogerie. — Les métiers à tricoter. — L'étude du dessin. — Utilité de l'instruction.

Instruisez-vous quand vous êtes jeunes ; plus tard, quelque métier que vous embrassiez, cette instruction vous y rendra plus habile.

Ce n'était point à une auberge qu'on était descendu, mais chez un cultivateur des Rousses, ami de M. Gertal.

Le patron passa une partie de la soirée à faire ses affaires chez ses clients, et les deux enfants restèrent dans la ferme située non loin du fort des Rousses qui défend la frontière; car les Rousses sont le dernier bourg de France sur la frontière suisse.

Lorsque la nuit fut tout à fait venue, la fermière alluma deux lampes. Près de l'une les deux fils aînés s'établirent. Ils avaient devant eux toute sorte d'outils, une petite enclume, des marteaux, des tenailles, des limes, de la poudre à polir. Ils saisirent entre leurs doigts de légers rubans d'acier qu'ils enroulaient en forme de spirale après les avoir battus sur l'enclume.

Ressort de montre.

André s'approcha d'eux tout surpris ; leur travail, qui lui

rappelait un peu la fine serrurerie, l'intéressait vivement.

— Que faites-vous là? demanda-t-il.

— Voyez, nous faisons des ressorts de montre. Dans nos montagnes on fabrique les différentes pièces des montres, de sorte qu'à Besançon on n'a plus qu'à les assembler pour faire la montre même. Moi, je fabrique des ressorts, d'autres font les petites roues, les petites chaînes qui se trouvent à l'intérieur, d'autres les cadrans émaillés où les heures sont peintes, d'autres les aiguilles qui marqueront l'heure; d'autres enfin façonnent les boîtiers en argent ou en or.

— Que tout cela est délicat, dit André, et quelle attention il vous faut prendre pour manier cet acier entre vos doigts! Je m'en fais une idée, moi qui suis serrurier.

— C'est assez délicat, en effet : soupesez ce ressort et

LE TRAVAIL DU SOIR DANS UNE FERME DU JURA. — C'est dans les fermes du Jura que se fabriquent en grande quantité les ressorts de montre les plus délicats. En passant près des fermes, il est rare qu'on n'y entende pas le bruit du marteau ou de la lime. — Le *métier à bas*, auquel travaille la fermière de droite, a été inventé par un Français, un ouvrier serrurier des environs de Caen. Avec ce métier on fabrique, bien plus vite qu'avec la main, des bas presque aussi solides.

voyez comme il est léger. Avec une livre de fer, on peut en fabriquer jusqu'à 80 000, et, quand ils sont bien réussis, ils valent jusqu'à 10 francs chacun.

— 10 francs chaque ressort! dit André. S'il y en a 80 000, cela fait 800 000 francs, et tout cela peut se tirer d'une livre de fer qui coûte si peu! Mon patron serrurier avait bien raison de dire que ce qui donne du prix aux choses, c'est surtout le travail et l'intelligence de l'ouvrier.

Tandis que les deux jeunes ouvriers en horlogerie causaient ainsi avec André, la fermière s'était assise avec sa fille auprès de l'autre lampe. Elle avait un métier à faire les bas et travaillait avec activité. Pendant ce temps, le plus jeune des enfants faisait son devoir pour l'école du lendemain.

— Oh! pensa Julien, qui n'avait rien perdu de tout ce que l'on faisait et disait, je vois qu'il n'y a pas que la Lorraine où l'on sache bien travailler. C'est égal, je n'aurais jamais cru que ce fût dans les fermes que l'on fît les choses délicates de l'horlogerie.

Julien, tout en réfléchissant ainsi, s'approcha du jeune enfant qui travaillait à ses devoirs. Il fut surpris de voir qu'il dessinait, et que son cahier était couvert de rosaces et d'étoiles, de fleurs, d'animaux, de jolies figures d'ornementation qu'il avait tracées lui-même.

DESSIN D'ORNEMENTATION. — Les dessins d'ornementation imitent avec art les formes des plantes et des animaux, ainsi que les figures géométriques les plus élégantes, cercle, ovale, spirale, etc.

— Quoi! lui dit-il, vous avez appris le dessin, déjà?

— Il faut bien, dit l'enfant; le dessin est si utile aux ouvriers! Il nous sert beaucoup pour tous les travaux que nous faisons pendant l'hiver.

— Oui, reprit la fermière; nous avons huit mois d'hiver sur la montagne; durant ces longs mois, la neige couvre tout, et il faut rester chez soi auprès du feu. Il y a même des villages où l'on est si enveloppé par les neiges de toutes parts, qu'on ne peut plus communiquer avec le reste du pays. La terre ne nous donnerait pas de quoi vivre si nous ne travaillions beaucoup et si nous restions ignorants. Mais nous avons de bonnes écoles, où on apprend même le dessin et les travaux d'horlogerie. Quand on est bien instruit, on gagne mieux sa vie.

Le petit Julien trouva tout cela fort sage; il se rappela que la mère Gertrude lui avait dit que la France ouvre de jour en jour plus d'écoles pour instruire ses enfants.

— Moi qui veux bien travailler quand je serai grand, pensa-t-il, je ne perdrai pas mon temps à l'école. La fermière a raison; pour faire des choses difficiles, il faut être instruit.

XXXVIII. — La Suisse et la Savoie. — Le lac de Genève. — Le mont Blanc. — Les avalanches. — Le lever du soleil sur les Alpes. — La prière du matin.

Les beautés de la nature doivent élever notre pensée vers Dieu.

Le lendemain, on quitta les Rousses dès trois heures du matin, car le patron voulait arriver à temps pour le marché de Gex, une des principales villes du département de l'Ain.

André enveloppa soigneusement le petit Julien dans son manteau : l'enfant, bercé par le balancement de la voiture et par le bruit cadencé des grelots sonores de Pierrot, ne tarda pas à dormir aussi bien que dans son lit.

Le clair de lune était splendide, la route lumineuse comme en plein jour; mais l'air était froid, car il gelait sur ces hauteurs, et les noirs sapins avaient sur toutes leurs branches de grandes aiguilles de glace qui brillaient comme des diamants.

Après plusieurs heures de marche sur une route toujours montante, on traversa un dernier défilé entre deux montagnes. — Vous savez sans doute, mes enfants, dit alors M. Gertal, que nous sommes ici à deux pas de la Suisse, et nous arriverons bientôt au haut d'un col d'où l'on découvre toute la Suisse, la Savoie et les Alpes. Descendons de voiture, et nous regarderons le soleil se lever sur les montagnes : le temps est pur, ce sera magnifique.

Le petit Julien en un clin d'œil fut éveillé, il se hâta de sauter sur la route et courut en avant. Mais André l'avait devancé, et lorsqu'il fut au sommet du col : — Oh! Julien, s'écria-t-il, viens voir. — L'enfant arriva vite.

Les deux frères se trouvaient placés au haut de la chaîne du Jura comme sur une muraille énorme, presque droite. A leurs pieds s'ouvrait un vaste horizon : la Suisse était devant eux. Tout en bas, dans la plaine, s'étalait, à perte de vue, le grand lac de Genève, le plus beau de l'Europe,

Le lac de Genève, ou *lac Léman*, a 34 lieues de tour. Il est entouré par le Jura et par les Alpes. Dans sa partie sud, il touche à la France. A certains endroits sa profondeur est de 300 mètres. Il est parfois sujet, comme la mer, à des tempêtes redoutables. — Sur ses bords se trouve la ville suisse de Genève, commerçante et industrielle, peuplée de 50 000 habitants.

dominé de toutes parts par des montagnes blanches de neige.

— Comme ce lac brille sous les rayons de la lune! dit Julien; moi je l'aurais pris volontiers pour la mer, tant je le trouve grand Mais dis-moi, André, comment s'appellent ces montagnes là-bas, si hautes, si hautes, qui enferment le lac comme dans une grande muraille?

Le mont Blanc et la mer de Glace. — Le mont Blanc (4 800 mètres) est la montagne la plus élevée de l'Europe.

— Ce sont les Alpes de la Savoie, dit M. Gertal qui arrivait. A nos pieds est la Suisse, mais à droite, c'est encore la France qui se continue, bornée par les Alpes. Dans la Savoie, en France, se trouvent les plus hautes montagnes de notre Europe. Ces neiges qui couvrent leurs sommets sont des neiges éternelles. Vois-tu, en face de nous, sur la droite, ce grand mont dont la cime blanche s'élève par-dessus toutes les autres? C'est le mont Blanc. Il y a sûrement sur sa cime glacée des neiges qui sont tombées depuis bien des années et que nul rayon du chaud soleil d'été n'a pu fondre.

— Quoi! vraiment? dit Julien, d'un air réfléchi, en poussant un soupir d'étonnement.

— Oui, continua M. Gertal, chaque hiver de nouvelles neiges recouvrent les anciennes. Aussi, aux endroits où la montagne en est trop chargée, il suffit d'un coup de vent, du pas d'un chamois, d'une pelote de neige qui grossit en roulant, pour ébranler des blocs de neige et de glace entassés; ces blocs s'écroulent alors avec un bruit effroyable, écrasent tout sur leur passage, ensevelissent les troupeaux, les maisons, parfois des villages entiers. C'est ce qu'on appelle les avalanches.

Avalanche dans les Alpes. — L'avalanche est une masse de neige qui roule du sommet des montagnes, entraînant avec elle les arbres et les rochers. C'est surtout en Suisse, en Suède et en Norvège que les avalanches sont terribles.

— Que cela fait peur! dit Julien : et cependant la montagne est si belle à regarder!

Au même instant, levant encore une fois la tête vers le vaste cirque de montagnes, il poussa un cri de surprise : — Voyez, voyez, dit-il, la jolie couleur de feu qui brille sur le mont Blanc : les neiges sont toutes roses; qu'est-ce donc?

— C'est l'aurore du soleil levant, petit Julien; le soleil commence toujours par éclairer les plus hauts sommets; aussi, dans tout ce pays, c'est le mont Blanc qui reçoit chaque matin les premiers rayons du soleil. Regarde encore.

— Oh! mais voici tous les sommets des autres montagnes qui s'illuminent à leur tour; il y a, sur les neiges, toutes les couleurs de l'arc-en-ciel : les unes sont violettes ou bleues, les autres lilas ou roses. On dirait une grande fête qui se prépare entre le ciel et la terre.

— Julien, c'est le jour qui commence. Vois: le soleil monte à l'horizon, rouge comme un globe de flamme; devant lui les étoiles s'effacent, et voici la lune qui pâlit à son tour.

— O mon Dieu, mon Dieu! dit l'enfant en joignant ses petites mains, comme cela est beau!

— Oui, Julien, dit gravement M. Gertal, tu as raison, mon enfant : joins les mains à la vue de ces merveilles. En voyant l'une après l'autre toutes ces montagnes sortir de la nuit et paraître à la lumière, nous avons assisté comme à une nouvelle création. Que ces grandes œuvres de Dieu te rappellent le Père qui est aux cieux, et que les premiers instants de cette journée lui appartiennent.

Et tous les trois, se recueillant en face du vaste horizon des Alpes silencieuses, qui étincelaient maintenant sous les pleins rayons du soleil, élevèrent dans une même prière leurs âmes jusqu'à Dieu.

XXXIX. — L'ascension du mont Blanc. — Les glaciers. — Effets de la rareté de l'air dans les hautes montagnes. — Un savant courageux : de Saussure.

C'est l'amour de la science et le courage des savants qui ont fait faire de nos jours tant de progrès à l'humanité.

Lorsqu'on remonta en voiture, Julien était encore tout ému; il ne cessait de regarder du côté du mont Blanc pour revoir ces neiges éternelles dont on lui avait tant parlé.

— Est-ce que nous allons passer par la Savoie, monsieur Gertal? demanda-t-il.

— Point du tout, mon ami. Une fois notre marché fait dans la petite ville de Gex, nous tournerons le dos à la Savoie.

— C'est grand dommage, fit l'enfant : ce doit être bien beau à voir un pays pareil. Y êtes-vous allé, monsieur Gertal?

— Oui, petit Julien, plusieurs fois.

— Est-ce que vous êtes monté au mont Blanc?

— Oh ! pour cela non, mon ami. C'est plus difficile à faire que tu ne l'imagines, l'ascension du mont Blanc.

— Pourquoi donc, monsieur Gertal?

— D'abord, il faut marcher deux journées, toujours en montant, comme bien tu penses, et la marche n'est pas facile. Ces hautes montagnes ont sur leurs flancs de vastes champs de glace et de neige durcie qu'on appelle *glaciers*. L'un des glaciers qui sont au pied du mont Blanc a deux lieues de large sur six lieues de long : c'est une vaste *mer de glace*, tantôt unie comme un miroir, tantôt bouleversée comme les flots de la mer dans la tempête. Quand on marche sur ces glaciers aux pentes rapides, il faut des souliers ferrés exprès pour ne pas glisser, des bâtons ferrés pour se retenir. On arrive souvent devant des murs de glace qui barrent le chemin : alors il faut creuser à coups de hache dans la glace une sorte d'escalier où l'on puisse poser le pied. Puis il y a des *crevasses* plus profondes que des puits; la neige glacée les recouvre, mais, si on s'aventure par mégarde sur cette neige trop peu épaisse, elle craque, se brise, et on tombe au fond du gouffre.

ASCENSION DU MONT BLANC ET PASSAGE DES GLACIERS. — Il y a des montagnes tellement hautes ou difficiles à gravir que nul pied humain n'est jamais parvenu jusqu'au sommet. Le mont Blanc est resté de ce nombre jusqu'au siècle dernier. Maintenant que les chemins sont très connus, il faut encore dix-sept heures pour y monter et huit pour en descendre.

— J'ai entendu dire, fit André, que l'on s'attachait avec une même corde plusieurs ensemble, de façon que, si l'un tombe, les autres le retiennent; est-ce vrai, monsieur Gertal?

— Certainement, répondit le patron; c'est ce que j'allais

raconter; mais quelquefois la chute de l'un entraîne les autres. Puis, on est exposé aux avalanches qui se détachent du haut de la montagne et qui peuvent vous engloutir. En outre, le froid devient tel, à mesure qu'on s'élève, qu'il faut s'envelopper le visage d'un masque en gaze pour que la peau ne se fendille pas jusqu'au sang. Enfin, la difficulté de respirer sur ces hauteurs est si grande, qu'on peut à peine se traîner; des hommes très robustes ne peuvent marcher plus de vingt-cinq pas sans s'arrêter pour se reposer et respirer.

— C'est étonnant, cela, dit Julien : moi, je trouve l'air si pur sur les hauteurs, qu'il me semble qu'on y respire mieux.

— Oui, dit le patron, quand on n'est pas trop haut; mais, à mesure qu'on s'élève, l'air devient plus rare, l'air vous manque; André doit savoir cela?

— Oui, monsieur; j'ai même appris à l'école que, si on pouvait s'élever à quinze lieues au-dessus de la terre, il n'y aurait plus d'air du tout, et on ne pourrait respirer ni vivre.

— Eh bien, sur le sommet du mont Blanc, il y a déjà deux fois moins d'air que dans la plaine; aussi est-on obligé de respirer deux fois plus vite pour avoir sa quantité d'air. Alors le cœur se met à battre aussi moitié plus vite, on a la fièvre, on sent ses forces s'en aller, on est pris d'une soif ardente et en même temps d'un invincible besoin de dormir, et le tout au milieu d'un froid rigoureux. Si l'on se laisse aller à dormir, c'est fini, le froid vous engourdit et on meurt sans pouvoir se réveiller.

— Oh! oh! dit Julien, je comprends qu'il n'y ait pas grand monde à se risquer jusque-là; mais qui donc a jamais osé monter le premier au mont Blanc?

— C'est un hardi montagnard nommé Jacques Balmat; il y est allé seul une première fois, puis, il a aidé un grand savant nommé de Saussure à y monter. C'est de Saussure qui a observé au sommet du mont ce que je vous disais tout à l'heure sur la rareté de l'air. Il a fait beaucoup d'autres expériences; par exemple, il a allumé du feu, mais son feu avait la plus grande peine à brûler à cause du manque d'air; il a déchargé un pistolet, mais ce pistolet ne fit pas plus de bruit qu'un simple pétard de confiseur, car c'est l'ébranlement de l'air qui produit le son, et, là où il y a moins d'air, tout son devient plus faible. De Saussure fut bien surpris aussi de voir, du haut du mont, le ciel presque noir et d'apercevoir des étoiles en plein jour; cette couleur sombre du ciel est produite encore par la rareté de l'air, car c'est l'air qui, quand il est en grande masse, donne au ciel sa belle couleur bleue. Toutes ces expériences et bien d'autres encore ont été très utiles pour le progrès de la science; mais à combien de dangers il a fallu s'exposer d'abord pour les faire!

Tu vois, petit Julien, comme l'amour de la science est une belle chose, puisqu'il donne le courage de risquer sa vie pour s'instruire et pour instruire les autres.

XL. — Les troupeaux de la Savoie et de la Suisse. — L'orage dans la montagne. — Les animaux sauvages des Alpes. — Les ressources des Savoisiens.

Plus un pays est pauvre, plus il a besoin d'instruction; car l'instruction rend industrieux et apprend à tirer parti de tout.

Tout en causant on continuait la route. A chaque détour du chemin les montagnes disparaissaient, mais on ne tardait pas à les revoir, plus lumineuses à mesure que le soleil montait.

— C'est le moment, dit M. Gertal, où les pâtres et les troupeaux se réveillent dans la montagne. Ne voyez-vous pas sur les pentes les plus voisines de petits points blancs qui se remuent? ce sont les vaches et les moutons.

— Mais, dit Julien, est-ce qu'il y a aussi des troupeaux sur le mont Blanc et sur les autres grandes montagnes?

— Certainement; les troupeaux sont la grande richesse de la Suisse et de la Savoie, comme du Jura. C'est en les gardant là-haut, tout l'été, que les montagnards acquièrent leur vigueur et leur agilité proverbiales.

— Y a-t-il donc tant besoin d'agilité pour garder les vaches dans la montagne? s'écria Julien. Cela m'a l'air bien facile, à moi.

— Eh, eh! petit Julien, je voudrais bien t'y voir, lorsque tout à coup un orage s'élève. J'ai vu cela, moi qui te parle, et je ne l'oublierai jamais. Les vaches, dans les prairies de la montagne, couchent dehors, paisiblement, sous la garde des chiens. Mais, si l'orage arrive, elles s'éveillent en sursaut; en voyant les éclairs leur passer devant les yeux, les voilà folles de terreur; elles bondissent à travers le premier sentier qui se présente dans la direction du vent. Elles courent sans s'arrêter, redoublant de vitesse à mesure que les échos de la montagne s'ébranlent aux roulements du tonnerre. Les pâtres alors, pour ramener le troupeau, le suivent dans toutes les directions, à la lueur des éclairs, en dépit de l'ouragan qui déracine les arbres, au-dessus des abîmes. Ils appellent chaque vache par son nom pour la calmer, et souvent, malgré leurs efforts, quand le matin arrive, plus d'une manque à l'appel : la tourmente les a jetées dans les précipices.

— Comment? dit Julien, les vaches, qui ont un air si tranquille, sont si peu raisonnables que cela? Mais alors, les pâtres doivent avoir grand'peur de l'orage.

— Certes, mon enfant, ils le redoutent ; aussi, quand ils en prévoient un, ils ne se couchent pas ; ils restent toute la nuit auprès de leurs vaches; ils leur parlent tant que dure la tempête, ils les flattent de la main tour à tour, les appelant chacune par leur nom. Cela suffit pour tranquilliser ces bonnes bêtes. La présence et la voix de leur gardien les rassure; elles ne bougent pas.

Le chamois. — Le *chamois* vit en troupes dans les Alpes et aussi dans les Pyrénées, où on lui a donné le nom d'*isard*.

— Bon, dit Julien, les vaches sont comme les petits enfants; elles ont peur quand elles se croient seules, et alors il n'est pas facile de les garder. C'est égal, monsieur Gertal, c'est bien intéressant, toutes ces histoires de la montagne.

Le patron sourit. — As-tu quelquefois entendu parler des chasses au chamois, Julien? reprit-il.

— Oh! point du tout, je ne sais même pas ce que c'est qu'un chamois. Et vous, monsieur Gertal, en avez-vous vu?

— Oui, j'en ai vu plusieurs. C'est un bel animal, qui vit sur les hautes montagnes. Il est grand comme une chèvre, et d'une agilité merveilleuse : d'un bond il saute par-dessus les abîmes et disparaît avec la rapidité d'une flèche. Pour lui faire la chasse, il faut avoir soi-même une agilité bien grande; les hommes les plus hardis grimpent aux endroits escarpés où ils ont remarqué les traces des chamois; cachés derrière quelque rocher, ils les attendent au passage pendant des heures, tirent dessus, et parfois les poursuivent à la course de rocher en rocher.

— Qu'est-ce que cela mange, les chamois?

— L'herbe rase des prairies de la montagne. Dans les grandes forêts de sapins, dans les lieux les plus sauvages, il y a d'autres animaux : on rencontre dans les Alpes des ours bruns.

— Des ours! fit Julien; oh, oh! cela ne vaut pas les gentils chamois. Nous en avons pourtant vu un l'autre jour à Lons-le-Saunier, qui était apprivoisé et qui dansait sur ses pattes de derrière au son de la musique.

— Il avait été pris sans doute encore jeune dans les Alpes. Un autre animal des montagnes, c'est l'aigle; on peut le voir sur la cime des rochers, voler à son aire. Les aigles se jettent parfois sur les troupeaux, saisissent dans leurs serres les jeunes agneaux qu'ils peuvent attraper, et les enlèvent en l'air; on en a vu emporter jusqu'à de jeunes enfants. Aussi les montagnards font une chasse continuelle à ces bêtes malfaisantes : ils les poursuivent dans le creux des rochers; ils luttent contre elles, et, de jour en jour, aigles et ours deviennent plus rares.

L'AIGLE. — L'aigle, le plus fort et le plus féroce des oiseaux, a la vue perçante, les pieds robustes, armés d'ongles aigus. Ses ailes étendues ont près de 3 mètres de largeur. Son nid (ou *aire*) est placé dans les rochers les plus sauvages, au milieu des montagnes et des précipices. C'est là qu'il transporte, pour nourrir ses petits, les animaux qu'il a pris et enlevés dans ses serres.

— Je vois à présent, monsieur Gertal, que les montagnards sont bien braves. Aussi, j'aime les montagnards; mais je voudrais savoir si, dans leur pays, en Suisse et en Savoie, on sait travailler comme dans la Franche-Comté et la Lorraine.

— Certainement, petit Julien. Depuis que la Savoie est française, les progrès ont été très rapides dans cette contrée. On y a fait un grand nombre de routes, ce qui permet de transporter facilement les produits de la terre et les marchandises. Et puis, les Savoisiens sont très intelligents et comprennent l'importance de l'instruction. Les écoles se multiplient chez eux. Quand tout le monde sera instruit dans ce beau pays, on verra, de plus en plus, la Savoie changer de face; l'agriculture, mieux entendue, enrichira les cultivateurs, l'industrie fera prospérer les villes; car vois-tu, petit Julien, il faut toujours en revenir à l'instruction : les esprits cultivés sont comme les terres bien labourées, qui paient par d'amples moissons les soins qu'on leur donne.

CARTE DE LA SAVOIE. — Cette province est couverte des plus hautes montagnes de l'Europe. On y trouve des mines de plomb, de cuivre, de fer, des carrières de marbre et de granit; quelques rivières charrient de l'or en petite quantité. *Chambéry*, l'ancienne capitale de la Savoie (22000 hab.), fabrique des gazes de soie renommées. *Annecy* (15000 h.), située au bord d'un beau lac, tisse le coton et la soie.

XLI. — Arrivée en Bourgogne. — L'Ain. — Les volailles de Bresse. — André et Julien devenus marchands.

Ce n'est pas tout d'économiser, il faut savoir faire fructifier ses économies.

Nos voyageurs, tout en causant, avaient depuis longtemps quitté le département du Jura; ils étaient maintenant en Bourgogne, dans le département de l'Ain.

De la voiture, on apercevait déjà le clocher de la petite ville de Gex, connue par les fromages qui portent son nom.

— Enfants, dit le patron, nous voici arrivés à Gex; il

s'agit à présent de travailler ferme. Nous aurons une journée de fatigue aujourd'hui, et pas une minute à perdre.

Nos trois amis furent en effet si occupés toute la journée qu'ils n'eurent pas le temps de manger autre chose qu'un petit pain de deux sous en courant; mais personne ne songea à s'en plaindre. La vente était bonne, le patron radieux, et les enfants enchantés comme s'il se fût agi de leurs propres intérêts.

Tout en se hâtant de faire les commissions, Julien regardait le pays tant qu'il pouvait. De la ville de Gex, on aperçoit encore le lac de Genève et les belles Alpes de Savoie. Julien tournait souvent les yeux de ce côté: ne pouvant aller en Savoie, il voulait du moins emporter dans son souvenir l'aspect de ce beau pays. — Comme cela, disait-il, je vais finir par savoir ma géographie de la France sur le bout du doigt. Quand je retournerai à l'école, je serai sûrement le premier, et je serai bien content.

Deux jours après, on traversa, sans s'y arrêter, la ville de Bourg, située dans la plaine fertile de la Bresse.

— Mes enfants, dit alors M. Gertal, je suis content de vous, vous travaillez avec courage. Cela m'engage à vous venir en aide. Vous avez emporté d'Epinal quelques petites économies, je veux vous montrer à les faire fructifier. Tout en travaillant pour moi, vous travaillerez pour vous: ce sera une sorte d'association que nous ferons ensemble. Ecoutez-moi. La Bresse est connue partout pour ses excellentes volailles. Je vais acheter avec votre argent, dans une ferme des environs, une vingtaine de belles poulardes, que vous vendrez au marché de Mâcon, où nous allons nous rendre. Si peu que vous gagniez sur chaque poularde, cela vous fera sur le tout une somme assez ronde. Ne serez-vous pas contents?

— Oh! fit Julien, je crois bien, monsieur Gertal. Vous êtes bien bon pour nous, et je vais joliment m'appliquer à vendre, allez!

— Oui, dit André, nous vous en serons bien reconnaissants, monsieur Gertal, car souvent je songe avec inquiétude au terme de notre voyage. J'ai peur de ne point retrouver notre oncle à Marseille, ou bien je crains qu'il ne soit obligé de retourner en Alsace pour obtenir que nous soyons

Français. Si nous pouvions arriver là-bas avec quelques économies, je serais moins tourmenté.

— Il ne faut point t'inquiéter comme cela, mon garçon. Avec du courage et de la persévérance, on vient à bout des choses les plus difficiles. Celui qui veut absolument se tirer d'affaire y arrive. L'aide de Dieu ne fait défaut qu'aux paresseux.

XLII. — Une ferme bien tenue. — Hygiène de l'habitation. — Les fermes-écoles.

Sans air pur et sans soleil, point d'habitation saine; sans habitation saine, point d'homme qui puisse conserver sa vigueur et sa santé.

— Julien, dit M. Gertal lorsqu'on eut bien dîné, viens avec moi à la ferme où je dois acheter nos poulardes de Bresse; tu aimes l'agriculture, tu vas voir une ferme bien tenue.

Julien enchanté se leva de table avec André.

On arriva dans une cour de belle apparence. A l'entrée deux grands arbres, un prunier et un cerisier, donnaient en été leur ombrage et leurs fruits. Un banc en pierre sous une tonnelle indiquait que le soir on venait souvent s'y reposer des travaux de la journée. — Oh! la belle cour, monsieur Gertal! comme elle est grande! dit Julien. C'est égal, il y a une chose qui m'étonne, c'est de ne point voir, au milieu, ces beaux grands tas de fumier qui indiquent qu'il y a bien des bêtes à la ferme. Pourquoi donc?

Tonnelle.

— Oh! oh! petit Julien, dit le patron en souriant, ne devines-tu pas que ces beaux grands tas de fumier dont tu parles empestent l'air et peuvent même causer des maladies pendant l'été? Sans compter que le meilleur du fumier, le *purin*, se trouve ainsi perdu, s'écoulant en ruisseaux infects le long de la cour et corrompant l'eau des mares où boivent les bêtes. Au lieu de cela, vois quelle jolie cour bien nivelée!

— C'est vrai, monsieur Gertal, dit Julien : la cour et la ferme ont si bon air que cela donne envie de vivre ici.

— Elles n'étaient pas ainsi autrefois; c'est le fermier lui-même qui a planté ces arbres, aplani le terrain de la cour en y apportant des tombereaux de terre et du cailloutage. C'est un homme avisé et instruit : il a été élevé dans une de nos grandes *fermes-écoles*, celle de la Saussaye, qui n'est pas loin d'ici. Il connaît ce que réclame l'hygiène de l'habitation; aussi a-t-il eu soin de creuser la fosse à fumier loin de la maison; dans une autre fosse, couverte et cimentée, se rend, par des canaux, le purin des étables, le plus précieux des engrais. Chaque jour on conduit dans les prairies quelques tonneaux de ce purin étendu d'eau, qui sert à les arroser; il suffit à lui seul à fumer un hectare entier.

On entra dans la ferme, et Julien, tout en souhaitant le bonjour à la fermière, s'émerveilla de trouver la maison si claire et si gaie. Par deux fenêtres ouvertes au sud, les rayons du soleil pénétraient librement dans la pièce.

— Vois, dit M. Gertal, la lumière entre à plein ici. Autrefois, il n'y avait qu'une fenêtre au nord ; elle a été murée, et le fermier en a percé deux autres au midi.

—C'est donc malsain, les fenêtres au nord, monsieur Gertal?

— Ce qui est malsain, Julien, ce sont les maisons froides et humides, et elles sont plus malsaines encore pour le travailleur que pour tout autre : quand il a sué et peiné au grand soleil, s'il rentre dans une maison fraîche, il se refroidit brusquement et s'expose aux fluxions de poitrine ou aux douleurs. Or une maison est toujours froide, humide et sombre, quand elle n'a d'ouverture que par le nord. Celle-là était ainsi naguère, et encore les fermiers n'ouvraient même pas la seule fenêtre qui pût leur donner de l'air; à présent le soleil éclaire, réchauffe et dessèche la maison. En hiver, chacun s'en réjouit; en été, la vigne, qui s'avance en tonnelle au-dessus des fenêtres et de la porte, fait un peu d'ombre qui agrée. Avec la lumière et le bon air, c'est la santé qui entre dans une maison.

XLIII. — Une ferme bien tenue (*suite*). — La porcherie et le poulailler.

Dans la culture, le travail n'est pas tout; il faut l'intelligence.

Tandis que la fermière allait choisir les volailles au poulailler, M. Gertal continua de faire avec nos amis le tour de la ferme. On visita les étables spacieuses; on admira l'écurie proprement tenue. En passant devant la porcherie, où dormaient de beaux porcs de Bresse, race perfectionnée, Julien fut bien surpris de voir l'habitation des porcs non moins soignée et propre que le reste de la ferme.

UNE PORCHERIE DANS LA BRESSE. — Quand le porc est d'une belle race, il donne de grands profits à l'éleveur. Les plus belles races de France sont celles de Bresse, de Craon (Mayenne), la race *augeronne* (Normandie), la race *périgourdine* et la race *pyrénéenne*. La race commune, trop répandue, est tardive et d'un mauvais rapport.

— Tout de même, dit-il, c'est se donner de la peine à plaisir que de tenir si proprement des bêtes que chacun sait aimer la saleté.

— Vraiment, Julien, tu crois cela? dit M. Gertal.

— Dame, monsieur Gertal, on dit toujours : sale comme un porc. C'est bien sans doute parce que les porcs aiment le fumier.

— Eh bien, petit Julien, c'est une erreur. De tous les animaux, c'est le seul qui prenne le soin de ne pas salir sa litière quand on la lui tient propre. Il adopte alors un coin écarté où il va déposer ses ordures, tant il craint de gâter sa litière.

— Quoi, c'est vrai, cela, monsieur Gertal? dit Julien avec surprise. Eh bien, je vous assure que je ne l'aurais jamais cru.

— Mais, dit André, il n'en est pas moins certain que les porcs se vautrent dans la boue tant qu'ils peuvent.

— Les porcs mal soignés, André, ceux qu'on ne mène pas se baigner chaque jour.

— Comment, dit Julien, on mène les porcs se baigner?

— Oui, mon ami, ceux qui veulent tirer un bon revenu du porc ne manquent point de le conduire chaque jour à quelque ruisseau quand ils n'ont pas chez eux d'eau suffisamment propre; car le porc est sujet aux maladies de peau, et la propreté l'en exempte toujours.

— Est-ce que c'est un bon profit d'élever des porcs?

— C'est un des meilleurs quand on s'y prend bien; seulement, là comme partout, il faut du soin. Quand une fermière n'est pas propre, soigneuse, intelligente, elle ne gagne rien là où une autre s'enrichit. Si la valeur de l'homme fait celle du champ, rappelle-toi, Julien, que c'est celle de la femme qui fait la prospérité du logis.

De la porcherie, on alla rejoindre la fermière au poulailler; les enfants s'étonnèrent de voir combien toutes les bestioles de la fermière étaient peu sauvages. Les petits poulets couraient au-devant de la ménagère, le coq lui-même s'empressait autour d'elle, poussant un *cocorico* joyeux pour appeler toutes les poules : — Voyez-vous, dit la fermière, ce sont des gourmandes, et je les gâte un peu, car il est impossible de bien élever la volaille si elle est trop sauvage.

COQ ET POULE DE BRESSE. — Cette race est une des meilleures pour l'engraissement.

En même temps, elle leur jeta une poignée de graines, et toute la troupe se précipita pour en faire son profit.

C'était plaisir de se promener dans la cour du poulailler, tant elle était bien tenue. — Mais aussi, dit la fermière, tous les jours, sans en excepter un seul, la cour est balayée avec soin ainsi que le poulailler. Les nids et les perchoirs sont nettoyés, l'eau est renouvelée dans l'abreuvoir : c'est pour cela que tout ce petit peuple se porte bien et prospère. Ecoutez comme mes pondeuses chantent joliment.

On entendait en effet tout un gai ramage à côté des nids : le coq de loin faisait la basse, et la voie aiguë des jeunes poulettes lançait à plein gosier ce joyeux chant de triomphe qui fait que la venue d'un œuf est une fête pour tout le poulailler.

La fermière choisit vingt et une poulardes parmi les plus fines : elle était bien aise d'en vendre d'un seul coup une si belle quantité, et elle les laissa à un prix avantageux. Tout allait donc bien ; aussi notre ami Julien, en partant pour Mâcon, faisait des rêves d'or.

XLIV. — Mâcon. André et Julien paient l'entrée de leurs marchandises. Les octrois. — Les conseils municipaux.

Les routes, les fontaines, l'éclairage sont des choses dont chacun profite : il est donc juste que chacun les paie pour sa part.

Quand on arriva aux abords de la ville de Mâcon, le patron dit à André : — Vois-tu l'octroi et la bascule où une charrette est arrêtée pour se faire peser? Va toi-même payer à l'employé les droits d'entrée pour vos poulardes.

Octroi et bascule. — Aux portes de toutes les villes sont des *bureaux d'octroi* où l'on doit payer les droits d'entrée sur les marchandises. — Pour peser les voitures et fixer le poids des marchandises qu'elles portent, on les fait passer sur la plate-forme d'une *bascule*. Cette plate-forme, à l'aide d'un levier, soulève le *fléau* d'une balance qui se trouve à l'intérieur du bureau d'octroi, et l'employé lit, sur le *bras de fer*, le nombre de kilogrammes.

André prit le peu d'argent qui lui restait et paya ce qu'il fallait. Le patron, de son côté, solda ce qu'il devait pour ses propres marchandises, et on se mit en route.

Julien avait vu bien des fois le patron payer ainsi à l'entrée des villes; mais il n'y avait pas fait grande attention. Cette fois, comme c'était avec leurs petites économies à eux qu'il avait fallu payer, cela fit réfléchir le jeune garçon :

— Tiens, dit-il, pourquoi donc fait-on donner comme cela tant d'argent aux pauvres marchands qui ont déjà bien de la peine à gagner leur vie? Je trouve cela bien ennuyeux, moi.

— Mais, Julien, dit M. Gertal, à quoi penses-tu donc? Que deviendraient les pauvres marchands dont tu parles, si l'on manquait en France de ces bonnes routes bien entretenues où Pierrot traîne si lestement sa charge de mille kilogrammes? Et si ces routes n'étaient pas bien gardées, si des malfaiteurs détroussaient les marchands et nous avaient attaqués à travers les montagnes, que dirais-tu? Tu ouvres de grands yeux, mon garçon; c'est pourtant bien simple. Pour payer les gendarmes, le cantonnier, le gaz qui nous éclaire dans les rues de la ville, pour bâtir les écoles où s'instruisent les enfants, ne faut-il pas de l'argent? Les octrois y pourvoient, les autres impôts aussi; moi, je trouve cela parfaitement sage, petit Julien.

— Tiens, dit l'enfant, je n'avais pas encore songé à ces choses-là. Mais comment sait-on que l'argent qu'on donne est bien employé à faire tout ce que vous dites, monsieur Gertal.

— Voyons, Julien, n'as-tu jamais entendu parler du conseil municipal?

— Mais si, monsieur Gertal; seulement je ne sais pas du tout ce que c'est.

— Eh bien, écoute, je vais te le dire. Dans chaque ville ou village, tous les habitants choisissent entre eux les hommes les plus capables de s'occuper des intérêts de leur commune, et ils les chargent de faire les affaires de la commune à leur place pendant trois ans. Ce sont ces hommes, appelés conseillers municipaux, qui décident des embellissements utiles à faire dans les villes: par exemple les fontaines, les lavoirs, le gaz. Ils surveillent toutes les dépenses et toutes les recettes de la ville, et ainsi il ne peut y avoir d'argent employé autrement que par leurs avis. M'as-tu écouté, Julien, et te rappelleras-tu ce que je t'ai dit?

LE TONNELIER. — Pour rendre plus flexibles les douves qu'il veut recourber et assembler, le tonnelier allume dessous un feu de copeaux. Ensuite il les entoure de cercles en bois ou en fer.

— Oh! oui, monsieur Gertal, et même je suis tout à fait content d'avoir appris cela; maintenant je ne regrette plus l'argent que nous avons donné à l'octroi. Je vois qu'il sera employé pour l'avantage de tout le monde, et il faut bien payer sa petite part des avantages dont on profite.

Tout en parlant ainsi, on était entré dans la ville commerçante de Mâcon, chef-lieu du département de Saône-et-Loire. La Saône passe le long de la ville, et cette belle rivière était sillonnée de nombreux bateaux qui apportent à Mâcon les denrées et produits des départements voisins. Mâcon fait un grand commerce de vins; aussi, en maint endroit dans les rues on entendait le maillet sonore des tonneliers frappant sur les barriques.

XLV. — André et Julien sur le marché de Mâcon. — Les profits de la vente. L'honnêteté dans le commerce.

Le meilleur moyen de réussir dans le commerce, c'est d'être consciencieux.

Le lendemain M. Gertal, en parcourant le marché de Mâcon, vit qu'il y avait peu de volaille sur la place.

— Enfants, dit-il à Julien et à André, tout le monde est si occupé de la vendange en ce moment, que peu de fermières ont eu le temps de venir en ville apporter leurs poulardes. Aussi la volaille est très cher ; je me suis enquis des prix : ne cédez pas la vôtre à moins de cinquante centimes de bénéfice par pièce ; elle sera encore à meilleur marché que par toute la place.

André et Julien se le tinrent pour dit ; ils se montrèrent inébranlables sur leurs prix, sans les exagérer comme font les marchands peu consciencieux, mais aussi sans rien rabattre de la somme convenable.

Après bien des paroles et bien du mal, les vingt et une poulardes se vendirent enfin. Le petit Julien fit autant de tours qu'il fallut pour les porter chez les acheteurs. A la dernière, il était si las qu' il n'en pouvait plus ; mais il était content de penser que par sa peine et ses soins il allait avoir, lui aussi, contribué à gagner quelque argent. — Ce sera le premier que je gagne, pensait-il. — Et cette pensée le rendait tout fier et lui donnait du courage. Néanmoins il avait bien de la peine à suivre la dame qui avait acheté la poularde. Arrivée chez elle, cette dame le paya, et Julien s'en retourna vite pour rejoindre André.

Il avait déjà fait les trois quarts du chemin, quand il se rappela qu'il avait oublié de compter en le recevant l'argent que la dame lui avait donné.

Aussitôt il vérifia sa monnaie et il s'aperçut que la dame s'était trompée et lui avait remis un franc de trop.

— Oh! se dit-il, M. Gertal a bien raison quand il me recommande de compter l'argent tout de suite. Si c'était un franc de moins qu'il y aurait, je n'oserais jamais aller le réclamer à présent : la dame croirait que je l'ai perdu ; par bonheur ce franc est en trop, je n'aurai que le plaisir de le rendre.

En pensant cela, il poussa un gros soupir, car il était bien fatigué et ses petites jambes demandaient grâce.

— N'importe! se dit-il, profiter d'une erreur, ce serait un vol. Tant pis pour mes jambes. Oh! j'aimerais mieux n'importe quoi que de voler quelque chose, ne fût-ce qu'un sou.

Et sans hésiter il revint sur ses pas.

— Madame, s'écria-t-il tout essoufflé en arrivant à la maison, voici un franc de trop que vous m'avez donné par erreur.

La dame regarda l'honnête petit garçon qui, malgré sa fatigue, lui souriait courageusement; elle le fit asseoir et se mit à l'interroger sur son âge, son pays, sa famille.

Il lui répondit gentiment et avec politesse.

En apprenant qu'il était orphelin et venait de l'Alsace-Lorraine, la dame se sentit tout émue. Elle ouvrit son armoire, et lui présentant un livre qui était sur une planche :

— Tenez, mon enfant, lui dit-elle, je vous donne ce livre : il parle de la France que vous aimez et des grands hommes qu'elle a produits. Lisez-le : il est à votre portée; il y a des histoires et des images qui vous instruiront et vous donneront, à vous aussi, l'envie d'être un jour utile à votre patrie.

Les yeux de Julien brillèrent de plaisir : il remercia la dame de tout son cœur et s'en retourna, son livre sous le bras, en mangeant pour se reposer une grappe de bon raisin de la Bourgogne que la dame lui avait offerte.

Le soir, les deux frères comptèrent la somme d'argent que la vente leur avait rapportée. Ils avaient gagné dans cette journée près de onze francs. Les orphelins ne savaient comment remercier M. Gertal; André lui offrit de rester plus longtemps à son service s'il avait besoin d'eux.

— Eh bien, mes jeunes associés, répondit M. Gertal, j'accepte votre offre. J'ai fait moi aussi de meilleures affaires que je ne l'espérais, et je songe à agrandir ma clientèle; si vous pouvez rester dix jours de plus avec moi, nous ferons une tournée par le Bourbonnais et l'Auvergne avant d'aller à Lyon. Chemin faisant, je vous aiderai encore à augmenter par des ventes avantageuses votre petit pécule.

André accepta de grand cœur, et il fut convenu qu'on allait soigner mieux que jamais le brave Pierrot, dont les jambes auraient tant de chemin à faire. Julien, lui, s'était déjà mis dans un coin à feuilleter son livre. — Comment as-tu donc eu ce livre, Julien? demanda M. Gertal.

Quand Julien eut raconté son histoire, M. Gertal l'approuva fort de s'être montré scrupuleusement honnête et consciencieux : — Être consciencieux, lui dit-il, c'est le moyen d'avoir le cœur content, et c'est aussi le secret pour se faire estimer et aimer de tout le monde.

XLVI. — Les vignes de la Bourgogne. — La fabrication du vin. — La richesse de la France en vignobles.

« L'agriculture, voilà pour la France, disait Sully, les vraies mines et trésors du Pérou. »

On quitta Mâcon de grand matin, et chemin faisant nos trois amis, de la voiture même, assistèrent aux travaux de vendange. Sur le flanc des collines on ne voyait que vendangeurs et vendangeuses allant et venant, la hotte pleine de raisin. Tout ce monde avait l'air réjoui, car la récolte était abondante, et les raisins de belle qualité.

Ailleurs, on apercevait de grandes cuves où les vignerons piétinaient le raisin qu'on venait de cueillir. Ils dansaient gaiement en foulant les grappes. Dans quelques localités un violon leur jouait des airs.

LA FABRICATION DU VIN. — Les vignerons foulent le raisin, avec les pieds ou le pressoir, pour en faire sortir le jus. On verse ensuite ce jus dans les grandes cuves de gauche et on l'y laisse fermenter. Quand le jus fermentera dans la cuve, il se produira alors un gaz malsain appelé acide carbonique. Les vignerons ne doivent donc entrer dans un cellier, et surtout dans une cuve, qu'avec les plus grandes précautions, sous peine de tomber asphyxiés.

— Voyez-vous ces hommes? dit M. Gertal; ils sont en train de faire ce qu'on nomme le *foulage* des raisins. Ils laisseront ensuite tout ce jus fermenter pendant plusieurs jours. Puis on le tirera par le fond des cuves pour le faire couler dans des tonneaux. Alors il sera devenu clair. Ce sera le vin doux. En as-tu jamais bu, du vin doux, Julien?

— Oui, monsieur, c'est bien sucré.

— C'est sucré sans doute, mais moins sain que le vin fait; et plus le vin est vieux, meilleur il est.

— Monsieur Gertal, est-ce que partout on écrase ainsi le raisin avec les pieds pour faire le vin?

— Non, mon ami; il y a d'autres endroits où on se sert d'un fouloir, ce qui vaut mieux.

Pendant qu'on causait, le chemin s'allongeait sous le pas de Pierrot, mais on ne voyait toujours devant soi que des collines et encore des collines, toutes chargées de vignes.

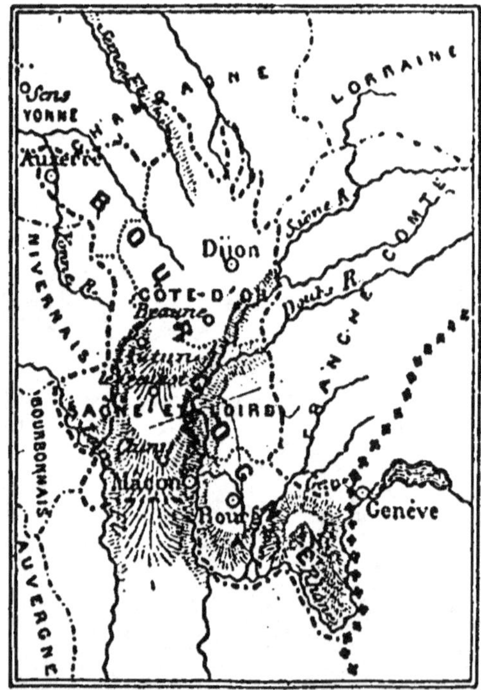

LA BOURGOGNE. — Cette riche province se trouve arrosée à la fois par le Rhône, la Saône, la Seine et la Loire. On y a élevé de nos jours de nombreuses usines y compris celle du Creusot. La plus grande ville de la Bourgogne est *Dijon*, 50 000 hab., qui est entourée de crus de vins célèbres. *Auxerre* et *Mâcon* font aussi grand commerce de vins.

— Comment se nomment donc ces collines-là? demanda Julien en montrant du doigt les nombreuses côtes qui ondulaient au soleil levant.

— Ce sont les monts du Charolais; ils se continuent tout chargés de raisins à travers la Bourgogne. Un peu plus haut, ils prennent le nom de côte d'Or. Devines-tu pourquoi?

Julien réfléchit.

— Je crois bien que oui, fit-il en parcourant des yeux la campagne ensoleillée; regardez, monsieur Gertal, ces côtes couvertes de vignes : elles ont sous ce beau soleil la couleur de l'or, à cause de leurs feuillages jaunis par l'automne.

— C'est vrai, petit Julien; mais ne penses-tu pas aussi que toutes ces hottes pleines de raisin sont une fortune, et que les belles vignes couleur d'or sont pour la France une richesse, une mine d'or?

— Ah oui, c'est vrai encore, cela. A l'école de Phalsbourg on m'a dit que la France produit les premiers vins du monde.

— Oui certes, et les vignes de notre pays rapportent à leurs propriétaires plus d'un demi-milliard chaque année.

— Que d'argent cela fait! Je comprends maintenant ce qu'on m'a encore dit : que la Bourgogne est une des plus riches provinces de France.

— C'est très juste, petit Julien, et il faut ainsi tâcher de ne pas oublier tout ce que tu as appris à l'école.

— Oh! je ne l'oublie pas, monsieur Gertal, allez! Même que je me répétais tout à l'heure les quatre départements de la Bourgogne avec leurs chefs-lieux : Auxerre, Dijon, Mâcon, et Bourg. Je vais savoir ma France à présent sans hésiter. Et puis, dans le livre que m'a donné hier la dame de Mâcon il y a beaucoup d'histoires sur les grands hommes de la France; je les lirai toutes, et comme cela je deviendrai plus savant sur les choses de mon pays. Voyez, monsieur Gertal, comme il est beau, mon livre, avec ses images!

Le patron feuilleta le livre avec intérêt, tandis que Pierrot montait tranquillement la côte au pas.

— Il est très beau, en effet, ce livre, dit M. Gertal; c'est un magnifique cadeau qu'on t'a fait là. Eh bien, Julien, fais-nous part de tes richesses. Je vois ici en titre : « Les grands hommes de la Bourgogne, » avec les portraits de Vauban, de Buffon, de Bossuet; lis-nous cela, mon garçon; nous en profiterons tous les trois, et la route nous semblera moins longue. Quand Pierrot marche au pas, c'est bien facile de lire sans se fatiguer; voyons, commence.

Julien, tout fier d'être érigé en lecteur, prit son livre et commença d'une voix claire le chapitre suivant.

XLVII. — Les grands hommes de la Bourgogne : saint Bernard, Bossuet, Vauban, Monge et Buffon. Niepce et la photographie.

> Quand un enfant grandit, il préfère l'histoire de sa patrie et des hommes qui l'honorent aux historiettes du jeune âge.

Toutes les provinces de France ont fourni des hommes remarquables par leur talent ou par leur grande âme, qui ont rendu des services à leur patrie et à l'humanité; mais peu de provinces ont produit autant d'hommes illustres que la Bourgogne, et ces grands hommes ont été pour la plupart de grands patriotes.

I. Parlons d'abord d'une des gloires de l'Eglise de France, saint Bernard. Il naquit près de Dijon, d'une famille noble, au onzième siècle. Dès l'âge de vingt-deux ans, son ardente piété lui fit embrasser la vie monastique. Il fut l'homme le plus éloquent de son époque. C'est lui qui prêcha la seconde croisade pour délivrer Jérusalem : lui-même raconte dans ses lettres qu'il entraînait tout le peuple derrière lui et changeait en déserts les villes et les châteaux. En Allemagne, où l'on n'entendait point sa langue et où l'on ne pouvait comprendre ce qu'il disait, les populations étaient cependant émues et persuadées par son accent et par ses gestes. Comme on voulait massacrer les juifs pour se préparer à l'expédition, saint Bernard empêcha cet odieux massacre. Il mourut en 1153.

Saint Bernard, né près de Dijon en 1091, mort en 1153. Il prêcha en 1146 la seconde croisade, qui devait échouer.

II. Cinq siècles après, la Bourgogne devait encore produire un grand prélat, qu'on a comparé plus d'une fois à saint Bernard pour son éloquence et ses travaux. Bossuet, né à Dijon, se fit d'abord remarquer de tous ses camarades de classe par son assiduité et son ardeur au travail. Les autres écoliers disaient, en parlant de lui, qu'il travaillait avec le courage et le calme du bœuf à la charrue. Dès l'âge de seize ans, Bossuet était célèbre dans tout Paris par son éloquence. Il devint évêque de Condom, puis de Meaux, et précepteur du fils du roi. Sa vie fut remplie par des travaux de toute sorte.

Bossuet, né à Dijon en 1627, mort à Paris en 1704. Ses principaux ouvrages sont le *Discours sur l'histoire universelle* et les *Oraisons funèbres*.

III. Au même siècle que Bossuet, dans la Bourgogne, naquit le jeune VAUBAN. Dès l'âge de dix-sept ans il s'engagea comme soldat, et se fit tout de suite remarquer par son courage. Un jour, au siège d'une petite ville dont les murs étaient entourés par une rivière, il se jeta à la nage et, montant sur les remparts, entra le premier dans la place.

VAUBAN, né en 1633, près de Saulieu (Yonne), mort en 1707.

Cependant, si Vauban n'avait été que brave, son nom eût pu être oublié dans un pays où la bravoure est si peu rare; mais Vauban était studieux, et tous les loisirs que lui laissait le métier de soldat, il les consacrait à l'étude. Il s'occupait des sciences; il lisait au milieu des camps des livres de géométrie. Il obtint le grade d'ingénieur, et ce fut comme ingénieur qu'il montra son génie. Le roi Louis XIV le chargea de fortifier nos principales places de guerre. Toute la ceinture de places fortes qui défend la France est son œuvre : Dunkerque, Lille, Metz, Strasbourg, Phalsbourg, Besançon et plus de trois cents autres.

— Quoi! s'écria le petit Julien, c'est Vauban qui a fortifié Phalsbourg, où je suis né, et Besançon, dont j'ai si bien regardé les murailles! Voilà un grand homme dont je n'oublierai pas le nom à présent. Puis il reprit sa lecture.

Au milieu de tous ses travaux, Vauban était sans cesse préoccupé de la prospérité de son pays et des moyens de soulager la misère du peuple. Dans la guerre, il donnait toujours au roi les conseils les plus humains, et il s'efforçait d'épargner le sang des soldats. Pendant les nombreux sièges qu'il conduisit, on le voyait s'exposer lui-même au danger : il s'avançait jusque sous les murs ennemis pour bien connaître les abords de la place, et cherchait les endroits par où on pourrait l'attaquer sans sacrifier beaucoup d'hommes; quand on s'efforçait de le retenir : « Ne vaut-il pas mieux, répondait-il, qu'un seul s'expose pour épargner le sang de tous les autres? »

Dans la paix, il pensait encore au peuple de France, si malheureux alors au milieu des guerres et de la famine qui se succédaient; il chercha un moyen de diminuer les impôts dont le peuple était accablé, et il écrivit à ce sujet un bel ouvrage qu'il adressa au roi. Mais le roi Louis XIV se crut à tort offensé par les justes plaintes de Vauban. Il fit condamner et détruire son livre. Vauban, frappé au cœur, en mourut de douleur peu de temps après.

MONGE, né à Beaune en 1746, mort en 1818. Il y a à Paris une école industrielle qui porte son nom.

Mais on devait lui rendre justice de nos jours et même de son temps : c'est pour lui qu'on a inventé et employé pour la première fois le beau mot de *patriote*, qui sert maintenant à désigner les hommes attachés à leur patrie et toujours prêts à se dévouer pour elle. Vauban fut surnommé « le patriote ».

— J'aime tout à fait ce grand homme-là! dit Julien, et il fait bien honneur à la Bourgogne.

— Oui certes, dit André, car il a travaillé pour le bien de son pays.

— Mais tu n'as pas fini ta lecture, petit Julien, dit M. Gertal; il y a eu aussi en Bourgogne d'autres grands hommes qui ont bien aimé leur patrie.

Julien reprit son livre avec une nouvelle curiosité.

L'ÉCOLE POLYTECHNIQUE. — Cette grande école située à Paris, et dont le nom signifie *école où l'on apprend beaucoup d'arts*, fut fondée par la Convention nationale sur la proposition de Monge. Elle est destinée à former des élèves pour l'artillerie et le génie militaire, les mines, la marine, etc.

IV. Quarante ans après la mort de Vauban, un rémouleur en plein vent de la petite ville de Beaune, dans la Côte-d'Or, eut un fils qu'il éleva à force de travail, et qu'il envoya, une fois grand, faire ses études au collège de sa ville natale. Le jeune Gaspard MONGE ne devait pas avoir moins de génie que Vauban; il ne devait pas être moins utile à sa patrie. C'est une des plus grandes gloires de la science dans notre pays. Il inventa presque une nouvelle branche de la géométrie.

En 1792, Monge avait quarante-six ans. A cette époque, la

France était attaquée par tous les peuples de l'Europe à la fois; Monge fut chargé d'organiser la défense de la patrie. Il se mit à cette œuvre avec toute l'ardeur de son génie. Il passait ses journées à visiter les fonderies de canons; pendant les nuits, il écrivait des traités pour apprendre aux ouvriers à bien fabriquer l'acier et à fondre les armes. Il était aidé par un autre homme illustre, né aussi en Bourgogne, CARNOT, qui travaillait avec Monge à défendre la France, et qui indiquait à nos armées les mouvements à faire pour s'assurer la victoire. Ces deux hommes réussirent dans leur œuvre. Quand la France eut en effet repoussé l'ennemi, Monge redevint professeur de géométrie : c'est lui qui organisa notre grande *Ecole polytechnique*, où se forment nos ingénieurs pour l'armée et pour les travaux publics, ainsi que nos meilleurs officiers. On lui a élevé une statue à Beaune.

BUFFON, né à Montbard (Côte-d'Or), en 1707, mort en 1788. Il fit, avec l'aide d'un autre Bourguignon, Daubenton, son grand ouvrage sur l'*Histoire de la nature*, travail immense qui comprend trente-six volumes.

V. La Bourgogne a donné le jour à un autre grand savant que tous les enfants connaissent : c'est BUFFON.

Oh! je le connais en effet, s'écria Julien; c'est lui qui a si bien décrit tous les animaux.

— Oui, dit André, je sais que c'était un grand *naturaliste*, c'est-à-dire qu'il a étudié la nature et tous les animaux ou plantes qu'elle renferme.

BUFFON est né au château de Montbard, dans la Côte-d'Or. Malgré sa fortune, il ne se crut pas dispensé du travail. Il conçut la grande pensée d'écrire l'histoire et la description de la nature entière : il médita et étudia pendant dix ans, puis commença à publier une série de volumes qui illustrèrent son nom. Ses ouvrages furent traduits dans toutes les langues. Avant de mourir, il vit sa statue élevée à Paris, au Jardin des Plantes, avec cette inscription : « Son génie a la majesté de la nature! »

VI. A Chalon-sur-Saône naquit, en 1765, Joseph NIEPCE. Il fit d'abord comme lieutenant une partie de la campagne d'Italie. Plus tard, retiré dans sa ville natale, il s'occupa de sciences, d'arts et d'industrie.

Il y avait un problème qui le tourmentait et dont il cherchait sans cesse la solution. En étudiant la physique, il avait appris que si, dans une boîte obscure fermée de toutes parts, on pratique un petit trou par lequel passe un rayon de soleil, on voit se peindre renversés sur le fond de la boîte les objets qui sont en face. C'est ce qu'on appelle la *chambre obscure*.

— Si je pouvais, disait Niepce, fixer sur du métal, du verre ou du papier, cette image qui vient se peindre dans le fond de la boîte, j'aurais un dessin fait par le soleil, et d'une merveilleuse fidélité. Mais comment faire? Il faudrait, pour cela, frotter le métal, le verre ou le papier avec une chose qui aurait la propriété de noircir sous les rayons du soleil. Alors, quand les rayons entreraient dans la boîte, ils noirciraient le métal ou le verre, et reproduiraient les objets, les personnes, les paysages...

LA BOITE DES PHOTOGRAPHES. — C'est une boîte fermée de tous côtés, où la lumière n'entre que par un petit *tube*. L'image des objets placés devant la boîte se projette sur le fond, mais renversée. Le photographe introduit au fond de la boîte une plaque qui a la propriété de noircir à la lumière ; il laisse ensuite pénétrer un rayon lumineux, et bientôt les objets se trouvent dessinés sur la plaque. C'est comme si on parvenait à fixer sur un miroir l'image de celui qui s'y regarde.

Mais Niepce cherchait sans pouvoir trouver rien qui le satisfît entièrement.

Or, il y avait à pareille époque un autre homme, Daguerre, qui cherchait le même problème. C'était un peintre fort habile, qui se disait, lui aussi : — Le soleil pourrait dessiner les objets en un clin d'œil si on réussissait à fixer l'image de la chambre obscure.

Il apprit qu'un inventeur habile, à Chalon, avait déjà trouvé quelque chose de ce genre. Il vint voir Niepce à Chalon et lui dit :

— Voulez-vous que nous partagions nos idées et que nous nous mettions à travailler tous les deux?

Niepce accepta. Dix ans après, en 1830, on annonçait à l'Académie des sciences une découverte qui devait faire honneur à la France et se répandre dans le monde entier : les principes de la photographie étaient inventés par Niepce et Daguerre.

Ainsi, ce qu'un seul de ces deux hommes n'aurait sans doute pu découvrir, tous deux l'avaient trouvé en s'associant. C'est un exemple nouveau des bienfaits de l'association : pour l'intelligence comme pour tout le reste, l'union fait la force.

Niepce était mort en 1833. La Chambre des députés accorda une pension de six mille francs, comme récompense nationale, à Daguerre et au fils de Niepce.

XLVIII. — La plus grande usine de l'Europe : le Creusot. — Les hauts fourneaux pour fondre le fer.

La puissance de l'industrie et de ses machines est si grande qu'elle effraie au premier abord ; mais c'est une puissance bienfaisante qui travaille pour l'humanité.

Après une longue journée de marche, la nuit était venue, et déjà depuis quelque temps on avait allumé les lanternes de la voiture; malgré cela il faisait si noir qu'à peine y voyait-on à quelques pas devant soi.

Tout à coup le petit Julien tendit les bras en avant :

— Oh! voyez, monsieur Gertal; regarde, André; là-bas, on dirait un grand incendie; qu'est-ce qu'il y a donc?

— En effet, dit André, c'est comme une immense fournaise.

M. Gertal arrêta Pierrot. — Prêtez l'oreille, dit-il aux enfants; nous sommes assez près pour entendre.

Tous écoutèrent immobiles. Dans le grand silence de la nuit on entendait comme des sifflements, des plaintes haletantes, des grondements formidables. Julien était de plus en plus inquiet : — Mon Dieu, monsieur Gertal, qu'y a-t-il donc ici? Bien sûr il arrive là de grands malheurs.

— Non, petit Julien. Seulement nous sommes en face du Creusot, la plus grande usine de France et peut-être d'Europe. Il y a ici quantité de machines et de fourneaux, et plus de seize mille ouvriers qui travaillent nuit et jour pour donner à la France une partie du fer qu'elle emploie. C'est de ces machines et de ces énormes fourneaux chauffés à blanc continuellement que partent les lueurs et les grondements qui nous arrivent.

LE CREUSOT est ainsi appelé parce qu'il est situé dans le creux d'une vallée. Là, s'est établie une des plus grandes usines de l'Europe, dont on voit dans la gravure les cheminées fumer. Autour de l'usine, s'est bientôt groupée toute une population d'ouvriers; une ville s'est ainsi formée, qui compte maintenant 31 000 habitants et s'accroît sans cesse.

— Mon Dieu, dit Julien, quel travail!

— Oh! monsieur Gertal, s'écria André, si vous voulez me permettre demain d'aller un peu voir cette usine, je serai bien content. Vous ne savez pas comme cela m'intéresserait de voir préparer ce fer que nous autres serruriers nous façonnons.

— Nous irons tous les trois, enfants, quand la besogne

sera faite : en nous levant de grand matin nous aurons du temps de reste.

Le lendemain avant le jour nos trois amis étaient debout; on se diligenta si bel et si bien que les affaires furent faites de bonne heure, et on se dirigea vers l'usine. Julien, que son frère tenait par la main, était tout fier d'être de la partie.

— Il y a trois grandes usines distinctes dans l'établissement du Creusot, dit le patron qui le connaissait de longue date : fonderie, ateliers de construction et mines; mais voyez, ajouta-t-il en montrant des voies ferrées sur lesquelles passaient des locomotives et des wagons pleins de houille, chacune des parties de l'usine est reliée à l'autre par des chemins de fer; c'est un va-et-vient perpétuel.

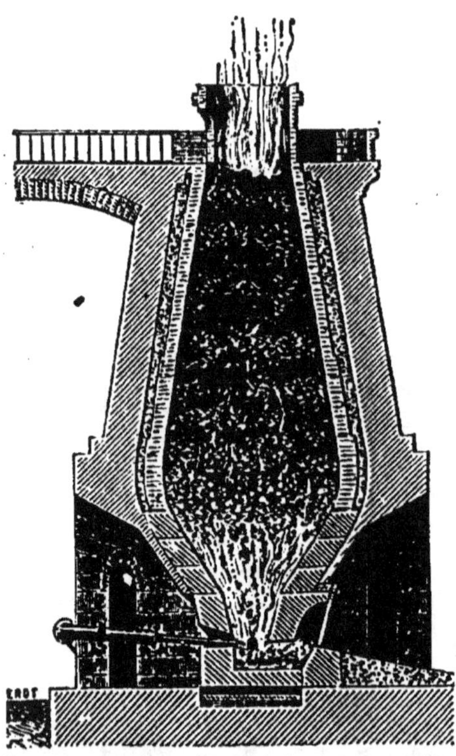

UN HAUT FOURNEAU. — Les hauts fourneaux sont des espèces de tours solides qu'on remplit par en haut de *minerai* de fer. Une fois que le haut fourneau est allumé, on le remplit jour et nuit sans interruption pour avoir la plus grande chaleur possible, jusqu'à ce que les murs usés se fendent et éclatent. A mesure que le fer se fond, il tombe en dessous, dans un réservoir.

— Mais, dit Julien, c'est comme une ville, cette usine-là. Quel grand bruit cela fait ! et puis tous ces mille feux qui passent devant les yeux, cela éblouit. Un peu plus, on aurait grand'peur.

— A présent que nous entrons, dit André, ne me lâche pas la main, Julien, crainte de te faire blesser.

— Oh ! je n'ai garde, dit le petit garçon; il y a trop de machines qui se remuent autour de nous et au-dessous de nous. Il me semble que nous allons être broyés là-dedans.

— Non, petit Julien; vois, il y a là des enfants qui ne sont pas beaucoup plus âgés que toi et qui travaillent de tout leur cœur; mais ils sont obligés de faire attention.

— C'est vrai, dit le petit garçon en se redressant et en dominant son émotion. Comme ils sont courageux! Monsieur Gertal, je ne vais plus penser à avoir peur, mais je vais vous écouter et bien regarder pour comprendre.

— Eh bien, examine d'abord, en face de toi, ces hautes tours de quinze à vingt mètres : ce sont les hauts fourneaux que nous voyions briller la nuit comme des brasiers. Il y en a dix-sept au Creusot. Une fois allumés, on y entretient jour et nuit sans discontinuer un feu d'enfer.

— Mais pourquoi a-t-on besoin d'un si ardent brasier?

— C'est pour fondre le *minerai* de fer. Quand le fer vient d'être retiré de la terre par les mineurs, il renferme de la rouille et une foule de choses, de la pierre, de la terre; pour séparer tout cela et avoir le fer plus pur, il faut bien faire fondre le minerai. Mais songe quelle chaleur il faut pour le fondre et le rendre fluide comme de l'huile! A cette chaleur énorme, le fer et les pierres deviennent liquides, mais le fer, qui est plus lourd, se sépare des pierres et tombe dans un réservoir situé au bas du haut fourneau. Les dix-sept hauts fourneaux du Creusot produisent ainsi chaque jour plus de 500 000 kilogrammes de fer ou de *fonte*.

XLIX. — La fonderie, la fonte et les objets en fonte.

N'ignorons pas l'origine et l'histoire des objets dont nous nous servons.

— Regarde! regarde! s'écria André; on ouvre en ce moment le réservoir du haut fourneau. Voilà le fer fondu qui coule dans des rigoles pratiquées sur le sol.

— Oh! fit Julien en frappant dans ses mains d'admiration, on dirait un ruisseau de feu qui coule. Oh! oh! comme il y en a! Quel brasier! Quand je pense que c'est là du fer!

— Ce n'est pas du fer pur, Julien, dit M. Gertal; c'est du fer encore mêlé de charbon et qu'on appelle la *fonte*. Tu en as vu bien souvent : rappelle-toi les poêles de fonte et les marmites.

— Qui se brisent quand on les laisse tomber, interrompit le petit Julien; je ne le sais que trop!

— C'est là justement le défaut de la fonte : elle se brise trop aisément et n'a pas la solidité du fer pur. Pour changer cette fonte que tu vois en un fer pur, il faudra la remettre dans d'autres fourneaux, puis la *marteler*. Mais on peut employer la fonte, telle que tu la vois ici, à la fabrication d'une foule d'objets pour lesquels elle suffit.

Nos trois amis continuèrent leur promenade à travers la fonderie Partout la fonte en fusion coulait dans les rigoles ou tombait dans de grands vases, et des ouvriers la versaient ensuite dans les moules; en se refroidissant, elle prenait la forme qu'on voulait lui donner: ici, on fondait des marmites, des chenets, des plaques pour l'âtre des cheminées; là, des corps de pompe, ailleurs des balustrades et des grilles.

OUVRIERS COULANT LA FONTE DANS UN MOULE. — Cet énorme vase en tôle qui est suspendu à une *grue*, et que manient à grand'peine deux ouvriers, peut contenir des milliers de kilogrammes de métal fondu. On verse le métal dans une ouverture qui communique avec un moule creux placé sous la terre. Ainsi se fondent les cloches, les canons et tous les gros objets en fer ou en fonte.

— C'est d'une façon semblable, dit M. Gertal, mais avec un mélange ou *alliage* de plusieurs métaux qu'on fond les canons, les cloches d'airain, les statues de bronze.

— Que je suis content, dit Julien, de savoir comment se fabriquent toutes ces choses et d'en avoir vu faire sous mes yeux! Mais, ajouta-t-il en soupirant, que de peine tout cela coûte! quel mal pour avoir seulement un pauvre morceau de fer! Quand je pense que les petits clous qui sont sous la semelle de mes souliers ont été tirés d'abord de la terre, puis fondus dans les hauts fourneaux, puis martelés et façonnés! Que c'est étonnant tout de même, monsieur Gertal!

— Oui, Julien, répondit le patron. On ne se figure pas combien les moindres objets dont nous nous servons ont coûté de travail et même de science; car les ingénieurs qui dirigent les ouvriers dans ces usines ont dû faire de longues et pénibles études, pour savoir se reconnaître au milieu de toutes ces inventions et de ces machines si compliquées. Que serait la force de l'homme sans la science?

L. — Les forges du Creusot. — Les grands marteaux-pilons à vapeur. — Une surprise faite à Julien. Les mines du Creusot; la ville souterraine.

Quelle sympathie nous devons à tant d'ouvriers courageux qui se livrent aux plus durs et aux plus pénibles travaux!

Quand on eut bien admiré la fonderie, on passa dans les grandes forges.

Là, Julien et André furent de nouveau bien étonnés.

La plupart des ouvriers qui allaient et venaient avaient la figure garnie d'un masque en treillis métallique; de grandes bottes leur montaient jusqu'au genou; leur poitrine et leurs bras étaient garnis d'une sorte de cuirasse de tôle; ils étaient armés comme pour un combat; et, en effet, c'est une véritable lutte que ces robustes et courageux ouvriers ont à soutenir contre le feu qui jaillit de toutes parts, contre les éclaboussures et les étincelles du fer rouge.

Le marteau-pilon à vapeur. — On emploie maintenant, pour la construction des ponts en fer ou des grandes machines, des pièces de métal tellement grosses, qu'aucun marteau mû par une main d'homme ne pourrait les façonner. Pour les forger, on a inventé l'énorme marteau-pilon que la vapeur met en mouvement et qui peut frapper depuis deux cents jusqu'à cinq cents coups par minute.

Saisissant de longues tenailles, ils retiraient des fours les masses de fer rouge; puis, les plaçant dans des chariots qu'ils poussaient devant eux, ils les amenaient en face d'énormes enclumes pour être frappées par le marteau.

Mais ce marteau ne ressemblait en rien aux marteaux ordinaires que manient les serruriers ou les forgerons des villages; c'était un lourd bloc de fer qui, soulevé par la vapeur entre deux colonnes, montait jusqu'au plafond, puis retombait droit de tout son poids sur l'enclume.

— Regarde bien, Julien, dit M. Gertal : voici une des merveilles de l'industrie. C'est ce qu'on appelle le marteau-pilon à vapeur, qui a été fabriqué et employé pour la première fois dans l'usine du Creusot où nous sommes. Ce marteau pèse de 3000 à 5000 kilogrammes : tu te figures la violence des coups qu'il peut donner.

Au même moment, comme poussée par une force invincible, l'énorme masse se souleva; l'ouvrier venait de placer sur l'enclume son bloc de fer rouge : il fit un signe, et le marteau-pilon, s'abaissant tout à coup, aplatit le fer en en faisant jaillir une nuée d'étincelles si éblouissantes que Julien, tout éloigné qu'il était, fut obligé de fermer les yeux.

— Vous voyez, dit M. Gertal, quelle est la force de ce marteau; eh bien, ce qu'il y a de plus merveilleux encore, c'est la précision et la délicatesse avec laquelle il peut frapper. Cette même masse que vous venez de voir broyer un bloc de fer peut donner des coups aussi faibles qu'on le veut : elle peut casser la coque d'une noix sans toucher à la noix même.

— Est-ce possible, monsieur Gertal?

— Mais oui, dit un ouvrier qui connaissait M. Gertal et qui regardait avec plaisir la gentille figure de Julien. Tenez, petit, j'ai fini mon travail, et je vais vous faire voir quelque chose de curieux.

L'ouvrier prit dans un coin sa bouteille de vin, plaça dessus le bouchon sans l'enfoncer, mit la bouteille sur l'enclume, et dit deux mots à celui qui faisait manœuvrer le marteau. La lourde masse se dressa, et Julien croyait que la bouteille allait être brisée en mille morceaux; mais le marteau s'abaissa tout doucement, vint toucher le bouchon, et l'enfonça délicatement au ras du goulot.

Julien battit des mains.

Bien d'autres choses émerveillèrent encore nos jeunes amis. Là, le fer rouge passait entre des rouleaux et sortait aplati en lames semblables à de longues bandes de feu; ailleurs, des ciseaux d'acier, mis en mouvement par la vapeur, tranchaient des barres de fer comme si c'eût été du carton; plus loin, des rabots d'acier, mus encore par la vapeur, rabotaient le fer comme du bois et en arrachaient de vrais copeaux.

Julien ne se lassait pas de regarder ces grands travaux accomplis si rapidement par la vapeur, et qui lui faisaient songer aux fées de la mère Gertrude. On parcourut les ateliers de construction où se font chaque année plus de quatre-vingts locomotives, des quantités considérables de rails, des coques de bateaux à vapeur, des ponts en fer, des engins de toute sorte pour les frégates et les vaisseaux de ligne.

— Voyons maintenant les mines de houille, dit M. Gertal.

— Des mines? dit Julien. Il y a des mines aussi!

— Oui, mon enfant; tout le bruit, tout le mouvement que tu vois ici est l'image du bruit et du mouvement qui se font également sous nos pieds dans la vaste mine de houille. Sous la terre où nous marchons, sous cette ville de travail où nous sommes, il y en a une autre non moins active, mais sombre comme la nuit. On y descend par dix puits différents. Viens, nous allons voir l'entrée d'un de ces puits.

Quand André et Julien arrivèrent, c'était le moment où des ouvriers, munis de leurs lampes, allaient descendre dans le souterrain. Julien les vit s'installer dans la cage, au-dessus du grand trou noir, que le jeune garçon regardait avec épouvante. Puis on donna le signal de la descente, une machine à vapeur siffla, et la cage s'enfonça dans le trou avec les mineurs qu'elle portait.

— Est-ce que ce puits est bien profond? demanda Julien.

— Il a 200 mètres environ, et on le creuse de plus en plus. Tout le long du puits on rencontre des galeries sur lesquelles il donne accès. Cette ville souterraine renferme des rues, des places, des rails où roulent des chariots de charbon que les mineurs ont arraché à coups de pic et de pioche. C'est ce charbon qui alimentera les grands fourneaux que tu as vus, c'est lui qui mettra en mouvement ces machines qui sifflent, tournent et travaillent sans repos. Puis, quand à l'aide de ce charbon on aura fabriqué toutes les choses que tu as vues, on les expédiera par le canal du Centre sur tous les points de la France.

— Oh! monsieur Gertal, s'écria le petit Julien, je vois que la Bourgogne travaille fameusement, elle aussi! et je réfléchis en moi-même que, si la France est une grande nation, c'est que dans toutes ses provinces on se donne bien du mal; c'est à qui fera le plus de besogne.

— Oui, petit Julien, l'honneur de la France, c'est le travail et l'économie. C'est parce que le peuple français est économe et laborieux qu'il résiste aux plus dures épreuves, et qu'en ce moment même il répare rapidement ses désastres. Ne l'oublions jamais, mes enfants, et faisons-nous gloire, nous aussi, d'être toujours laborieux et économes.

LI. — Le Nivernais et les bois du Morvan. — Les principaux arbres de nos forêts. — Le flottage des bois sur les rivières. — Le Berry et le Bourbonnais. — Vichy. Richesse de la France en eaux minérales.

Les arbres nous donnent leur ombre, leurs fruits, leur bois; ils purifient l'air, retiennent la terre par leurs racines et la rendent plus fertile en empêchant la sécheresse.

On partit du Creusot le lendemain matin. Bientôt même, on quitta le département de Saône-et-Loire. On avait vendu au Creusot les marchandises qui étaient dans la voiture, et Pierrot, allégé de sa charge, trottait plus rapidement.

— Qu'est-ce donc que ces montagnes si boisées que nous voyons à présent? demanda Julien; est-ce encore la côte d'Or?

— A quoi penses-tu donc, Julien? répondit le patron. Tu sais bien que la côte d'Or est couverte de vignes. Nous avons quitté la Bourgogne : nous voici dans le Nivernais; les monts boisés que tu vois sont les collines du Morvan.

CARTE DU NIVERNAIS, DU BERRY, DU BOURBONNAIS ET DE LA MARCHE. — Ces provinces sont parfois couvertes de landes et de marécages, comme dans le Berry. Le Nivernais et le Bourbonnais ont à la fois une agriculture et une industrie très actives : le Berry est moins avancé sous ce rapport. Dans la Marche, se trouvent de petites villes industrieuses, comme Guéret et Aubusson, dont les tapis sont renommés.

— C'est un pays qui doit produire beaucoup de bois, à ce qu'il me semble, dit André.

— Oui, la richesse du département de la Nièvre, ce sont surtout ses forêts. Il y a beaucoup de cours d'eau, au moyen desquels on expédie les bois en les faisant flotter. N'as-tu pas déjà remarqué, Julien, le long de notre route, ces bois et ces grosses bûches qui descendent tout seuls les rivières ?

— Oui, oui : il y a sur le rivage des ouvriers armés de crocs qui empêchent les bûches de s'arrêter en chemin.

FLOTTAGE DES BOIS DANS LA NIÈVRE. — Pour transporter sans frais les bois abattus, on les amène jusqu'au bord des rivières ou des ruisseaux, et on les y jette pêle-mêle, bûche à bûche. Quand les bois sont descendus jusqu'à l'endroit où la rivière s'élargit et devient navigable, on les arrête et on les dispose en forme de radeaux dits *trains de bois*, sur lesquels montent les mariniers pour les diriger.

— Eh bien, c'est un homme de la Nièvre, Jean Rouvet, qui a eu le premier, il y a déjà quatre cents ans, la bonne idée de faire flotter les bois de cette manière en les abandonnant au cours de l'eau. Ainsi arrivent jusqu'à Paris et dans les autres villes les bois qui servent à chauffer les habitants ou à construire les maisons.

Chêne. Châtaignier. Orme. Pin.

LES ARBRES DE NOS FORÊTS. — Le *chêne* est un arbre magnifique qui vit communément 100 ou 150 ans et qui dépasse parfois 500 ans. Son bois est un des plus durs ; son écorce, appelée *tan*, sert au tannage des cuirs ; ses *glands* servent à nourrir les porcs. — La France possède aussi de grandes forêts de châtaigniers, qui se trouvent surtout dans le Limousin, l'Auvergne, les Cévennes, etc. Les châtaignes forment un des principaux aliments des montagnards de ces pays. — L'orme, qui sert à ombrager la plupart de nos grandes routes et de nos promenades, est aussi un très bel arbre donnant d'excellent bois de charpente et de chauffage. — Les pins, qui nous donnent la résine, croissent en grand nombre dans la Gascogne et la Provence.

— Tiens, dit Julien, voilà justement des bûcherons qui abattent là-bas de grands chênes. Partout où on regarde, on ne voit rien que des chênes.

— C'est que le chêne est le principal de nos arbres; il couvrait autrefois presque toute la France. Mais nous avons aussi le châtaignier, l'orme, le hêtre, les pins et les sapins.

— Oh! pour les pins et les sapins, nous les connaissons bien, dit André : il y en a assez dans les Vosges.

— Ici, dans la Nièvre, c'est le chêne qui domine.

— Le chef-lieu de la Nièvre, c'est Nevers, se mit à dire le petit Julien tout fier, car il cherchait cela depuis deux minutes; et Nevers est sur la Nièvre.

— Eh bien, savant petit Julien, dit le patron, tu te rappelleras qu'il y a à Nevers une importante fonderie de canons pour la marine, où l'on fond les canons en coulant le métal dans des moules, comme nous avons vu faire au Creusot. Un peu plus loin, à Bourges, se trouve aussi une fonderie d'armes.

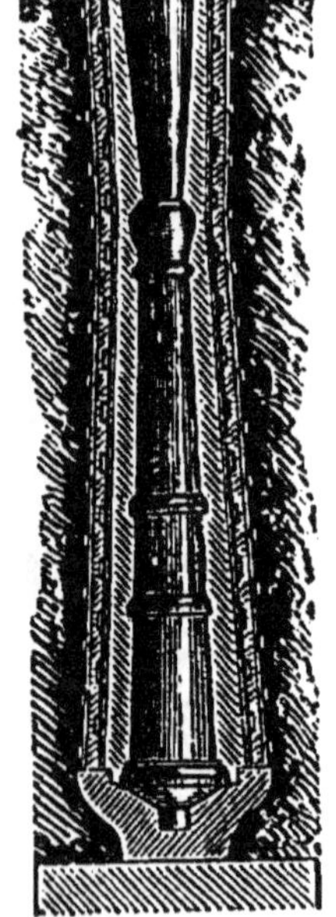

Moule d'un canon. — Ce moule se trouve placé sous terre. On verse dedans le métal fondu; ensuite, quand le métal est refroidi, on brise le moule : le métal a pris la forme d'un canon.

— Bourges, c'est l'ancienne capitale du Berry et le chef-lieu du Cher, n'est-ce pas, monsieur? dit André.

— Précisément. Et toi, Julien, n'as-tu jamais entendu parler du Berry?

— Oh! si, monsieur Gertal, car on parle toujours des moutons du Berry, ce qui me fait penser qu'il doit y avoir de beaux moutons dans ce pays-là.

— Tu ne te trompes pas, et les laines du Berry sont renommées.

— Est-ce que nous allons encore voir Bourges et le Berry, monsieur Gertal?

— Comme tu y vas, Julien! Nous ne voyageons pas pour notre plaisir, mais pour nos affaires, et nous ne pouvons visiter toutes les villes de France. Nous n'avons point d'affaires dans le Berry. C'est dans le Bourbonnais que nous allons bientôt entrer. Le Bourbonnais a formé le département de l'Allier.

— Julien, dit André, quel est le chef-lieu du département de l'Allier? Le sais-tu aussi bien que celui de la Nièvre?

— L'Allier, dit Julien en cherchant, l'Allier... chef-lieu... Et bien, ne voilà-t-il pas que je ne me rappelle point du tout!

— Et le petit garçon baissa la tête, tout honteux.

— Chef-lieu Moulins, dit M. Gertal. Allons, Julien, nous passerons demain à Moulins; cela fait que tu connaîtras cette ville, et tu ne l'oublieras plus.

LA BUVETTE DES EAUX MINÉRALES À VICHY. — Dans les établissements d'eaux minérales, on voit l'eau de la source sortir de la terre ou du rocher, bouillante, tiède ou froide. C'est là que viennent boire les malades, et cet endroit s'appelle la buvette.

— Mais dites-moi, monsieur Gertal, qu'y a-t-il donc à se rappeler dans le département de l'Allier?

— C'est, je crois, dans l'Allier que se trouve Vichy, le grand établissement d'eaux minérales, dit André.

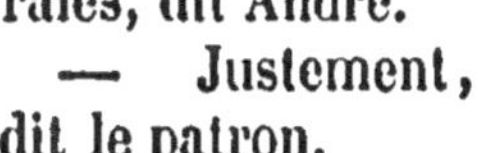

— Justement, dit le patron.

— Moi, je sais ce que c'est que les établissements d'eaux pour les malades, dit Julien. En Lorraine, il y a Plombières, et Mme Gertrude m'a raconté cela; et puis j'ai vu Plombières dans des images.

— Eh bien, Vichy est le plus grand établissement d'eaux minérales du monde entier : il s'y est rendu, en certaines années, jusqu'à cent mille personnes. Tous ces gens venaient pour remettre leur santé, pour boire l'eau chargée de divers sels qui jaillit toute chaude de terre, ou pour prendre des bains dans cette eau. C'est que, vois-tu, petit Julien, les eaux minérales sont encore au nombre des principales richesses de la France : nul pays ne possède autant de sources célèbres pour la guérison des maladies.

LII. — La probité. — André et le jeune commis.

Honneur et probité, voilà la vraie noblesse.

— André, dit un jour M. Gertal, voici un énorme paquet de marchandises que je viens de vendre. Il est trop lourd pour Julien; charge-le sur ton épaule et va le porter à son adresse.

Voici la facture, mets-la dans ta poche : elle s'élève à deux cents francs. Si on te paie tout de suite, tu diminueras six francs : cela engagera le client à payer comptant une autre fois.

André chargea aussitôt le paquet sur son dos et partit. C'était dans un faubourg éloigné de Moulins qu'il se rendait, et il était assez fatigué en arrivant. Un jeune commis le reçut, car le maître de la maison venait de sortir et avait laissé l'argent à son commis pour payer à sa place.

Le jeune homme dit à André qu'il avait là les deux cents francs tout prêts.

— Puisque votre patron paie tout de suite, dit André en comptant l'argent, M. Gertal m'a dit de rabattre six francs sur la facture. Les voici ; vous les remettrez à votre maître.

— Certainement, certainement, répondit le commis en traînant sur les mots d'un air narquois. A vrai dire, ce seront six francs qui ne profiteront guère ; mon maître n'y compte pas, et ils seraient bien mieux placés moitié dans votre poche, moitié dans la mienne.

En disant cela, il riait d'un gros rire en dessous et il tournait entre ses doigts les six pièces d'un franc, regardant André de côté pour voir ce qu'il dirait.

André, trop honnête pour supposer que ce fût sérieux, n'en rougit pas moins jusqu'aux oreilles, tant cette manière de parler lui déplaisait. Cependant il se tut par politesse pour le commis et prit la plume pour acquitter la facture.

Le jeune homme, en voyant André rougir, s'imagina que c'était par timidité et que ce silence était de l'indécision ; il reprit donc, pensant le décider.

— Hélas ! par le temps qui court l'argent est dur à gagner pour les employés. On les exténue de fatigue, on les paie mal, et pourtant les maîtres regorgent d'argent. Mais, Dieu merci, avec un peu d'adresse on peut suppléer à l'avarice des patrons... Tenez, ajouta-t-il en baissant la voix et en présentant trois francs à André, partageons l'aubaine ; nous nous arrangerons et personne ne le saura.

André cette fois fut si indigné qu'il ne se contint pas.

— Malheureux, s'écria-t-il, vous ne m'avez donc pas regardé en face, que vous me croyez capable de mettre dans ma poche l'argent d'autrui ?

En même temps, avec la rapidité de pensée qui lui était

naturelle, il arracha des doigts du commis la facture qu'il venait d'acquitter, et d'une main que l'émotion rendait tremblante il reprit la plume, puis marqua en grosses lettres qu'il avait fait au nom de M. Gertal un rabais de six francs.

— A présent, dit-il en posant la plume et la facture sur la table, vous serez bien forcé de rendre à votre maître exactement ce qui lui est dû.

Et, tournant le dos avec mépris, il s'en alla.

Comme il traversait la cour, l'employé le rejoignit en courant : — Vous êtes un honnête garçon, lui dit-il d'un ton doucereux, mais vous entendez mal la plaisanterie, je ne voulais que rire un peu. Ne parlez pas de ce qui vient de se passer, je vous en prie : cela n'était pas sérieux, vous me feriez du tort, j'ai ma vieille mère à soutenir...

— Taisez-vous, menteur, interrompit une voix par derrière; et en même temps la figure courroucée du maître de la maison se dressa devant le commis infidèle. Taisez-vous, reprit-il, et n'essayez pas d'attendrir cet honnête garçon par un double mensonge : car vous n'avez pas de mère à soutenir et vous ne plaisantiez pas tout à l'heure, quand vous vouliez entraîner ce brave enfant à manquer de probité comme vous. J'ai tout entendu du cabinet voisin, car il y a longtemps que je vous soupçonne et que je vous guette pour vous prendre la main dans le sac. A présent, je sais à quoi m'en tenir sur votre compte. Quant à vous, mon jeune ami, dit-il en se tournant vers André, voici les six francs que votre probité voulait me conserver, je vous les donne.

— Non, monsieur, dit simplement André, je n'ai fait que mon devoir tout juste; je rougirais d'être récompensé pour cela.

Et, après avoir salué poliment, il s'éloigna sans vouloir rien accepter.

Et il marchait d'un pas allègre, pensant en lui-même :

— Allons donc! est-ce que l'honneur doit se payer? L'honneur ne se paie pas plus qu'il ne se vend : mon vieux père nous a dit cela cent fois à Julien et à moi, et je ne l'oublierai jamais.

LIII. — Les monts d'Auvergne. — Le puy de Dôme. — Aurillac. — Un orage au sommet du Cantal.

Il y a peu de pays aussi variés que la France : elle a tous les aspects, tous les climats, presque toutes les productions.

Peu de temps après cette aventure, nos voyageurs quittèrent le Bourbonnais et entrèrent en Auvergne. On se rendait à Clermont-Ferrand. Il faisait une belle journée d'automne, le soleil brillait dans un ciel sans nuages. Comme la route montait beaucoup, nos amis étaient descendus et ils gravissaient la côte à pied tous les trois, afin de soulager un peu Pierrot. Julien se dégourdissait les jambes en sautant de çà,

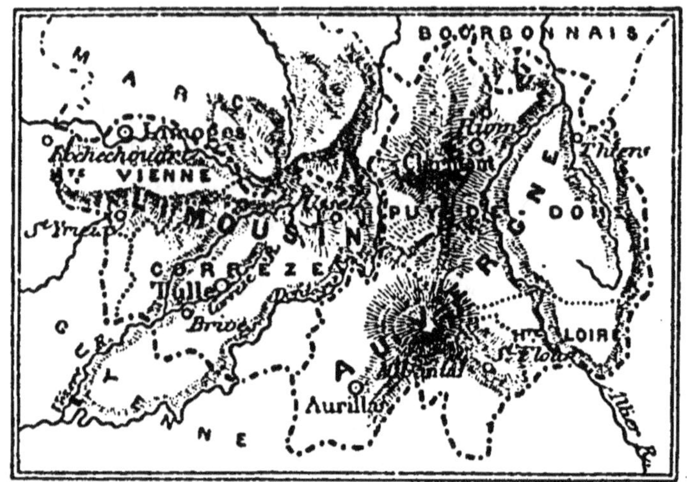

AUVERGNE ET LIMOUSIN. — L'*Auvergne* est une contrée très montagneuse, avec une population laborieuse et pauvre. Les vallées sont très fertiles et charmantes d'aspect. Outre Clermont (45 000 hab.), Aurillac et Thiers, il y a un assez grand nombre de petites villes industrieuses, telles que Riom, Ambert, Issoire et Saint-Flour. — Le *Limousin* est comme l'Auvergne couvert de montagnes, mais moins élevées. Le département de la Haute-Vienne renferme la grande ville de Limoges (65 000 hab.); dans la Corrèze se trouvent Tulle, qui a donné son nom à un tissu de coton très léger et transparent, et Brives-la-Gaillarde, dont le nom seul indique la prospérité.

de là, tout joyeux du beau temps qu'il faisait. Bientôt pourtant il se rapprocha de M. Gertal et d'André, et, du haut d'une grande côte d'où la vue dominait l'horizon, il leur montra une chaîne de montagnes ensoleillée.

— Qu'est-ce donc, je vous prie, demanda-t-il, que ces monts qui sont là tout entassés les uns auprès des autres? Voyez! il y en a qui ressemblent à de grands dômes; d'autres sont fendus, d'autres s'ouvrent par en haut comme des gueules béantes. Voilà des montagnes qui ne sont point du tout pareilles aux autres que nous avons vues.

—Julien, ce sont les *dômes* et les *puys* d'Auvergne. Le plus élevé de ceux que tu aperçois là-bas, c'est le puy de Dôme.

— Tiens, s'écria l'enfant, j'ai vu à l'école dans mon livre de lecture une image qui montre les volcans éteints de l'Auvergne; alors les voilà donc devant nous, monsieur Gertal?

— Justement, mon enfant, toutes ces montagnes ont été autrefois d'anciens volcans.

— Oh! monsieur Gertal, cela devait être bien beau, mais aussi bien effrayant à voir, quand toutes ces grandes bouches lançaient du feu et de la fumée. L'Auvergne devait ressembler à un enfer. C'est égal, je préfère que ces volcans-là soient éteints, et qu'il y ait de belle herbe verte au pied.

PUYS D'AUVERGNE. — On nomme *puys* en Auvergne d'anciens volcans éteints dont on voit encore le cratère ouvert au sommet. Le *puy de Dôme* a donné son nom à un département. Il existe aussi une ville qui s'appelle le Puy, et qui est le chef-lieu de la Haute-Loire, dans le Languedoc.

— Petit Julien, regarde bien à ta gauche, à présent. Vois-tu cette plaine qui s'étend à perte de vue? C'est la fertile Limagne, la terre la plus féconde de France. Elle est arrosée par de nombreux cours d'eau et produit en abondance le blé, le seigle, l'huile, les fruits.

— Alors, monsieur Gertal, l'Auvergne est donc, comme la Côte-d'Or, bien riche?

— Petit Julien, la Limagne ne couvre pas tout le territoire de l'Auvergne; elle n'occupe que vingt-quatre lieues carrées. En revanche la montagne ne produit que des pâturages et des bois; l'hiver y est bien long et rigoureux.

— Oui, oui, dit l'enfant; c'est comme dans le Jura et la Savoie. Y a-t-il aussi bien des troupeaux par là?

BŒUF DE SALERS (Auvergne). — La race de Salers, d'une couleur rouge acajou, est la meilleure pour le travail; elle est intelligente, docile, infatigable au labour, et s'acclimate partout; mais sa viande n'est pas très estimée.

— Certainement; dans le département voisin, le Cantal, il y a même une race de bœufs très renommés, la race de Salers, et l'on fait de bons fromages dans le Cantal.

— Le chef-lieu du Cantal, c'est Aurillac, n'est-ce pas, monsieur Gertal.

— Tout juste, une jolie ville aux rues bien propres, arrosée par des ruisseaux d'eau courante. Le Cantal est un département pauvre; ses habitants sont souvent obligés d'émigrer, comme on fait en Savoie, pour aller gagner leur vie ailleurs : ils se font portefaix, charbonniers, et souvent chaudronniers. Le métier de chaudronnier est un de ceux que les Auvergnats préfèrent, et Aurillac est un des grands centres de la chaudronnerie. Mais, petit Julien, puisque tu es savant en géographie, sais-tu ce que c'est que le Cantal?

CHAUDRONNERIE D'AURILLAC. — La chaudronnerie est l'art de fabriquer tous les ustensiles en métal, comme ceux qui servent à faire chauffer l'eau et les aliments. La petite chaudronnerie fabrique les chaudrons de cuisine, les casseroles, les poêlons, etc. La grosse chaudronnerie fabrique les énormes chaudières des locomotives ou des bateaux à vapeur, les cuves des teinturiers, etc. L'Auvergne et la Normandie sont les centres de la chaudronnerie.

— Oh! dame, monsieur Gertal, je ne sais pas tant de choses, moi; mais je pense que cela doit être une rivière, comme l'Allier que j'ai vu à Moulins.

— Allons donc! c'est une montagne. Le Plomb du Cantal a près de 1900 mètres de hauteur, il y a de la neige sur le sommet une bonne partie de l'année. Pour moi, je n'oublierai jamais le Cantal, vois-tu, parce que j'y suis monté.

— Vraiment, monsieur Gertal? Est-ce que c'est difficile d'aller là comme au mont Blanc?

— Oh! non, certes; seulement l'orage nous prit au haut : il pleuvait à verse, il soufflait un vent effroyable, et il n'y avait qu'un petit bout de rocher abrupt pour tout abri; l'orage dura quatre heures, et nous avons grelotté tout le temps sur ce sommet, mes amis et moi.

— Oh! dit Julien, moi, je serais descendu bien vite en courant pour me réchauffer.

— Toi, petit, tu aurais dû faire comme les camarades, attendre. Quand un brouillard ou une pluie couvre les montagnes du Cantal, si l'on est au sommet, il faut bon gré mal gré y rester jusqu'à la fin, ou risquer des chutes dangereuses. On voit au-dessous de ses pieds une mer de nuages noirs sillonnés par la foudre ; ce n'est pas le moment de descendre.

— Certes, dit André, je comprends cela. Et Julien a-t-il donc déjà oublié combien les brouillards sont terribles sur la montagne ?

— Non, mon frère, dit le petit garçon. Je me rappellerai toujours les Vosges, et cette nuit où tu m'as réchauffé dans tes bras et où je me suis endormi en priant Dieu d'avoir pitié des deux orphelins à l'abandon.

— Et Dieu t'a exaucé, enfant, dit le patron, puisque vous voilà à moitié de votre long voyage et en bon chemin.

LIV. — Julien parcourt Clermont-Ferrand. — Les maisons en lave. — Pâtes alimentaires et fruits confits de la Limagne. — Réflexions sur le métier de marchand.

Le vrai bonheur est dans la maison de la famille.

Quand le petit Julien arriva à Clermont et qu'il eut parcouru les rues de la ville pour faire les commissions du patron, il fut tout désappointé.

Une coulée de lave le long d'une rivière. — Lorsque la lave des volcans coulait liquide et brûlante sur leurs flancs, elle s'amassait là où elle rencontrait des obstacles, et en se refroidissant elle forma ainsi des sortes de murs. Plus tard, ces murs se sont fendus et divisés régulièrement. La coulée de lave représentée ici a l'aspect d'une rangée de tuyaux d'orgue.

— Oh ! André, dit-il au retour pendant le dîner, que c'est triste, cette ville-là ! les maisons sont si hautes, et toutes les pierres noires comme de l'ardoise ! on dirait une prison ; pourquoi donc, monsieur Gertal ?

— C'est qu'ici presque tout est construit en lave.

— En lave ? ce n'est pas beau, la lave ; qu'est-ce que c'est donc ?

— Julien, dit André, tu réponds trop vite ; cela fait que tu parles sans réfléchir. Voyons, qu'est-ce qui sort des volcans ?

Cette fois, Julien réfléchit un moment et dit :

— Je me rappelle, à présent : il sort des volcans une sorte de boue brûlante appelée lave. Il y a beaucoup d'anciens volcans en Auvergne, il doit y avoir de la lave; mais on fait donc des maisons avec la lave des volcans?

— Oui, Julien, reprit M. Gertal, la lave refroidie a la couleur de l'ardoise, ce qui est sombre, c'est vrai; mais la lave a une dureté et une solidité égales à celles du marbre. Il y a en Auvergne des masses de lave considérables qu'on appelle des *coulées* parce qu'elles ont coulé des volcans; on en rencontre parfois qui bordent le lit des rivières comme une longue rangée de tuyaux d'orgue; il y a aussi dans la lave des trous, des colonnades, des grottes curieuses ayant toute sorte de formes. Depuis cinq siècles on exploite en Auvergne des carrières de lave, et on en a retiré de quoi bâtir toutes les maisons de la Limagne, et des pays voisins.

UNE GROTTE DE LAVE. — Dans la lave sortie autrefois des volcans se creusent des grottes avec des colonnes, dont quelques-unes ont les formes les plus curieuses.

— Tout de même, dit le petit Julien, c'est bien singulier de penser que les volcans nous ont donné la maison où nous voilà!

— Ils ont aussi donné à la Limagne sa richesse. Généralement les terrains volcaniques sont plus fertiles. C'est avec les blés abondants de la Limagne que Clermont fait les excellentes pâtes alimentaires, les vermicelles, les semoules dont j'ai acheté une grande quantité et que nous chargerons demain dans la voiture. Les fruits secs et confits que Clermont prépare si bien et à bon marché ont aussi mûri dans la Limagne.

— Est-ce que vous en avez acheté, monsieur Gertal?

— Oui, dit le patron, et j'en trouverai une vente certaine, car ils sont renommés. En même temps il chercha dans sa poche et atteignit un petit sac : — Voici des échantillons; goûtez cette marchandise, enfants.

Il y avait des abricots, des cerises, des prunes. Julien fut d'avis que la Limagne était un pays superbe, puisqu'il donne des fruits si parfaits, et que les habitants étaient fort industrieux de savoir si bien les conserver.

M. Gertal reprit alors : — Pour votre vente à vous, enfants, je vous achèterai des dentelles du pays : à Lyon, vous les vendrez à merveille.

— Des dentelles! s'écria Julien; mais, monsieur Gertal, est-ce que nous saurons vendre cela?... Comment voulez-vous?... — Et l'enfant regardait le patron d'un air penaud.

— Bah! pourquoi non, petit Julien? Je te montrerai. Il est bon de s'habituer à travailler en tout genre quand on a sa vie à gagner. Un paquet de dentelles sera moins lourd à porter chez les acheteurs que deux poulardes.

DENTELLIÈRE D'AUVERGNE. — La dentelle se fait sur un métier portatif, sorte de coussin, au milieu duquel se trouve une petite roue percée de trous qui correspondent au dessin de la dentelle. Les dentellières ont souvent le tort de tenir leur métier sur leurs genoux, au lieu de le placer sur une table ; elles peuvent ainsi devenir contrefaites et même, à la longue, elles s'exposent aux paralysies, à cause de la position immobile qu'elles gardent pour ne pas ébranler leur métier.

— Pour ça, c'est vrai, reprit gaîment le petit garçon; les poulardes étaient pesantes, monsieur Gertal : vous les aviez joliment choisies. Mais, dites-moi, en Auvergne, les femmes font donc de la dentelle et des broderies, comme dans mon pays de Lorraine?

— Elles font des dentelles à très bas prix et solides. Il y a soixante-dix mille ouvrières qui travaillent à cela dans l'Auvergne et dans le département voisin, la Haute-Loire, chef-lieu le Puy. Comme la vie est à bon marché dans tous ces pays, et que les populations sont sobres, économes et consciencieuses, elles fabriquent à bon compte d'excellente marchandise, et le marchand qui la revend n'a point de reproches à craindre.

— C'est un métier bien amusant d'être marchand, dit le petit Julien; on voyage comme si on avait des rentes, et on gagne l'argent aisément.

— Petit Julien, répondit M. Gertal, je m'aperçois que tu parles souvent à présent sans réflexion. En ce moment-ci, il se trouve que la vente est bonne et qu'on gagne sa vie, c'est agréable; mais tu oublies qu'il y a des mois et quelquefois des années où on ne vend pas de quoi vivre, et petit à petit on mange tout ce qu'on avait amassé. Et puis, tu crois donc que moi, qui ai vu cent fois ces pays nouveaux pour toi, je n'aimerais pas mieux, à cette heure, être au coin de mon feu, assis auprès de ma femme avec mon fils sur les genoux, au lieu d'errer sur toutes les grandes routes en songeant à ma petite famille et en m'inquiétant de tout ce qui peut lui arriver pendant mon absence?

— Oh! c'est vrai, monsieur Gertal; voilà que je deviens étourdi tout de même! Je parle comme cela, du premier coup, sans réfléchir; ce n'est pas beau, et je vais tâcher de me corriger. Je comprends bien, allez, que, pour celui qui a une famille, rien ne vaut sa maison, son pays.

LV. — La ville de Thiers et les couteliers. — Limoges et la porcelaine. — Un grand médecin né dans le Limousin, Dupuytren.

Ce qu'il y a de plus heureux dans la richesse, c'est qu'elle permet de soulager la misère d'autrui.

Ce fut à la petite pointe du jour qu'on quitta Clermont; aussi on arriva de bonne heure à Thiers. Cette ville toute noire, aux rues escarpées, aux maisons entassées sur le penchant d'une montagne, est très industrieuse et s'accroît tous les jours. Elle occupe, dans un rayon de 12 kilomètres, vingt mille ouvriers. C'est la plus importante ville de France pour la coutellerie.

Atelier de coutellerie a Thiers. — La coutellerie fabrique tous les couteaux, grands et petits, dont nous nous servons, ainsi que les canifs, grattoirs, etc. Les ouvriers représentés préparent les lames. D'autres, pendant ce temps, ont préparé les manches des couteaux, il n'y aura plus qu'à les emmancher. Le grand soufflet qui sert à exciter le feu de la forge est mis en mouvement par un chien qui tourne dans une sorte de cage ronde comme font les écureuils.

Pendant que Pierrot dînait, nos amis dînèrent eux-mêmes, puis on se diligenta pour faire les affaires rapidement, car le patron ne voulait pas coucher à Thiers.

M. Gertal emmena les enfants avec lui, et ils achetèrent un paquet d'excellente coutellerie à bon marché, pour une valeur de 35 francs; la veille, on avait déjà employé à Clermont les 35 autres francs en achats de dentelles.

Quand on fut en route, tandis que Pierrot gravissait pas à pas le chemin montant, Julien dit à M. Gertal :

— Avez-vous vu, monsieur, les jolies assiettes ornées de dessins et de fleurs dans lesquelles on nous a servi le dessert à Thiers? Moi, j'ai regardé par derrière, et j'ai vu qu'il y avait dessus : *Limoges*. Je pense que cela veut dire qu'on les a faites à Limoges. Limoges n'est donc pas loin d'ici?

OUVRIER FABRIQUANT DE LA PORCELAINE. — La porcelaine se fabrique avec une terre très fine, le *kaolin*, qu'on réduit en pâte. Ensuite on divise cette pâte en feuilles blanches comme des feuilles de papier. L'ouvrier de droite tient une de ces feuilles entre ses mains et va l'appliquer sur le moule pour en faire un saladier. En même temps il fait tourner le moule. L'ouvrier de gauche est plus avancé en besogne. Sa feuille a déjà la forme du moule et il achève de l'appliquer avec une éponge. Il n'y a plus ensuite qu'à faire cuire au four les objets fabriqués.

— Ce n'est pas très près, répondit M. Gertal. Cependant le Limousin touche à l'Auvergne. C'est un pays du même genre, un peu moins montagneux et beaucoup plus humide.

— Je vois, reprit Julien, que dans ce pays-là on fabrique beaucoup d'assiettes, puisqu'il y en a jusque par ici:

— Oh! petit Julien, il y en a par toute la France, des porcelaines et des faïences de Limoges. Non loin de cette dernière ville, à Saint-Yrieix, on a découvert une terre fine et blanche : c'est cette terre que les ouvriers pétrissent et façonnent sur des tours pour en faire de la porcelaine. Il y a à Limoges une des plus grandes manufactures de porcelaine de la France. Limoges est du reste une ville peuplée, commerçante et très industrieuse.

André était à côté de Julien.

— Eh bien, lui dit-il, puisque nous parlons de Limoges et du Limousin, où nous ne devons point passer, cherche dans ton livre : il y a sans doute des grands hommes nés dans cette province. Tu nous feras la lecture, et ce sera pour nous comme un petit voyage en imagination.

Julien s'empressa de prendre son livre et lut la vie de Dupuytren.

Vers la fin du siècle dernier naquit, de parents très pauvres, le jeune Guillaume DUPUYTREN. Son père s'imposa de dures privations pour le faire instruire. L'enfant profita si bien des leçons de ses maîtres, et ses progrès furent si rapides que, dès l'âge de dix-huit ans, il fut nommé à un poste important de l'École de médecine de Paris : car Guillaume voulait être médecin-chirurgien. Il le fut bientôt en effet, et ne tarda pas à devenir illustre. On le demandait partout à la fois, chez les riches comme chez les pauvres; mais lui, qui se souvenait d'avoir été pauvre, prodiguait également ses soins aux uns et aux autres. Il partageait en deux sa journée : le matin soignant les pauvres, qui ne le payaient point, le soir allant visiter les riches, qui lui donnaient leur or. Il mourut comblé de richesses et d'honneurs, et il légua deux cent mille francs à l'École de médecine pour faire avancer la science à laquelle il a consacré sa vie.

DUPUYTREN, un des plus grands chirurgiens du dix-neuvième siècle, est né à Pierre-Buffières (Haute-Vienne), en 1777; il est mort en 1835.

LVI. — Une ferme dans les montagnes d'Auvergne. — Julien et le jeune vannier Jean-Joseph. — La veillée.

Enfants, si par la pensée vous vous mettiez à la place de ceux qui ont perdu leurs parents, combien les vôtres vous deviendraient plus chers?

Nos trois voyageurs arrivèrent à un hameau situé dans la montagne au milieu des « bois noirs », comme on les appelle, à une dizaine de kilomètres de Thiers. On descendit chez un fermier du hameau que le patron connaissait. Puis M. Gertal, qui ne perdait jamais une minute, courut la campagne pour acheter des fromages d'Auvergne. Il les fit porter dans sa voiture, afin qu'on fût prêt à repartir le lendemain.

Pendant ce temps Julien et André étaient restés chez la fermière et passaient la veillée en famille. Les femmes, réunies autour de la lampe, étaient occupées à faire de la dentelle; les hommes, rudes bûcherons de la montagne, aux épaules athlétiques, reposaient non loin du feu leurs membres fatigués, tandis que la ménagère préparait la soupe pour tout le monde.

Dans un coin voisin du foyer, un petit garçon de l'âge de Julien, assis par terre, tressait des paniers d'osier.

Julien s'approcha de lui, portant sous son bras le précieux livre d'histoires et d'images que lui avait donné la dame de Mâcon; puis il s'assit à côté de l'enfant.

LE VANNIER. — C'est l'ouvrier qui fabrique des vans, des corbeilles et des paniers, avec des brins d'osier, de saule et autres tiges flexibles qu'il entrelace adroitement. Les vanniers ne doivent pas tenir serrées entre leurs lèvres les baguettes d'osier dont ils veulent se servir ni les mâcher entre leurs dents ; cette mauvaise habitude entraîne des maladies de la bouche.

Le jeune vannier se rangea pour faire place à Julien, et sans rien dire le regarda avec de grands yeux timides et étonnés; puis il reprit son travail en silence.

Ce silence ne faisait pas l'affaire de notre ami Julien, qui s'empressa de le rompre.

— Comment vous appelez-vous? dit-il avec un sourire expansif. Moi, j'ai bientôt huit ans, et je m'appelle Julien Volden.

— Je m'appelle Jean-Joseph, dit timidement le petit vannier, et j'ai huit ans aussi.

—Moi, j'ai été à l'école à Phalsbourg et à Epinal, dit Julien, et j'ai là un livre où il y a de belles images; voulez-vous les voir, Jean-Joseph?

Jean-Joseph ne leva pas les yeux.

— Non, dit-il, avec un soupir de regret; je n'ai pas le temps : ce n'est pas dimanche aujourd'hui et j'ai à travailler.

— Si je vous aidais? dit aussitôt le petit Julien, avec son obligeance habituelle ; cela n'a pas l'air trop difficile, et vous auriez plus vite fini votre tâche.

— Je n'ai pas de tâche, dit Jean-Joseph. Je travaille tant que la journée dure, et j'en fais le plus possible pour contenter mes maîtres.

— Vos maîtres! dit Julien surpris, les fermiers d'ici ne sont donc pas vos parents ?

— Non, dit tristement le petit garçon; je ne suis ici que depuis deux jours : j'arrive de l'hospice, je n'ai pas de parents.

Le gentil visage de Julien s'assombrit :

— Jean-Joseph, moi non plus je n'ai pas de parents.

Jean-Joseph secoua la tête : — Vous avez un grand frère, vous; mais moi, je n'ai personne du tout.

— Personne! répéta Julien lentement comme si cela lui paraissait impossible à comprendre. Pauvre Jean-Joseph!

Et les deux enfants se regardèrent en silence. Près d'eux, André debout les observait. Il n'avait pas perdu un mot de leur conversation, et malgré lui le visage triste du petit Jean-Joseph lui serra le cœur : il songea combien son cher Julien était heureux d'avoir un *grand frère* pour l'aimer et veiller sur lui.

Cependant Julien rompit de nouveau le silence : — Jean-Joseph, dit-il, aimez-vous les histoires?

— Je crois bien, répondit le jeune vannier; c'est tout ce qui m'amuse le plus au monde. Mais je n'ai pas le temps de lire. — Et il jeta un regard d'envie sur le livre de Julien.

— Eh bien, dit Julien, voilà ce que nous allons faire. Je vous lirai une histoire de mon livre; je lirai tout bas; cela ne dérangera personne et cela nous amusera tous les deux sans vous faire perdre de temps.

Le visage de Jean-Joseph s'épanouit à son tour en un joyeux sourire : — Oui, oui, lisez, Julien. Quel bonheur! vous êtes bien aimable de partager avec moi votre récréation.

Julien tout heureux ouvrit son livre.

— Ces histoires-là, dit-il, ce ne sont pas des contes du tout, c'est arrivé pour tout de bon, Jean-Joseph. Ce sont les histoires des hommes illustres de la France : il y en a eu dans toutes les provinces, car la France est une grande nation; mais nous lirons l'histoire des hommes célèbres de l'Auvergne, puisque vous êtes né en Auvergne, Jean-Joseph.

— C'est cela, dit Jean-Joseph; voyons les grands hommes de l'Auvergne.

Julien commença à voix basse, mais distinctement.

LVII. — Les grands hommes de l'Auvergne. — Vercingétorix et l'ancienne Gaule.

Il y a eu parmi nos pères et nos mères dans le passé des hommes et des femmes héroïques; le récit de ce qu'ils ont fait de grand élève le cœur et excite à les imiter.

La France, notre patrie, était, il y a bien longtemps de cela, presque entièrement couverte de grandes forêts. Il y avait peu de villes, et la moindre ferme de votre village, enfants, eût semblé un palais. La France s'appelait alors la Gaule, et les hommes à demi sauvages qui l'habitaient étaient les Gaulois.

Nos ancêtres, les Gaulois, étaient grands et robustes, avec une peau blanche comme le lait, des yeux bleus et de longs cheveux blonds ou roux qu'ils laissaient flotter sur leurs épaules.

Ils estimaient avant toutes choses le courage et la liberté. Ils se riaient de la mort, ils se paraient pour le combat comme pour une fête.

Leurs femmes, les Gauloises, nos mères dans le passé, ne leur cédaient en rien pour le courage. Elles suivaient leurs époux à la guerre; des chariots traînaient les enfants et les bagages; d'énormes chiens féroces escortaient les chars.

— Regardez un peu, Jean-Joseph, l'image des chariots de guerre.

Jean-Joseph jeta un coup d'œil rapide et Julien reprit :

CHARIOT DE GUERRE DES GAULOIS. — Nos ancêtres de la Gaule aimaient beaucoup la guerre et les voyages. Ils s'assemblaient par grandes multitudes : les uns montaient sur des chars, les autres allaient à pied, et ils partaient ainsi à la conquête de lointains pays. Dans les batailles, ils lançaient des flèches et des javelines du haut des chars comme du haut de tours roulantes.

L'histoire de ce qui s'est passé en ce temps-là dans la Gaule, notre patrie, est émouvante.

Il y a bientôt deux mille ans, un grand général romain, Jules César, qui aurait voulu avoir le monde entier sous sa domination, résolut de conquérir la Gaule.

Nos pères se défendirent vaillamment, si vaillamment que les armées de César, composées des meilleurs soldats du monde, furent sept ans avant de soumettre notre patrie.

Mais enfin la Gaule, couverte du sang de ses enfants, épuisée par la misère, se rendit.

Un jeune Gaulois, né dans l'Auvergne, résolut alors de chasser les Romains du sol de la patrie.

Il parla si éloquemment de son projet à ses compagnons que tous jurèrent de mourir plutôt que de subir le joug romain. En même temps, ils mirent à leur tête le jeune guerrier et lui donnèrent le titre de *Vercingétorix*, qui veut dire *chef*.

Bientôt Vercingétorix envoya en secret dans toutes les parties de la Gaule des hommes chargés d'exciter les Gaulois à se soulever. On se réunissait la nuit sous l'ombre impénétrable des grandes forêts, auprès des énormes pierres qui servaient d'autels; on parlait de la liberté, on parlait de la patrie, et l'on promettait de donner sa vie pour elle.

Un autel des anciens Gaulois. — On trouve dans certaines contrées de la France, et surtout en Bretagne, des sortes de grandes tables de pierre qui, construites depuis les temps les plus reculés, servaient d'autels aux Gaulois, nos ancêtres. C'est sur ces tables qu'ils sacrifiaient leurs victimes, et ces victimes étaient parfois des hommes, des prisonniers de guerre, des esclaves. On appelle ces monuments de pierre des *dolmens*.

Julien s'interrompit encore pour montrer à Jean-Joseph un autel des anciens Gaulois, puis il reprit sa lecture :

Au jour désigné d'avance, la Gaule entière se souleva d'un seul coup, et ce fut un réveil si terrible que, sur plusieurs points, les légions romaines furent exterminées.

César, qui se préparait alors à quitter la Gaule, fut forcé de revenir en toute hâte, pour combattre Vercingétorix et les Gaulois révoltés. Mais Vercingétorix vainquit César à Gergovie.

— Gergovie, dit Jean-Joseph, c'est un endroit à côté de Clermont, j'en ai entendu parler plus d'une fois. Continuez, Julien; j'aime ce Vercingétorix.

Six mois durant, Vercingétorix tint tête à César, tantôt vainqueur, tantôt vaincu.

Enfin César réussit à enfermer Vercingétorix dans la ville d'Alésia, où celui-ci s'était retiré avec soixante mille hommes.

Alésia, assiégée et cernée par les Romains, comme notre grand Paris l'a été de nos jours par les Prussiens, ne tarda pas à ressentir les horreurs de la famine.

— Oh! dit Julien, un siège, je sais ce que c'est : c'est comme à Phalsbourg, où je suis né et où j'étais quand les Allemands l'ont investi. J'ai vu les boulets mettre le feu aux maisons, Jean-Joseph; papa, qui était charpentier et pompier, a été blessé à la jambe en éteignant un incendie et en sauvant un enfant qui serait mort dans le feu sans lui.

— Il était brave, votre père, dit Jean-Joseph avec admiration.

— Oui, dit Julien, et nous tâcherons de lui ressembler, André et moi. Mais voyons la fin de l'histoire :

La ville, où les habitants mouraient de faim, songeait à la nécessité de se rendre, lorsqu'une armée de secours venue de tous les autres points de la Gaule se présenta sous les murs d'Alésia.

Une grande bataille eut lieu; les Gaulois furent d'abord vainqueurs, et César, pour exciter ses troupes, dut combattre en personne. On le reconnaissait à travers la mêlée à la pourpre de son vêtement. Les Romains reprirent l'avantage; ils enveloppèrent l'armée gauloise. Ce fut un désastre épouvantable.

Dans la nuit qui suivit cette funeste journée, Vercingétorix, voyant la cause de la patrie perdue, prit une résolution sublime. Pour sauver la vie de ses frères d'armes, il songea à donner la sienne. Il savait combien César le haïssait; il savait que plus d'une fois, dès le commencement de la guerre, César avait cherché à se faire livrer Vercingétorix par ses compagnons d'armes, promettant à ce prix de pardonner aux révoltés. Le noble cœur de Vercingétorix n'hésita point : il résolut de se livrer lui-même.

Vercingétorix, de la tribu des Arvernes (habitants de l'Auvergne), vivait au dernier siècle avant J.-C.

Au matin, il rassembla le conseil de la ville et y annonça ce qu'il avait résolu. On envoya des parlementaires porter ses propositions à César. Alors, se parant pour son sacrifice héroïque comme pour une fête, Vercingétorix, revêtu de sa plus riche armure, monta sur son cheval de bataille. Il fit ouvrir les portes de la ville, puis s'élança au galop jusqu'à la tente de César.

Arrivé en face de son ennemi, il arrête tout d'un coup son cheval, d'un bond saute à terre, jette aux pieds du vainqueur ses armes étincelantes d'or, et fièrement, sans un seul mot, il attend immobile qu'on le charge de chaînes.

Vercingétorix avait un beau et noble visage; sa taille superbe, son attitude altière, sa jeunesse produisirent un moment d'émotion dans le camp de César. Mais celui-ci, insensible au dévouement du jeune chef, le fit enchaîner, le traîna derrière son char de triomphe en rentrant à Rome, et enfin le jeta dans un cachot.

Six ans Vercingétorix languit à Rome dans ce cachot noir et infect. Puis César, comme s'il redoutait encore son rival vaincu, le fit étrangler.

— Hélas! dit Jean-Joseph avec amertume, il était bien cruel ce César.

— Ce n'est pas tout, Jean-Joseph, écoutez :

Enfants, réfléchissez en votre cœur, et demandez-vous lequel de ces deux hommes, dans cette lutte, fut le plus grand.

Laquelle voudriez-vous avoir en vous, de l'âme héroïque du jeune Gaulois, défenseur de vos ancêtres, ou de l'âme ambitieuse et insensible du conquérant romain?

— Oh! s'écria Julien tout ému de sa lecture, je n'hésiterais pas, moi, et j'aimerais encore mieux souffrir tout ce qu'a souffert Vercingétorix que d'être cruel comme César.

— Et moi aussi, dit Jean-Joseph. Ah! je suis content d'être né en Auvergne comme Vercingétorix.

On garda un instant le silence. Chacun songeait en lui-même à ce que Julien venait de lire. Puis le jeune garçon, reprenant son livre, continua sa lecture.

LVIII. — Michel de l'Hôpital. — Desaix. — Le courage civil et le courage militaire.

I. Enfants, voici encore une belle histoire, l'histoire d'un magistrat français qui ne connut jamais dans la vie d'autre chemin que celui du devoir, et qui se montra aussi courageux dans les fonctions civiles que d'autres dans le métier des armes.

Michel de l'Hôpital naquit, en Auvergne, au seizième siècle. Son travail assidu, ses études savantes et son grand talent le firent arriver à un poste des plus élevés : il fut chargé d'administrer les finances de l'Etat.

Bien d'autres, avant lui, s'étaient, à ce poste, enrichis rapidement, en gaspillant sans scrupule les trésors de la France. Michel, qui avait la plus sévère honnêteté, réforma les abus et donna l'exemple d'un entier désintéressement. Pauvre il était arrivé aux finances, pauvre il en sortit; tellement que le roi fut obligé de donner une dot à la fille de Michel de l'Hôpital pour qu'elle pût se marier.

MICHEL DE L'HÔPITAL, né à Aigueperse (Puy-de-Dôme), en 1505, mort en 1573.

La probité que Michel avait montrée dans l'administration des finances lui valut d'être nommé à un poste plus important encore. Cette fois, ce n'étaient plus les trésors de l'Etat qu'il avait entre les mains, c'était l'administration de la justice qui lui était confiée : il fut nommé grand chancelier du royaume.

Dès le début, on voulut lui arracher une injustice, et obtenir qu'il signât un arrêt de mort immérité. On le menaçait lui-même de le mettre à mort, s'il ne signait cet arrêt. La réponse de Michel de l'Hôpital fut telle, qu'il serait à souhaiter que tout Français l'apprît par cœur :

— Je sais mourir, dit-il, mais je ne sais point me déshonorer.

Et Michel ne signa pas.

Pendant plusieurs années il occupa son poste de chancelier sans qu'il fût possible à personne de le corrompre, ni par des présents ni par des menaces.

Enfin, cette franchise courageuse et cette probité déplurent. De plus, il voulait empêcher, au sein de la France, ces dissensions entre Français, ces guerres civiles et religieuses qui la désolaient alors. La reine Catherine de Médicis lui enleva sa charge, et Michel se retira sans regret à sa campagne.

Peu de temps après, on vint lui apprendre qu'un grand massacre se faisait dans le royaume par ordre du roi Charles IX, le massacre de la Saint-Barthélemy. On lui dit que le nom de Michel de l'Hôpital était sur la liste des victimes et que les assassins allaient arriver. Michel ne se troubla point et commanda qu'au lieu de fermer les portes on les ouvrît toutes grandes.

A ce moment, un messager de la cour, envoyé en toute hâte, vint lui annoncer que le roi lui faisait grâce. Michel répondit fièrement :

— J'ignorais que j'eusse mérité ni la mort ni le pardon.

Quelle que fût l'énergie de Michel de l'Hôpital, son grand cœur ne put supporter la vue des malheurs dont la patrie était alors accablée. Sa vie fut abrégée par la tristesse. Il mourut six mois après la Saint-Barthélemy, dans une pauvreté voisine de la misère.

Enfants, vous le voyez, il n'y a pas seulement de belles pages dans l'histoire de notre France; hélas! il y en a qui attristent le cœur, comme les massacres commandés par Charles IX, et qu'on voudrait pouvoir effacer à jamais. Enfants, c'est le juste châtiment de ceux qui ont fait le mal, que leurs actions soient haïes dans le passé comme elles l'ont été dans le présent, et que leur souvenir indigne les cœurs honnêtes.

Quand Charles IX eut inondé la France sous des flots de sang, il ne put étouffer la voix de sa conscience. A son lit de mort, il fut poursuivi par d'horribles visions : il croyait apercevoir ses victimes devant lui. L'étrange maladie dont il mourut redoublait ses terreurs; il avait des sueurs de sang et son agonie fut affreuse.

Enfants, comparez en votre cœur le roi Charles IX et Michel de l'Hôpital. L'un mourut pauvre après avoir vécu esclave de la justice et de l'honneur, n'ayant qu'une crainte au monde, la crainte de faillir à son devoir : son nom est resté pour tous comme le souvenir de la loyauté vivante, chacun de nous voudrait lui ressembler. L'autre vécut entouré des splendeurs royales; mais, au milieu des plaisirs et des fêtes, ce cœur misérable ne put trouver le repos. Objet de mépris pour lui-même, il l'était aussi pour ceux qui l'approchaient, et il le sera toujours pour ceux qui liront son histoire.

Enfants, n'oubliez jamais ce que Michel de l'Hôpital aimait à répéter : — Hors du devoir, il n'y a ni honneur ni bonheur durable.

II. C'est encore l'Auvergne qui a vu naître, l'an 1768, un homme de guerre également célèbre par son courage et par son honnêteté : Desaix.

— Oh! oh! Jean-Joseph, vous devez être content. Les hommes courageux ne manquent pas dans votre pays. Voyons la suite :

Desaix à l'âge de vingt-six ans était déjà général. Il prit part aux grandes guerres de la Révolution française contre l'Europe coalisée.

Desaix était d'une extrême probité. Quand on frappait les ennemis d'une contribution de guerre, il ne prenait jamais rien pour lui, et cependant il était lui-même pauvre; « mais, disait-il, ce qu'on peut excuser chez les autres n'est pas permis à ceux qui commandent des soldats. » Aussi était-il admiré de tous et estimé de ses ennemis. En Allemagne, où il fit longtemps la guerre, les paysans allemands l'appelaient le *bon général.* En Orient, dans la guerre d'Egypte où il suivit Bonaparte, les musulmans qui habitent le pays l'avaient surnommé le *sultan juste*, c'est-à-dire le chef juste.

DESAIX, né en 1768 près de Riom (Puy-de-Dôme), mourut, en 1800, à la bataille de Marengo, au moment où il venait de décider la victoire.

En 1800, se livra dans le Piémont, près de Marengo, une grande bataille. Nos troupes, qui avaient traversé les Alpes par le mont Saint-Bernard pour surprendre les Autrichiens, se trouvèrent attaquées par eux. Après une résistance héroïque, nos soldats pliaient et commençaient à s'enfuir. Tout à coup, Desaix arriva en toute hâte à la tête de la cavalerie française; il se jeta au milieu de la mêlée, donnant l'exemple à tous et guidant ses soldats à travers les bataillons autrichiens, qui furent bientôt bouleversés. Mais une balle ennemie le blessa à mort et il tomba de son cheval; au moment d'expirer, il vit les ennemis en fuite : il avait par son courage décidé la victoire. « Je meurs content, dit-il, puisque je meurs pour la patrie. »

Ses soldats lui élevèrent un monument sur le champ même de la bataille. Plus tard, sa statue fut érigée à Clermont-Ferrand.

Vercingétorix et Desaix furent des modèles de courage militaire; Michel de l'Hôpital fut un modèle de courage civique, non moins difficile parfois et aussi glorieux que l'autre. Partout et toujours, dans la paix comme dans la guerre, faire ce qu'on doit, advienne que pourra, voilà le vrai courage et le véritable honneur.

— Faire ce qu'on doit, advienne que pourra, répéta Jean-Joseph, je veux me rappeler cela toujours, Julien.

—Moi aussi, dit Julien, je veux faire mon devoir toujours, quoi qu'il puisse arriver.

André, tout en causant avec les bûcherons, avait continué

de prêter attention à la conversation des deux enfants ; la dernière phrase le frappa, et lui aussi, sérieux, réfléchi, se disait en lui-même :

— Faire ce qu'on doit, advienne que pourra, c'est une belle pensée que je veux retenir !

LIX. — Le réveil imprévu. La présence d'esprit en face du danger.

Ne pas se laisser troubler par un danger, c'est l'avoir à moitié vaincu.

Lorsque M. Gertal rentra, on se mit à table tous ensemble, et le Jurassien désignant Jean-Joseph : — Tiens, dit-il au fermier, où avez-vous donc pris ce jeune garçon que je ne connaissais point ? il a l'air intelligent.

— Pour cela, oui, dit le cultivateur, il est intelligent et il me rendra service s'il continue. J'avais besoin d'un enfant de cet âge pour garder les bêtes, je suis allé le chercher à l'hospice ; on aime assez à placer les orphelins aux champs chez de braves gens ; on me l'a confié. Il est encore si timide et étonné, il fait si peu de bruit, qu'à tout moment on oublie qu'il existe ; mais cela ne m'inquiète pas, monsieur Gertal, il ne se dégourdira que trop à la longue.

— D'autant que vous êtes le meilleur des hommes, dit M. Gertal, et que vous aimez les enfants.

Après le repas, la veillée ne se prolongea guère : chacun se coucha de bonne heure. André et Julien furent conduits dans un petit cabinet servant de décharge ; Jean-Joseph monta au second sous les combles, où il y avait une étroite mansarde, et M. Gertal eut, au premier étage, le meilleur lit.

— Tenez-vous tout prêts dès ce soir, dit le patron aux enfants : nous partirons demain de bonne heure ; la voiture est chargée, il n'y a que Pierrot à atteler et je vais boucler ma valise avant de me mettre au lit.

— Oui, oui, soyez tranquille, monsieur Gertal, dirent les enfants. — Et, avant de se coucher, ils bouclèrent aussi toute prête la courroie de leur paquet.

Depuis longtemps chacun dormait dans la ferme lorsque André se réveilla tout suffoquant et mal à l'aise.

Il était si gêné qu'il put à peine, au premier moment, se rendre compte de ce qu'il éprouvait. Il sauta hors de son lit sans trop savoir ce qu'il faisait et il ouvrit la fenêtre pour avoir de l'air.

Le vent froid de la montagne s'engouffra aussitôt en tourbillonnant dans la pièce et ouvrit la porte mal fermée. Alors une fumée épaisse entra dans le cabinet, puis un crépitement suivit, comme celui d'un brasier qui s'allume. André pris de terreur courut au lit où dormait Julien ; il le secoua avec épouvante. — Lève-toi, Julien, le feu est à la ferme.

L'enfant s'éveilla brusquement, sachant à peine où il en était, mais André ne lui laissa pas le temps de se reconnaître. Il lui mit sur le bras leurs vêtements ; lui-même saisit d'une main, sur la chaise, le paquet de voyage bouclé la veille ; de l'autre, il prit la main de Julien, et, l'entraînant avec lui, il courut à travers la fumée réveiller M. Gertal et jeter l'alarme dans la ferme.

— André, cria le patron, je te suis, éveille tout le monde ; puis cours vite à Pierrot, attelle-le, fais-lui enlever la voiture hors de danger ; après cela nous aiderons le fermier à se tirer d'affaire.

André, toujours tenant Julien, s'élança au plus vite. Quand il arriva aux étables, la flamme tournoyait déjà au-dessus, car il y avait des fourrages dans le grenier, et des étincelles avaient embrasé la toiture en chaume.

— Habille-toi, dit André à Julien, qui claquait des dents au vent de la nuit.

Lui-même, à la hâte, passa une partie de ses vêtements, et, prenant le reste, il jeta le tout dans la voiture.

Bientôt M. Gertal arriva, ainsi que les gens de la ferme. C'était un brouhaha et un effroi indescriptibles. On n'entendait que des cris de détresse, auxquels se mêlaient le mugissement des vaches qu'on essayait de chasser de leur étable et le bêlement des moutons qui se pressaient effarés sans vouloir sortir.

Au milieu de ce désordre général, à travers la fumée aveuglante, André et le patron réussirent pourtant à atteler Pierrot à la voiture. On mit Julien dedans, et André, d'un vigoureux coup de fouet, entraîna le tout dans le chemin éclairé par les lueurs rouges de l'incendie.

Quand la voiture fut hors de danger, André attacha le cheval à un arbre et dit à son frère :

— Petit Julien, tâche de sortir de ton étonnement afin de te rendre utile. Voyons, éveille-toi ; cherche des pierres pour caler les roues de la voiture ; moi, je cours aider les braves gens de la ferme qui sont dans l'embarras : quand tu auras fini, tu viendras me rejoindre.

— Oui, dit Julien, d'une voix qu'il essaya de rendre assurée, va, André.

Et il sauta hors de la voiture, pendant qu'André courait comme une flèche rejoindre M. Gertal près de la maison en feu.

LX. — L'incendie. — Jean-Joseph dans sa mansarde. — Une belle action.

Puisque tous les hommes sont frères, ils doivent toujours être prêts à se dévouer les uns pour les autres.

L'incendie avait fait des progrès effrayants. Les flammes tournoyaient dans les airs au gré de l'ouragan ; la toiture en chaume tantôt s'effondrait, tantôt tourbillonnait en rafales étincelantes ; mais on ne pouvait songer à éteindre l'incendie, car il n'y avait point de pompes à feu dans le hameau. On essayait seulement d'arracher aux flammes le plus de choses possible : les bestiaux d'abord, la récolte ensuite. Chacun travaillait avec énergie. Le fermier n'avait malheureusement pas assuré sa maison, bien qu'on le lui eût cent fois conseillé. En voyant ainsi le fruit de trente années de labeur opiniâtre dévoré par les flammes, le malheureux était comme fou de désespoir et ne savait plus ce qu'il faisait.

Cependant le petit Julien avait repris son calme, et bientôt il arriva à son tour.

Sa première pensée fut de chercher Jean-Joseph à travers la foule ; personne ne songeait à Jean-Joseph et ne savait où il était.

— Bien sûr, dit le petit garçon avec effroi, Jean-Joseph est resté dans sa mansarde ; je cours le chercher.

Il partit en toute hâte, mais déjà il n'y avait plus moyen de monter jusque-là : l'escalier s'était effondré et les flammes tourbillonnaient à l'entrée.

Julien revint dans la cour : la lucarne de la mansarde était hermétiquement close par son petit volet. A coup sûr Jean-Joseph dormait encore sans se douter du danger.

Julien saisit une pierre ronde assez grosse, et avec habileté il la lança dans le volet de toutes ses forces. Ce volet, qui s'ouvrait en dedans et ne tenait que par un mauvais crochet, céda aussitôt : au milieu du crépitement de l'incendie, on distingua le bruit de la pierre roulant dans la mansarde, tandis que la petite voix de Julien criait : — Jean-Joseph ! Jean-Joseph !

L'instant d'après, le visage épouvanté de Jean-Joseph se montra à la lucarne. Le pauvre enfant dressait au-dessus de sa tête ses deux petites mains jointes dans un geste désespéré ; le vent poussait des traînées de flammes au-dessus de la lucarne, et à leur clarté sinistre on voyait de grosses larmes couler sur les joues pâles de l'enfant, tandis que sa voix appelait : — Au secours ! au secours !

André, qui s'était absenté un instant avec M. Gertal, revint alors, traînant une échelle : on l'appliqua sous la lucarne. Elle était trop courte de près de deux mètres.

— N'importe, dit M Gertal, je monterai au dernier échelon : je suis très grand, l'enfant descendra sur mes épaules. André, tiens bien l'échelle.

M. Gertal monta, mais il était pesant, l'échelle mauvaise ; un barreau vermoulu se brisa et le brave Jurassien roula par terre.

— C'est impossible, dit-il en se relevant.

— C'est impossible, répéta chacun, et quelques-uns détournaient la tête pour ne pas voir la toiture prête à s'écrouler sur l'enfant.

Alors André, sans dire un mot, avec une rapidité de pensée merveilleuse, saisit un grand fouet de roulier qui, dans le désarroi général, traînait par terre. Il prit son couteau, coupa la lanière en cuir du fouet, s'en servit pour lier solidement le gros bout du fouet contre le dernier barreau de l'échelle afin d'en faire un appui solide ; puis, avec dextérité, il appliqua de nouveau l'échelle contre la muraille :

— A votre tour, monsieur Gertal, dit-il, tenez-moi l'échelle : je suis moins pesant que vous, et j'ai dans le haut un barreau solide.

En même temps André s'élança légèrement sur les barreaux, qui pliaient sous son poids. Arrivé au dernier, celui qu'il avait consolidé, il se retourna doucement sans trop appuyer, présentant le dos à la muraille et se soutenant contre, puis, levant ses deux bras jusqu'à la hauteur de la lucarne :

— Aide-toi de mes bras, Jean-Joseph, dit-il d'une voix calme; descends sur mes épaules et n'aie pas peur.

Jean-Joseph s'assit sur la lucarne, puis se laissa glisser le long du mur jusqu'à ce que ses pieds touchassent le dos d'André. Une pluie d'étincelles jaillissait autour d'eux, le barreau consolidé fléchissait encore sous son double poids; la position était si périlleuse que les spectateurs de cette scène fermèrent un instant les yeux d'épouvante. — Mon Dieu! disait le petit Julien agenouillé à quelques pas et joignant les mains avec angoisse, mon Dieu! sauvez-les.

Quand André sentit Jean-Joseph sur ses épaules, il le fit glisser dans ses bras, par devant lui; puis il le posa sur le second barreau de l'échelle : — Descends devant à présent, lui dit-il, et prends garde au barreau cassé dans le milieu.

Jean-Joseph descendit rapidement, André à sa suite. Ils arrivaient à peine au dernier tiers de l'échelle qu'un bruit se fit entendre. Une partie du toit s'effondrait; des pierres détachées du mur roulèrent et vinrent heurter l'échelle, qui s'affaissa lourdement.

Un cri de stupeur s'échappa de toutes les bouches; mais, avant même qu'on eût eu le temps de s'élancer, André était debout. Il n'avait que de légères contusions, et il relevait le petit Jean-Joseph, qui s'était évanoui dans l'émotion de la chute.

Quand l'enfant revint à lui, il était encore dans les bras d'André. Celui-ci, épuisé lui-même, s'était assis à l'écart sur une botte de paille.

Le premier mouvement du petit garçon fut d'entourer de ses deux bras le cou du brave André, et, le regardant de ses grands yeux effrayés qui semblaient revenir de la tombe, il lui dit doucement : — Que vous êtes bon!

Puis il s'arrêta, cherchant quel autre merci dire encore à son sauveur et quoi lui offrir; mais il songea qu'il ne possédait rien, qu'il n'avait personne au monde, ni père, ni mère, ni frère, qui pût remercier André avec lui, et il soupira tristement.

— Jean-Joseph, dit André, comme s'il devinait l'embarras de l'orphelin, c'est parce que je sais que tu es si seul au monde que j'ai trouvé le courage de te sauver. A ton tour, quand tu seras grand et fort, il faudra aider ceux qui, comme toi, n'ont que le bon Dieu pour père ici-bas.

— Oui, reprit Jean-Joseph du fond de son cœur, quand je serai grand, je vous ressemblerai, je serai bon, je serai courageux !

— Et moi aussi, et moi aussi, reprit la petite voix tendre de Julien, qui accourait avec un paquet de vêtements qu'on lui avait donnés pour vêtir Jean-Joseph, car le pauvre enfant à moitié nu frissonnait sous le vent froid de la montagne.

Lorsque cette nuit pénible fut achevée, le lendemain, au moment de partir, M. Gertal prit le fermier à part :

— Mon brave ami, lui dit-il, je vous vois plus désespéré qu'il ne faut. Voyons, du courage, avec le temps on répare tout. Tenez, les affaires ont été bonnes pour moi cette année, Dieu merci ; cela fait que je puis vous prêter quelque chose. Voici cinquante francs ; vous me les rendrez quand vous pourrez : je sais que vous êtes un homme actif : seulement promettez-moi de ne pas vous laisser aller au découragement.

Le fermier, ému jusqu'aux larmes, serra la main du Jurassien, et on se quitta le cœur gros de part et d'autre.

Une fois en voiture avec les deux enfants, M. Gertal posa la main sur l'épaule d'André ; il le regardait avec une sorte de fierté et de tendresse.

— Tu n'es plus un enfant, André, lui dit-il, car tu t'es conduit comme un homme. Tout le monde perdait la tête ; toi, tu as gardé ta présence d'esprit ; aussi je ne sais ce qu'il faut le plus louer, ou du courage que tu as montré ou de l'intelligence si prompte et si nette dont tu as fait preuve.

Il se tourna ensuite vers Julien :

— Et toi aussi, mon petit Julien, tu as eu la bonne pensée de songer à Jean-Joseph quand tout le monde l'oubliait ; tu l'as éveillé avec la pierre que tu as lancée dans le volet, et c'est à toi qu'il doit d'exister encore, puisque personne ne pensait à lui. Vous êtes deux braves enfants tous les deux, et je vous aime de tout mon cœur. Continuez toujours ainsi, car il ne suffit pas dans le péril d'avoir un cœur courageux : il faut encore savoir conserver un esprit calme et précis, qui sache diriger le cœur et qui l'aide à triompher du danger par la réflexion.

LXI. — Les chèvres du mont d'Or. — Ce que peut rapporter une chèvre bien soignée.

Le bétail bien logé et bien nourri rapporte le double.

On quitta l'Auvergne et on entra dans le Lyonnais. M. Gertal fit remarquer aux enfants qu'on était dans l'un des départements les plus industrieux de la France, celui du Rhône. Aux environs de Lyon, nos trois amis firent un détour et passèrent au milieu de villages animés; Julien demanda le nom de cet endroit. — C'est le mont d'Or, dit M. Gertal; un joli nom, comme tu vois. Ne le confonds pas avec la montagne que nous avons vue en Auvergne, non loin de Clermont, et qui s'appelle le mont Dore. Sais-tu qu'est-ce qui fait la richesse de ces villages où nous sommes? Ce sont des chèvres que les cultivateurs élèvent en grande quantité. Dans aucun lieu de la France il n'y a autant de chèvres sur une si petite étendue de terrain. On en compte par milliers.

— Par milliers! dit Julien, mais je n'en vois pas une. Nous en avons vu tant au contraire, en Auvergne, galoper sur les montagnes! Elles étaient bien jolies.

Chèvres en stabulation. — La chèvre est un des animaux qui s'accommodent le mieux du séjour de l'étable, quand l'étable est bien propre, bien tenue et point humide. On a calculé que vingt-quatre chèvres et un bouc peuvent rapporter par année, en lait ou en jeunes chevreaux, jusqu'à 1 200 francs de bénéfice net.

— Elles étaient fort jolies en effet, mais le cultivateur n'élève point les chèvres seulement pour leur gentillesse : c'est surtout pour le lait et les jeunes chevreaux qu'elles donnent. Eh bien, pour donner du lait, les chèvres n'ont pas un besoin absolu de galoper sur les montagnes. Quand on les place dans des étables bien propres et bien soignées et qu'on les nourrit convenablement, elles s'accommodent à ce genre de vie qui consiste à garder l'étable et qu'on appelle la *stabulation*. C'est ce qui arrive ici où nous sommes. Les chèvres dont je te parle sont toutes enfermées dans des étables. De cette manière elles ne nuisent point à la culture des champs et ne vont point dévorer à tort et à travers les jeunes pousses des arbres. D'autre part, chacune donne jusqu'à six cents litres de lait par an. On fait avec ce lait un fromage estimé, si bien que chaque chèvre rapporte chaque année aux habitants 125 francs par tête : il y a, sur ces 125 francs, à déduire la nourriture; mais elle est peu coûteuse.

— 125 francs par tête, dit Julien, et des milliers de chèvres! cela fait bien de l'argent. Je n'aurais jamais cru que les chèvres fussent des animaux si utiles. Est-ce singulier à penser, que toutes ces chèvres sont renfermées et que nous n'en voyons pas une!

Au même moment, comme ils passaient près d'une ferme, on entendit un petit bêlement auquel bien vite répondirent de droite et de gauche d'autres bêlements semblables.

— Oh! les entendez-vous? dit Julien, les voilà toutes qui se répondent les unes aux autres.

Julien riait de plaisir; mais ce joli bruit champêtre s'éteignit, étouffé par le bruit du trot de Pierrot qui courait vers Lyon à toutes jambes.

LXII. — Lyon vu le soir. — Le Rhône, son cours et sa source.

Les fleuves sont comme de grandes routes creusées des montagnes à la mer.

C'était déjà le soir quand nos voyageurs arrivèrent près de Lyon. Devant eux se dressaient les hautes collines couronnées par les dix-sept forts de Lyon et par l'église de Fourvières, qui dominent la grande cité. Ces collines étaient encore éclairées par les derniers rayons du crépuscule tandis que la ville se couvrait de la brume du soir. Mais bientôt tous les becs de gaz s'allumèrent comme autant d'étoiles qui, perçant la brume de leur blanche lueur, illuminaient la ville tout entière et renvoyaient des reflets jusque sur les campagnes environnantes.

— Que c'est joli! disait Julien; je n'avais jamais vu pareille illumination.

Bientôt nos amis arrivèrent sur les magnifiques quais du Rhône qui, avec ceux de la Saône, se développent sur une longueur de 40 kilomètres. A leurs pieds coulait en grondant le fleuve, que remontaient et descendaient des bateaux à vapeur.

— Oh! le grand fleuve! disait Julien. J'avais bien vu dans ma géographie que le Rhône est l'un des plus beaux fleuves de France, mais je ne me le figurais pas comme cela.

SOURCE DU RHÔNE DANS UN GLACIER DES ALPES. — Les grands fleuves prennent souvent naissance dans les glaciers. Ces amas de glaces, en effet, fondent lentement par en-dessous à la chaleur de la terre. Ainsi se forment, sous les glaciers, des torrents, des ponts de glace, des cavernes. La gravure représente une caverne de ce genre, d'où sort le torrent qui deviendra plus tard le Rhône.

— J'ai lu aussi, monsieur Gertal, dit André, que le Rhône est sujet à des débordements terribles. Il est pourtant bien bas en ce moment, et au milieu s'étendent de grandes îles de sable.

— Oui, mon ami, il est bas; mais ce qui le fait grossir si rapidement au printemps, c'est la fonte des neiges. Vous savez qu'il prend sa source au milieu des montagnes neigeuses de la Suisse, dans un vaste glacier, d'où il s'échappe par une grotte de glace. De là, il descend vers Genève. Vous rappelez-vous ce beau lac de Genève que nous avons vu ensemble du haut du Jura?

— Oh! oui, monsieur Gertal, je me le rappelle, dit Julien; les Alpes l'entourent comme de grandes forteresses, et tout au loin on aperçoit le haut du mont Blanc.

— Eh bien, le Rhône entre par un bout du lac et le traverse tout entier; mais le Rhône a un cours si rapide qu'il ne mêle point ses eaux à celles du lac. On le voit qui dessine au travers un large ruban de seize lieues de long. Puis il sort du lac, entre en France par le département de l'Ain et arrive jusqu'ici sans s'attarder en route, car c'est le plus impétueux de nos fleuves. Seulement, aux premières journées du printemps, quand les neiges fondent sur toutes les montagnes à la fois et que les torrents se précipitent de toutes parts, il reçoit tant d'eau que son vaste lit ne peut plus la contenir. Aussi la ville de Lyon a-t-elle été bien souvent ravagée par les inondations; d'autant plus que la Saône se met souvent aussi à déborder. En 1856, tous les quartiers qui avoisinent le Rhône ont été couverts d'eau et dévastés. Des maisons pauvres et mal bâties étaient emportées par le fleuve, et leurs habitants périssaient dans les eaux, ou, si l'on parvenait à les sauver, ils se trouvaient sans abri et réduits à la dernière misère.

— Oh! dit Julien, ceux qui habitent près de ce fleuve doivent avoir peur quand ils le voient grossir. A Phalsbourg, c'est bien plus commode : on n'a point du tout à craindre d'inondation, car on est sur une colline, bien loin de la rivière.

On sourit de la réflexion du petit Julien.

Bientôt on arriva à la maison où l'on devait passer la nuit, et Julien s'endormit en voyant encore en rêve la grande ville, ses longs quais, ses ponts et son fleuve bruyant.

LXIII. — Les fatigues de Julien. — La position de Lyon et son importance. — Les tisserands et les soieries.

L'industrie des habitants fait la prospérité des villes.

— Oh! monsieur Gertal, quelle grande ville que ce Lyon! s'écria le petit Julien, qui n'en pouvait plus de fatigue un matin qu'il revenait de porter un paquet chez un client. J'ai cru que je marcherais tout le jour sans arriver, tant il y a de rues à suivre et de ponts à passer !

— Allons, assieds-toi et dîne avec moi, dit M. Gertal ; cela te reposera. André gardera l'étalage pendant ce temps. Quand nous aurons mangé, nous irons le remplacer au travail et il viendra dîner à son tour ; car, dans le commerce, il faut savoir bien disposer son temps.

Julien s'assit, et, pendant que le patron lui servait le potage, il s'écria encore :

— Mon Dieu ! que c'est grand, cette ville de Lyon !

— Mais, dit le patron, tu sais bien que c'est la seconde ville de France, petit Julien.

— Tiens, c'est vrai, cela. Mais, monsieur Gertal, qu'est-ce qui fait donc que certaines villes deviennent de si grandes villes, tandis que les autres ne le deviennent point ?

— Cela tient presque toujours à l'industrie des habitants et à la place que les villes occupent, petit Julien. Tu as une carte de France dans le livre qu'on t'a donné à Mâcon, et, puisque tu as toujours ce cher livre dans ta poche, ouvre-le et regarde la position de Lyon sur ta carte ! Vois, Lyon est situé à la fois sur la Saône et sur le Rhône. Par la Saône il communique avec la Bourgogne et l'Alsace ; par le Rhône, avec la Suisse d'un côté et avec la Méditerranée de l'autre. Par le canal de Bourgogne et les autres canaux, il communique avec Paris et la plupart des grandes villes de France. Six lignes de chemins de fer aboutissent à Lyon, et ses deux grandes gares sont sans cesse chargées de marchandises. N'est-ce pas là

LE LYONNAIS est une petite province dont l'intelligence des habitants a fait une des plus importantes de France. Outre les grandes villes industrieuses de Lyon et de Saint-Étienne, d'autres, comme Tarare, Roanne, Montbrison, filent le coton et fabriquent la mousseline. Givors et Rive-de-Gier sont de grands entrepôts de charbons ; Villefranche et Beaujeu font le commerce des vins.

une magnifique position pour le commerce d'une ville, Julien?

— Oui, dit Julien, dont le petit doigt avait suivi sur la carte les chemins indiqués par M. Gertal; je connais déjà une partie de ces pays-là. Je comprends très bien maintenant ce que vous me dites, monsieur Gertal : pour qu'une ville prospère, il faut qu'elle soit bien placée et qu'il y ait bien des chemins qui y aboutissent.

— Justement; mais ce n'est pas le tout : il faut encore que la ville où toutes ces routes aboutissent soit industrieuse et que ses habitants sachent travailler. C'est là la gloire de Lyon, cité active et intelligente entre toutes, cité de travail qui a su, depuis plusieurs siècles, maintenir au premier rang dans le monde une de nos plus grandes industries nationales : la soierie. Il y a à Lyon 120 000 ouvriers qui travaillent la soie, petit Julien, et dans les campagnes environnantes 120 000 y travaillent aussi : en tout 240 000 environ.

— 240 000! fit Julien, mais, monsieur Gertal, cela fait comme s'il y avait douze villes d'Epinal occupées tout entières à la soie!

OUVRIER DE LYON TISSANT LA SOIE A L'AIDE DU MÉTIER JACQUARD. — La plupart des ouvriers de Lyon travaillent chez eux avec des métiers qu'ils possèdent ou qu'on leur prête. D'autres travaillent dans de grands ateliers où les métiers sont mus par la vapeur. Du haut des métiers on voit se dérouler toutes faites les pièces de soieries ou de rubans.

— Oui, Julien. As-tu vu, en passant dans les faubourgs de la ville, ces hautes maisons d'aspect pauvre, d'où l'on entend sortir le bruit actif des métiers? C'est là qu'habite la nombreuse population ouvrière. Chacun a là son petit logement ou son atelier, souvent perché au cinquième ou sixième étage, souvent aussi enfoncé sous le sol, et il y travaille toute la journée à lancer la navette entre les fils de soie. De ces obscurs logements sortent les étoffes brillantes, aux couleurs et aux dessins de toute sorte, qui se répandent ensuite dans le monde entier. Il se vend chaque année à Lyon pour plus de 500 millions de francs de soieries. Du reste, le travail de la soie n'est pas le seul à occuper les Lyonnais. Ils tiennent encore un beau rang dans cent autres industries.

— Monsieur Gertal, j'ai vu sur une place, en faisant ma commission, la statue d'un grand homme, et on m'a dit que c'était celle de Jacquard, un ouvrier de Lyon. Je vais ouvrir encore mon livre pour voir si on y a mis ce grand homme-là.

Julien feuilleta son livre et ne tarda pas à voir la vie de Jacquard. — Le voilà tout justement ! Eh bien, je la lirai quand nous aurons quitté Lyon et que nous serons en voiture sans avoir rien à faire ; car à présent nous avons trop à travailler pour y songer.

— Tu as raison, Julien, il faut que chaque occupation vienne à sa place. L'ordre dans les occupations et dans le travail est encore plus beau que l'ordre dans nos vêtements et dans notre extérieur.

M. Gertal se leva de table, car tout en causant on avait bien dîné. — Il faut se remettre au travail, dit-il ; il est l'heure. Retournons à notre étalage et venons retrouver André.

LXIV. — Le petit étalage d'André et de Julien sur une place de Lyon. — Les bénéfices du commerce. — L'activité, première qualité de tout travailleur.

Être actif, c'est économiser le temps.

C'était plaisir de voir avec quel soin nos trois amis arrangeaient chaque jour, sur une des places de Lyon les plus fréquentées, leur petit étalage de marchandises.

Il y en avait là pour tous les goûts. Dans un coin, c'étaient les beaux fruits de l'Auvergne, les pâtes et vermicelles fins de Clermont : dans un autre, l'excellente coutellerie achetée à Thiers s'étalait reluisante ; puis, au-dessus, les dentelles d'Auvergne se déployaient en draperies ornementales, à côté des bas au métier achetés dans le Jura. Enfin, sous une vitrine à cet usage, brillaient dans tout leur éclat quelques montres de Besançon avec chaînes et breloques, et des boucles d'oreilles fabriquées en Franche-Comté ; puis des objets sculptés dans les montagnes du Jura, anneaux de serviettes, tabatières, peignes et autres, complétaient l'assortiment.

André debout à un coin, M. Gertal à l'autre, s'occupaient

7.

à la vente. Julien, assis sur un tabouret, se reposait après chaque commission pour se préparer à en faire d'autres.

Du coin de l'œil il suivait, avec un vif intérêt, le petit tas de coutellerie et le paquet de dentelles qui représentaient leurs économies. Souvent, parmi les passants affairés de la grande ville, quelques-uns s'arrêtaient devant l'étalage, frappés du bon marché et de la belle qualité des objets et aussi de l'air avenant des marchands. A mesure que le tas diminuait et que le paquet arrivait à sa fin, la figure de Julien s'épanouissait d'aise.

Un soir enfin, André vendit à une dame son dernier mètre de dentelle et à un collégien son dernier couteau. Les enfants comptèrent leur argent, qu'André avait mis soigneusement à part, et, à leur grande joie, ils virent qu'ils avaient 85 francs.

— 85 francs ! disait le petit Julien en frappant de joie dans ses mains. Quoi! nous avons plus du double d'argent que nous n'avions en quittant Phalsbourg !

— C'est que, dit M. Gertal, ni les uns ni les autres nous n'avons perdu de temps ni regretté notre peine.

— C'est vrai, dit André, et vous nous avez donné l'exemple, monsieur Gertal.

— Voyez-vous, mes enfants, reprit le patron, quand on a sa vie à gagner et qu'on veut se tirer d'affaire, il n'y a qu'un moyen qui vaille : c'est d'être actif comme nous l'avons été tous. Regardez autour de nous, dans cette grande ville de Lyon, quelle activité il y a! L'homme actif ne perd pas une minute, et à la fin de la journée il se trouve que chaque heure lui a produit quelque chose. Le négligeant, au contraire, remet toujours la peine à un autre moment : il s'endort et s'oublie partout, aussi bien au lit qu'à table et à la conversation ; le jour arrive à sa fin, il n'a rien fait ; les mois et les années s'écoulent, la vieillesse vient, il en est encore au même point. C'est au moment où il ne peut plus travailler qu'il s'aperçoit, mais trop tard, de tout le temps qu'il a perdu Pour vous, enfants, qui êtes jeunes, prenez dès à présent, pour ne la perdre jamais, la bonne habitude de l'activité et de la diligence.

— Oui, certes, pensait le petit Julien, je veux être actif comme M. Gertal, qui trouve le temps de faire tant d'ouvrage dans un jour. Tous les marchands ne lui ressemblent pas.

J'en vois beaucoup le long de notre route qui ne se donnent pas tant de peine; mais il me semble que ceux-là pourront bien être obligés de travailler alors qu'ils n'en auront plus la force, tandis que M. Gertal aura gagné de quoi se reposer sur ses vieux jours.

La rue de la République a Lyon. — Les grandes rues ne servent pas seulement à charmer les yeux par la régularité et par la beauté de leurs maisons ou de leurs magasins; elles assainissent les villes en permettant à l'air d'y circuler plus librement.

— C'est égal, reprit André pendant qu'on suivait la longue rue de la République, la plus belle et la plus large de la ville, nous aurions eu beau prendre de la peine, sans votre aide, monsieur Gertal, nous n'aurions pu réussir. C'est à vous que nous devons tout cet argent gagné. Que vous avez été bon de nous aider ainsi à nous tirer d'affaire!

— Mes enfants, c'est un service qui m'a peu coûté : vous avez profité des frais que je fais pour mon commerce à moi-même. Que cela vous soit une leçon pour plus tard : n'oubliez jamais ce que nous avons fait ensemble et ce que font tous les jours les paysans du Jura dans leurs associations. Si tous les hommes associaient ainsi leurs efforts, ils arriveraient vite à triompher de leurs misères.

LXV. — Deux hommes illustres de Lyon. — L'ouvrier Jacquard. Le botaniste Bernard de Jussieu. L'union dans la famille. — Le cèdre du Jardin des plantes.

Ce que la patrie admire dans ses grands hommes, ce n'est pas seulement leur génie, c'est encore leur travail et leur vertu.

Quand on eut quitté Lyon et ses dernières maisons, tandis que la voiture courait à travers les campagnes fertiles et les beaux vignobles du Lyonnais, Julien prit son livre, et, profitant de la première côte que Pierrot monta au pas, fit la lecture à haute voix.

I. A Lyon est né un homme qu'on a proposé depuis longtemps comme modèle à tous les travailleurs. Jacquard était fils d'un pauvre ouvrier tisseur et d'une ouvrière en soie. Dès l'enfance, il connut par lui-même les souffrances que les ouvriers de cette époque avaient à endurer pour tisser la soie. La loi d'alors permettait d'employer les enfants aux travaux les plus fatigants : ils y devenaient aveugles, bossus, bancals, et mouraient de bonne heure.

JACQUARD, né à Lyon en 1752, mort en 1834 à Oullins (Rhône).

Le jeune Jacquard, mis à ce dur métier, tomba lui-même malade. Ses parents, pour lui sauver la vie, durent lui donner une autre occupation; ils le placèrent chez un relieur, et ce fut un grand bonheur pour l'enfant, car, une fois dans l'atelier de reliure, il ne se borna pas à cartonner les livres qu'on lui apportait : à ses moments de loisir, il lisait ces livres, et il acquit ainsi l'instruction élémentaire qu'on n'avait pu lui donner.

Une fois instruit, le studieux ouvrier sentit s'éveiller en lui le goût de la mécanique, et il conçut l'idée d'une machine qui accomplirait à elle seule le pénible travail qu'il avait lui-même accompli jadis. Mais de tristes événements vinrent interrompre ses recherches : c'était le moment des guerres de la Révolution, où les citoyens combattaient les uns contre les autres en même temps que contre les ennemis de la France. Il se fit soldat et alla combattre, lui aussi, pour la patrie.

Pendant qu'il était sur le champ de bataille, son fils unique mourut à Lyon. Sa femme était dans la misère, tressant, pour vivre, des chapeaux de paille. C'est alors qu'il revint de l'armée, et ce fut au milieu de cette tristesse et de cette misère générale qu'il finit par construire la machine à laquelle il a donné son nom.

Mais que de temps il fallut pour que cette merveilleuse machine fût estimée à son vrai prix ! Les ouvriers mêmes dont elle devait soulager le travail la voyaient de mauvais œil. Un jour, on la brisa sur la place publique, et le grand homme qui l'avait inventée eut lui-même à souffrir les mauvais traitements d'ouvriers ignorants.

Enfin, au bout de douze ans d'efforts, son métier fut généralement adopté et fit la richesse de Lyon.

Les ouvriers, qui craignaient que la machine nouvelle ne leur nuisît et ne leur enlevât du travail, virent, au contraire, leur nombre augmenter chaque jour : il y a maintenant à Lyon plus de cent mille ouvriers en soieries. Et partout on a adopté le métier de Jacquard, en Allemagne, en Angleterre, en Italie, en Amérique et jusqu'en Chine. Chaque ville manufacturière invitait Jacquard à venir organiser chez elle les ateliers de tissage. La ville de Manchester en Angleterre lui offrit même dans ce but beaucoup d'argent; mais Jacquard, voulant conserver toutes ses forces et tout son travail pour sa patrie bien-aimée, refusa.

La ville de Lyon, reconnaissante envers cet homme qui a fait sa prospérité, lui a élevé une statue sur une de ses places.

II. Parmi les hommes célèbres que Lyon a produits, on peut citer encore BERNARD DE JUSSIEU, né dans les dernières années du dix-septième siècle. Il s'adonna à l'étude des plantes; cette étude s'appelle la *botanique*. C'est Bernard de Jussieu qui trouva le moyen de bien classer les milliers de plantes que produit la nature, de les distinguer les unes des autres et de savoir les reconnaître. Il avait tant travaillé que, sur la fin de sa vie, il devint presque aveugle; il ne pouvait plus ni lire, ni écrire, ni surtout distinguer ses chères plantes; mais son neveu, auquel il avait communiqué son savoir, l'aida de ses yeux et de son intelligence : le neveu voyait à la place de l'oncle, et il lui disait tout ce qu'il voyait. L'œuvre de Jussieu put donc être continuée, et ne fut pas même interrompue par sa mort.

LE CÈDRE DU JARDIN DES PLANTES. — Le cèdre est célèbre depuis les temps les plus reculés par la beauté et l'incorruptibilité de son bois. C'est en bois de cèdre que Salomon fit construire les lambris du temple de Jérusalem. Jadis le cèdre couvrait les hautes montagnes du Liban. Le premier cèdre planté en France fut apporté en 1734 au Jardin des Plantes de Paris par Jussieu.

Ainsi, dans une famille unie, chaque membre aide les autres et les remplace au besoin dans leur travail.

Quand on se promène à Paris, au Jardin des Plantes, on voit un grand arbre, un magnifique cèdre, qui rappelle Bernard de Jussieu. C'est, en effet, ce dernier qui l'a rapporté dans son chapeau et planté en cet endroit, alors que le grand arbre n'était encore qu'une petite plante.

LXVI. — Une ville nouvelle au milieu des mines de houille : Saint-Étienne. — Ses manufactures d'armes et de rubans. — La trempe de l'acier.

Les richesses d'un pays ne sont pas seulement à la surface de son sol : il y en a d'incalculables enfouies dans la terre et que la pioche du mineur en retire.

Après avoir traversé un joli pays, verdoyant et bien cultivé, nos voyageurs virent de loin monter dans le ciel un grand nuage de fumée. En approchant, Julien distingua bientôt de hautes cheminées qui s'élevaient dans les airs à une soixantaine de mètres. — Oh! dit Julien, on dirait que nous revenons au Creusot, mais c'est bien plus grand encore. Combien voilà de cheminées!

— C'est Saint-Etienne, dit M. Gertal. Et Saint-Etienne a en effet plus d'un rapport avec le Creusot, car, là aussi, on travaille le fer, l'acier; on y fait la plus grande partie des outils de toute sorte qui servent aux différents métiers.

— Je me souviens, dit André, que l'enclume sur laquelle je travaillais portait la marque de Saint-Etienne.

— Toutes ces usines-là, mes amis, ne sont pas aussi vieilles que moi. Parmi les grandes villes de la France, Saint-Étienne est la plus récente. Il y a cent ans, c'était plutôt un bourg qu'une ville, car elle n'avait que six mille habitants; aujourd'hui elle en a cent trente mille.

VUE DE SAINT-ETIENNE. — C'est, après Lyon, la plus grande ville du Lyonnais. Autrefois sous-préfecture, elle est devenue le chef-lieu du département de la Loire. C'est aux environs de cette ville que le premier des chemins de fer français a été construit par l'ingénieur Séguin. Aujourd'hui Saint-Etienne a trois lignes de chemins de fer pour desservir son industrie, et compte 130 000 habitants.

— Vraiment, monsieur Gertal? et, quand vous l'avez vue pour la première fois, elle n'était point comme à présent?

— Non certes, petit Julien; et je suis sûr que cette année encore je vais y voir bien des maisons nouvelles, des rues tout entières que je ne connaissais point.

— Mais pourquoi Saint-Etienne s'agrandit-il comme cela?

— Vois-tu, mon ami, ce qui fait la prospérité de cette ville, c'est qu'elle est tout entourée de mines de houille. Ces mines lui donnent du charbon tant qu'elle en veut pour faire marcher ses machines.

A ce moment, on entrait dans Saint-Etienne et on y voyait de grandes rues bordées de belles maisons, mais tout cela était noirci par la fumée des usines; la terre elle-même était noire de charbon de terre, et, quand le vent venait à souffler, il soulevait des tourbillons de poussière noire.

La voiture se dirigea vers une hôtellerie que connaissait M. Gertal et qui était située non loin de la grande Manufacture nationale d'armes.

Quand on arriva, il était déjà tard et le travail venait de cesser à la Manufacture. Alors, à un signal donné, on vit tous les ouvriers sortir à la fois : c'était une grande foule, et Julien les regardait passer avec surprise, en se demandant comment on pouvait occuper tant de travailleurs.

— Et tous les fusils dont la France a besoin pour ses soldats! lui dit André; ne crois-tu pas qu'il y ait là de quoi donner de la besogne? Sans compter les sabres, les épées, les baïonnettes : la plus grande partie de tout cela se fait à Saint-Étienne. C'est dans la petite rivière qui coule ici, et qui s'appelle le Furens, qu'on *trempe* l'acier des sabres et des épées, pour les rendre plus durs et plus flexibles.

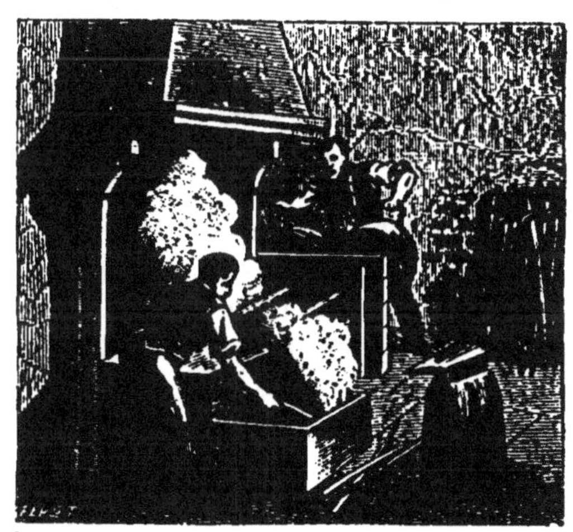

OUVRIER TREMPANT L'ACIER. — Pour donner de la dureté et de l'élasticité à l'acier (par exemple, aux lames de sabres et d'épées), on le fait rougir, puis on le *trempe* tout à coup dans l'eau froide.

— Oui, mes amis, dit M. Gertal, Saint-Etienne est la ville du fer et de l'acier. Cependant l'industrie du fer n'occupe encore que la moitié de ses nombreux ouvriers, Ce ne sont point des objets de quincaillerie que je vais acheter ici; ce sont des soieries, des rubans, des velours. Il y a à Saint-Etienne plus de 40000 ouvriers occupés à tisser la soie. Ici encore on trouve ces métiers inventés par Jacquard qui fabriquent jusqu'à trente-six pièces de rubans à la fois.

En disant ces mots, M. Gertal sortit avec les deux enfants pour aller faire des achats. Il se rendit chez plusieurs fabricants de rubans et de soieries, où l'on entendait encore, malgré l'heure tardive, le bruit monotone des métiers.

M. Gertal devait rester un jour seulement à Saint-Etienne. Le surlendemain, au moment du départ, il dit à Julien :

— Mon ami, le temps approche où nous allons nous quitter. Te rappelles-tu la promesse que je t'ai faite à Besançon? Je ne l'ai pas oubliée, moi. Voici le petit cadeau que tu désirais.

En même temps, M. Gertal atteignit un parapluie soigneusement enfermé dans un fourreau en toile cirée. — Je te l'ai acheté ici même, dit-il.

— Oh! merci, monsieur Gertal, s'écria Julien en ouvrant le parapluie. Mais, ajouta-t-il, il est en soie, vraiment! Oh! qu'il est grand et beau! voyez, monsieur Gertal, comme André et moi nous serons bien garantis là-dessous! Et avec cela il est léger comme un jonc. Que vous êtes bon, monsieur Gertal!

Puis, passant le parapluie à André, qui le remit dans son étui, l'enfant courut aussitôt embrasser le patron.

On quitta ensuite la grande ville industrielle pour se diriger vers le sud-est, et on passa du Lyonnais dans le Dauphiné.

LXVII. — André et Julien quittent M. Gertal. — Pensées tristes de Julien. — Le regret de la maison paternelle.

> Combien sont heureux ceux qui ont un père, une mère, un foyer auquel viennent s'asseoir, après le travail, tous les membres de la famille unis par la même affection!

C'était à Valence, chef-lieu du département de la Drôme, dans le Dauphiné, que nos trois amis devaient se quitter.

M. Gertal y acheta diverses marchandises, y compris des objets de mégisserie, gants, maroquinerie et peaux fines, qu'on travaille à Valence, à Annonay et dans toute cette contrée de la France. Ensuite M. Gertal se prépara à repartir.

Après six semaines de fatigue et de voyage, il avait hâte de retourner vers le Jura, où sa femme et son fils l'attendaient. Les enfants, d'autre part, avaient encore soixante lieues à faire avant d'arriver à Marseille.

Ce fut sur la jolie promenade d'où l'on découvre d'un côté

les rochers à pic qui dominent le Rhône, de l'autre côté les Alpes du Dauphiné, que nos amis se dirent adieu.

— André, dit M. Gertal, quand tu m'as demandé quelque chose comme salaire à Besançon, je n'ai rien voulu te promettre, car je ne te connaissais pas ; mais depuis ce jour tu t'es montré si laborieux, si courageux, et tu m'as donné si bonne aide en toute chose, que je veux t'en montrer ma reconnaissance. J'ai fait l'autre jour à Julien le cadeau que je lui avais promis ; voici maintenant quelque chose pour toi, André.

MÉGISSIER TRAVAILLANT À ASSOUPLIR UNE PEAU. — Lorsque le cuir a été tanné et qu'il a subi les premières préparations, il reste à le rendre doux et souple Pour cela, l'ouvrier l'étend sur une table et le frotte avec un instrument en bois cannelé qu'on nomme *marguerite*. — On appelle *mégissiers* les ouvriers qui travaillent les peaux fines, et *corroyeurs* ceux qui travaillent les peaux plus grossières.

Et il tendit au jeune garçon un porte-monnaie tout neuf, où il y avait trois petites pièces de cinq francs en or.

— Avec vos autres économies, dit M. Gertal, cela vous fera à présent cent francs juste. J'ai aussi tenu à mentionner sur un certificat ma bonne opinion de toi et l'excellent service que tu as fait pour mon compte depuis six semaines. Le maire de Valence a légalisé ma signature et mis à côté le sceau de la mairie. Voilà également ton livret bien en ordre. Dieu veuille à présent, mes enfants, vous accorder un bon voyage.

Et le Jurassien, sans laisser à André le temps de le remercier, l'attira dans ses bras ainsi que le petit Julien.

Il était ému de les quitter tous les deux. Au moment de se séparer, il se souvenait des jours passés avec eux, du travail qu'on avait fait ensemble, et aussi des plaisirs et des anxiétés éprouvés en commun. Il songeait à cette nuit d'angoisse en Auvergne pendant l'incendie, et, par la pensée, il revoyait André emportant dans ses bras le pauvre Jean-Joseph. A demi-voix, le cœur gros, il dit aux enfants en leur donnant le baiser d'adieu :

— Le ciel vous bénisse, enfants, et que Dieu vous rende

le bien que vous avez fait au petit orphelin d'Auvergne.

Une heure après, les deux enfants, leur paquet sur l'épaule, suivaient la grande route de Valence à Marseille, qui longe le cours du Rhône.

Le petit Julien était sérieux ; par moments, il poussait un gros soupir; ses yeux baissés étaient humides comme ceux d'un enfant qui a grande envie de pleurer. Ce nouveau départ lui rappelait les départs précédents. Il songeait à Phalsbourg, à la bonne mère Etienne, à Mme Gertrude, et aussi au pauvre Jean-Joseph qui, en le quittant, lui avait dit : — Que j'ai de peine, Julien, de penser qu'ici-bas nous ne nous verrons peut-être jamais plus !

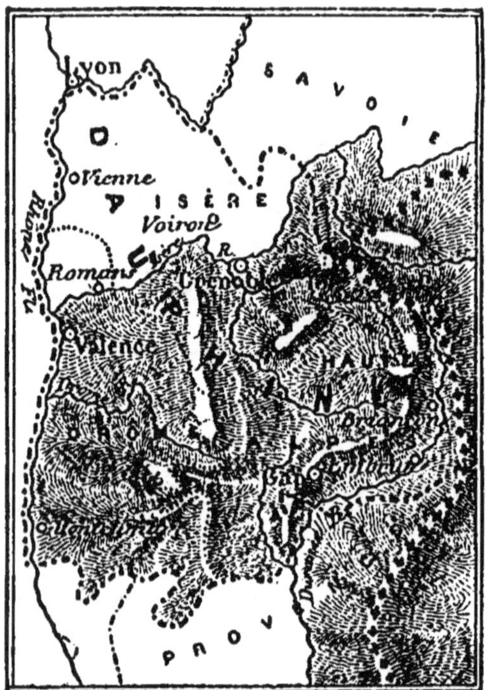

Le Dauphiné, baigné par le Rhône et dominé par les Alpes, est habité par une population énergique. Outre la ville de Grenoble (45000 hab.), renommée pour ses gants et ses liqueurs, Vienne est connue pour ses manufactures de draps et ses tanneries, Valence et Montélimar pour leurs soies et leurs nougats. Gap est une petite ville située dans les montagnes, qui fait le commerce des bestiaux. Briançon, place forte, est la ville la plus élevée de France ; elle est à 1300 mètres au-dessus du niveau de la mer.

Et en remuant tous ces souvenirs dans sa petite tête, l'enfant se sentit si désolé que le voyage lui parut devenu la chose la plus pénible du monde. Lui, si gai d'ordinaire, ne regardait même pas la grande route, tant elle lui paraissait longue, et triste, et solitaire. La cadeau de M. Gertal, qui l'avait tant ravi au premier moment, ne l'occupait guère : il portait son parapluie neuf d'un air fatigué sur l'épaule. Il ne put s'empêcher de dire à André :

— Mon Dieu ! que c'est donc triste de quitter sans cesse comme cela les gens qui vous aiment et de n'avoir plus de famille à soi, d'amis avec qui l'on vive toujours, ni de maison, ni de ville, ni rien! André, voilà que j'ai de la peine à présent, d'être toujours en voyage.

Et Julien s'arrêta, car sa petite voix était tremblante comme celle d'un enfant qui a les larmes dans les yeux.

André le regarda doucement : — Du courage, mon Julien, lui dit-il. Tu sais bien que nous faisons la volonté de notre père, que nous faisons notre devoir, que nous voulons rejoindre notre oncle et rester Français, coûte que coûte. Marchons donc courageusement, et, au lieu de nous plaindre, remercions Dieu au contraire de nous avoir rendu si douces les premières étapes de notre longue route. Combien chacun de nous serait plus à plaindre s'il était absolument seul au monde comme Jean-Joseph! O mon petit Julien, puisque nous n'avons plus ni père ni mère, aimons-nous chaque jour davantage tous les deux, afin de ne pas sentir notre isolement.

— Oui, dit l'enfant en se jetant dans les bras d'André. Et puis, sans doute aussi le bon Dieu permettra que nous retrouvions notre oncle, et alors nous l'aimerons tant, quoique nous ne le connaissions point encore, qu'il faudra bien qu'il nous aime aussi, n'est-ce pas, André?

LXVIII. — Les mûriers et les magnaneries du Dauphiné.

Que de richesses dues à un simple petit insecte! Le ver à soie occupe et fait vivre des provinces entières de la France.

Pour achever de distraire Julien de ses pensées tristes, André lui fit remarquer le pays qu'ils parcouraient. Il faisait un beau soleil d'automne et les oiseaux chantaient encore comme au printemps, dans les arbres du chemin.

— Ne remarques-tu pas comme il fait chaud, dit André; le soleil a bien plus de force dans ce pays-ci : c'est que nous approchons du midi. Vois, il y a encore des buissons de roses dans les jardins.

L'enfant, jusqu'alors plongé dans ses réflexions, avait marché sans rien observer de ce qui l'entourait. Il leva les yeux sur la route, et il remarqua à son tour que presque tous les arbres plantés dans la campagne avaient leurs feuilles arrachées, sauf un ou deux. Sur ceux-ci des jeunes gens étaient montés, qui cueillaient une à une les feuilles vertes et les déposaient précieusement dans un grand sac. Ils le refermaient ensuite et le remportaient sur leurs épaules.

— Tiens, dit l'enfant, l'étrange chose ! Pourquoi donc cueille-t-on les feuilles de ces beaux arbres ? Ces feuilles servent sans doute à nourrir les vaches ?

— Elles ne nourrissent pas seulement les vaches, Julien ; réfléchis, tu vas trouver à quoi servent encore les feuilles de ces arbres quand tu sauras que ce sont là des mûriers.

VER A SOIE SUR UNE FEUILLE DE MURIER. — Le ver à soie a environ 0m,06 de long : il est blanc avec une petite tête. Le *mûrier blanc*, dont il se nourrit, est originaire de la Chine. On a pu l'acclimater dans le midi de la France et même dans certains points du centre comme la Touraine. Cet arbre s'élève de 8 à 10 mètres dans nos climats, et jusqu'à 20 mètres dans les climats chauds.

— Des mûriers ?... Oh ! mais oui, je sais à présent. On nourrit les vers à soie avec les feuilles de mûrier.

— Justement, dit André. C'est dans la vallée du Rhône, dans le Dauphiné et dans le Languedoc, qu'on élève les vers, pour tisser plus tard leur soie à Lyon et à Saint-Etienne. Comme nous suivrons le Rhône jusqu'à Marseille, nous verrons dans la campagne des mûriers le long du chemin. On a déjà cueilli une première fois leurs feuilles au printemps, et ce sont les vers à soie qui les ont mangées.

UNE MAGNANERIE DANS LE DAUPHINÉ. — Les magnaneries sont des chambres dans lesquelles on a installé, les unes au-dessus des autres, des claies de roseaux. Les œufs des vers à soie sont placés sur ces claies, et, pour qu'ils puissent éclore, on chauffe ces chambres. Souvent les magnaneries sont mal tenues et trop petites pour le nombre de vers qu'on y entasse ; ce qui a amené dans les dernières années une dégénérescence des vers à soie.

— Quoi ! de si petits vers ont mangé d'énormes sacs de feuilles pareils à ceux que nous voyons ? Mon Dieu, faut-il qu'il y en ait de ces vers !

— Il s'est trouvé des années, m'a dit M. Gertal, où on a récolté dans la vallée du Rhône jusqu'à vingt-huit millions de kilogrammes de cocons de soie ; et un cocon, qui est le travail d'un seul ver, pèse si peu, qu'il avait fallu pour produire tous ces cocons plus de vingt milliards de vers à soie.

— Qu'est-ce qui élève tout cela, sais-tu, André?

Ce sont ordinairement les femmes et les filles des cultivateurs. Les chambres où on élève les vers à soie s'appellent des *magnaneries*, parce que, dans le patois provençal, on appelle les vers des *magnans*. Il paraît que dans ces contrées chaque ferme, chaque maison a sa magnanerie, petite ou grande. Les vers sont là par centaines et par milliers, se nourrissant avec les feuilles qu'on leur apporte.

— André, nous verrons peut-être des magnaneries là où nous coucherons?

— C'est bien probable, répondit André.

Quand le soir fut venu, les enfants demandèrent à coucher dans une sorte de petite auberge, moitié ferme et moitié hôtellerie, comme il s'en rencontre dans les villages. Ils firent le prix à l'avance, et s'assirent ensuite auprès de la cheminée pendant que la soupe cuisait.

Julien regardait de tous les côtés, espérant à chaque porte qui s'ouvrait entrevoir dans le lointain la chambre des vers à soie, mais ce fut en vain.

L'hôtelière était une bonne vieille, qui paraissait si avenante qu'André, pour faire plaisir à Julien, se hasarda à l'interroger, mais elle ne comprenait que quelques phrases françaises, car elle parlait à l'ordinaire, comme beaucoup de vieilles gens du lieu, le patois du midi.

André et Julien, qui s'étaient levés poliment, se rassirent tout désappointés.

Les gens qui entraient parlaient tous patois entre eux; les deux enfants, assis à l'écart et ne comprenant pas un mot à ce qui se disait, se sentaient bien isolés dans cette ferme étrangère. Le petit Julien finit par quitter sa chaise, et, s'approchant d'André, vint se planter debout entre les jambes de son frère. Il s'assit à moitié sur ses genoux, et, le regardant d'un air d'affection un peu triste, il lui dit tout bas : — Pourquoi donc tous les gens de ce pays-ci ne parlent-ils pas français?

— C'est que tous n'ont pas pu aller à l'école. Mais dans un certain nombre d'années il n'en sera plus ainsi, et par toute la France on saura parler la langue de la patrie.

En ce moment, la porte d'en face s'ouvrit de nouveau : c'étaient les enfants de l'hôtelière qui revenaient de l'école.

— André, s'écria Julien, ces enfants doivent savoir le français, puisqu'ils vont à l'école. Quel bonheur ! nous pourrons causer ensemble.

LXIX. — La dévideuse de cocons. Les fils de soie. — Les chrysalides et la mort du ver à soie. — Comment les vers à soie ont été apportés dans le comtat Venaissin.

Le ver à soie nous a été apporté de Chine, le coton nous vient d'Amérique ; toutes les parties du monde contribuent à nous donner les choses dont nous avons besoin.

Les enfants qui venaient d'entrer échangèrent quelques mots avec leur mère, puis ils s'approchèrent d'André et de Julien. André leur répéta la question qu'il avait adressée à l'hôtesse : — Est-ce que vous avez des vers à soie dans la maison, et pourrait-on en voir ?

— La saison est trop avancée, dit l'aîné des enfants ; les *éducations de magnans* sont finies.

— Ah ! bien, fit le plus jeune, si on ne peut vous montrer les vers, on peut vous faire voir leur ouvrage. Venez avec moi : ma sœur aînée est ici tout près, en train de dévider les cocons de la récolte ! vous la verrez faire.

André et Julien passèrent dans une pièce voisine. Auprès de la fenêtre une femme était assise devant un métier à dévider. — Approchez-vous, dit-elle aux deux enfants avec affabilité et en bon français, car elle ne manquait point d'instruction. Tenez, mon petit garçon, prenez dans votre main ce cocon et regardez-le bien. C'est le travail de nos vers à soie.

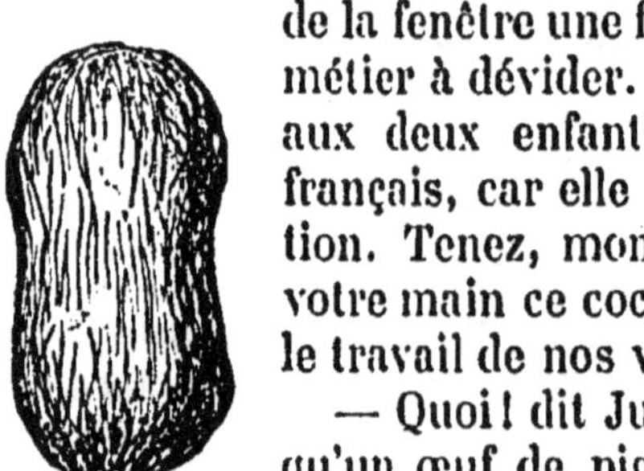

COCON. — Le cocon est une enveloppe soyeuse que se filent la plupart des chenilles et où elles s'endorment. En secouant le cocon on entend dedans le ver endormi.

— Quoi ! dit Julien, cela n'est pas plus gros qu'un œuf de pigeon, et c'est doux à toucher comme un duvet.

— A présent, reprit l'agile dévideuse, regardez-moi faire. Il s'agit de dévider les cocons, et ce n'est pas facile, car le fil de soie est si fin, si fin, qu'il en faudrait une demi-douzaine réunis pour égaler la grosseur d'un de vos cheveux. N'importe, il faut tâcher d'être adroite.

En disant cela la dévideuse, qui avait en effet l'adresse

d'une fée, battait avec un petit balai de bruyère les cocons, qu'elle avait placés dans une bassine d'eau bouillante afin de décoller les fils. Le premier fil une fois trouvé, elle le posait sur le bord de la bassine tout prêt à prendre. Ensuite elle en réunissait quatre ou cinq afin d'obtenir un fil plus gros et plus solide; puis elle imprimait le mouvement au métier, et la soie se trouvait dévidée en écheveaux.

OUVRIÈRE DU DAUPHINÉ FILANT LA SOIE DES COCONS. — A mesure que les fils de soie se déroulent des cocons, ils s'enfilent par deux trous que l'on voit à droite et à gauche, puis ils passent sur deux crochets au-dessus de la tête de la dévideuse, et de là vont s'enrouler sur un dévidoir qu'on ne voit pas dans la gravure. Ce dévidoir est mis en mouvement par les pieds de la fileuse ou par l'aide d'une autre personne.

Julien suivait des yeux les cocons, qui sautaient dans la bassine comme auraient pu faire de petits pelotons qu'on aurait été en train de dépelotonner. A mesure que le métier tournait, les cocons se dévidaient et diminuaient de grosseur. Bientôt la fin du fil arriva, et Julien vit, de chaque cocon fini, quelque chose de noir s'échapper dans l'eau.

— Qu'est-ce que cela? fit-il.

— Ce sont les chrysalides, dit la fileuse. On appelle ainsi les vers qui se sont transformés. Vous savez bien, mon enfant, que le cocon filé par le ver à soie est une sorte de nid où il se retire comme pour s'endormir.

— Oui, madame, dit Julien, j'en ai même vu l'image en classe dans mon livre de lecture; mais le livre dit aussi que le ver à soie s'éveille par la suite, qu'il perce le cocon et sort alors changé en papillon.

— Oui, dit la fileuse, quand on le laisse faire; mais nous ne le laissons pas s'éveiller; car, s'il perçait le cocon, adieu la soie. Il ne resterait plus que mille petits brins brisés, au lieu de ce joli fil long de trois cent cinquante mètres.

— Comment l'empêche-t-on de sortir? dit Julien.

— On ramasse les cocons dans une armoire chauffée par la vapeur d'une chaudière : la vapeur étouffe les chrysalides, et elles restent mortes à l'intérieur de leurs cocons avant d'avoir eu la force de briser la soie. Ce sont les chrysalides que vous voyez flotter sur l'eau.

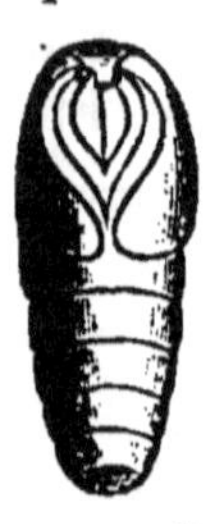

CHRYSALIDE. — Tous les insectes du genre de la chenille, avant de devenir papillons, restent pendant un temps plus ou moins long dans l'immobilité la plus complète, et sans prendre aucune nourriture. L'insecte dans cet état se nomme chrysalide.

— Quoi? Madame, vous tuez ainsi tous vos pauvres vers?

— Non; pas tous. Nous en laissons quelques-uns percer leur prison et s'envoler. Aussitôt sortis, ils se hâtent de pondre de petits œufs. On recueille précieusement ces œufs, cette *graine;* on la ramasse, et, au mois de mai prochain, de ces graines sortiront de jeunes vers à soie. Nous les soignerons comme il faut, et ils nous donneront en échange de nouveaux cocons.

— Qui donc a songé à élever les premiers vers à soie? est-ce quelqu'un de votre pays?

— Les vers à soie ne sont point un insecte de notre pays, mon enfant : ils sont originaires de la Chine. En Chine, on les élève en plein air sur les arbres, et non dans les chambres comme chez nous où il fait plus froid.

— La Chine, dit Julien, c'est en Asie.

— Oui, mon enfant; des moines voyageurs, en grand secret, ont rapporté le ver à soie de Chine en Europe. Comme les Chinois voulaient garder pour eux cette industrie précieuse, ils défendaient sous des peines sévères de la faire connaître aux étrangers; mais les moines cachèrent des œufs de ver à soie dans des cannes creuses, et ils les emportèrent en Europe avec des plants de mûrier. Plus tard, ce fut un pape qui dota la France de l'industrie des vers à soie.

— Et comment cela? demanda Julien.

— Vous connaissez bien le comtat Venaissin, qui est tout près d'ici? A cette époque, le comtat appartenait aux papes. Grégoire X y fit planter des mûriers et éleva des vers à soie. Bientôt on imita dans toute la vallée du Rhône les gens du comtat, et à présent on élève des milliards de vers chaque année.

Julien remercia beaucoup la fileuse de tout ce qu'elle venait de lui apprendre, et on alla se mettre à table.

LXX. — Le mistral et la vallée du Rhône. — Le canal de Lyon à Marseille. — Un accident arrivé aux enfants. — Premiers soins donnés à Julien.

C'est surtout quand le malheur arrive, qu'on est heureux d'avoir une petite épargne.

Le lendemain, pour continuer leur voyage, les enfants purent profiter de l'occasion d'un char à bancs. La route se fit d'abord le plus gaîment du monde. Le ciel était d'un bleu éblouissant ; toutefois, depuis la veille, un grand vent froid du nord-ouest s'était levé et soufflait à tout rompre. C'était ce vent de la vallée du Rhône que les gens du pays appellent *mistral*, d'un mot qui veut dire *le maître*, car c'est le plus puissant des vents, et il a une telle force qu'il a pu faire dérailler des trains de chemins de fer en marche.

Canal d'irrigation. — Les canaux d'irrigation destinés à répandre l'eau dans les champs sont absolument nécessaires dans les départements du midi, où les plantes souffrent surtout de la sécheresse. La vallée du Rhône, si aride, verra ses terrains doubler et tripler de valeur lorsque le canal d'irrigation actuellement projeté répandra dans la campagne les eaux fertilisantes qu'il aura empruntées au Rhône. Ce canal servira en même temps à la navigation et permettra aux bateaux de remonter plus facilement de Marseille jusqu'à Lyon.

Julien s'étonnait de voir, malgré cela, l'air si lumineux et la campagne si riante.

— Oh! dit le conducteur de la voiture, si nous n'avions pas ce mistral, quel pays merveilleux ce serait que le Dauphiné et la Provence! Mais ce vent froid et desséchant est un fléau. Malgré cela, la terre est si fertile que, partout où on peut arroser nos champs, les moissons se succèdent avec une fécondité surprenante.

— Comment? dit André, on arrose les champs chez vous!

— Je crois bien! Partout où on peut faire couler l'eau, la culture triple de bénéfice dans le midi. Malheureusement l'eau est rare ; mais on nous promet que bientôt on fera le long du Rhône, depuis Lyon jusqu'à Marseille, un superbe canal au moyen duquel on pourra arroser tout notre pays et le transformer en un vrai jardin.

Pendant qu'on devisait ainsi, la voiture avançait bon train : le vent la poussait par derrière et ajoutait sa force à celle du cheval. Mais, à un détour de la route, qui descendait en pente rapide, le vent souffla si fort que la voiture se trouva précipitée en avant avec une violence sans pareille.

Le cheval n'eut pas la force de se maintenir, et il s'abattit brusquement. La secousse fut telle que les voyageurs se trouvèrent lancés tous les quatre hors de la voiture.

Chacun se releva plus ou moins contusionné, mais sans blessure grave. Seul, le petit Julien avait le pied droit et le poignet tellement meurtris et engourdis qu'il ne pouvait appuyer dessus. Quand il voulut se relever et marcher, la douleur l'obligea de s'arrêter aussitôt. En même temps il se sentait la tête toute lourde et le front brûlant ; il se retenait à grand'peine de pleurer.

André était bien inquiet, craignant que l'enfant n'eût quelque chose de brisé dans la jambe et dans le bras.

Le conducteur, fort inquiet lui-même, s'approcha de Julien ; il lui fit remuer les doigts de la main et ceux du pied blessé, et voyant que le petit garçon pouvait remuer les doigts : — Il n'y a probablement rien de brisé, dit-il ; c'est sans doute une simple entorse au pied et à la main.

Puis, s'adressant à André : — Jeune homme, prenez votre mouchoir et celui de l'enfant ; mouillez-les avec l'eau du fossé : appliquez ces mouchoirs mouillés en compresses, l'un au pied, l'autre au poignet de votre frère. L'eau froide est le meilleur remède au commencement d'une entorse ou de toute espèce de blessure ; elle empêche l'enflure et l'irritation.

Pendant qu'André s'empressait de soigner son petit frère et lui appliquait les compresses d'eau froide, le conducteur releva le cheval, qui n'avait pas de mal ; mais les brancards de la voiture étaient brisés. Il était impossible de remonter dans le char à bancs, et il fallut aller chercher de l'aide pour le traîner jusque chez le charron du plus prochain village.

Julien ne pouvait marcher, et il se plaignait de plus en plus d'un violent mal de tête.

André le prit dans ses bras et, le cœur tout triste, il fit ainsi une demi-lieue de chemin en portant le petit garçon qui se désolait.

— André, disait le pauvre enfant, qu'allons-nous devenir à

présent que je ne puis plus marcher ? Comment ferons-nous pour aller jusqu'à Marseille ?

— Ne te tourmente pas, mon Julien. N'avons-nous pas cent francs à nous ? Nous profiterons de ces économies que nous avons eu le bonheur de faire, et nous prendrons le chemin de fer d'ici à Marseille. Oh ! Julien, quelle joie d'avoir une petite épargne, quand le malheur arrive !

— Mais cela coûtera bien cher, André. Il ne nous restera plus rien une fois à Marseille. Et, si nous ne trouvons pas notre oncle, que deviendrons-nous ? O mon Dieu, que nous sommes donc malheureux !

— Mais non, mon Julien ; le voyage ne coûtera pas aussi cher que tu crois : une trentaine de francs, peut-être même pas. Tu vois bien que nous ne sommes pas trop à plaindre.

— Oh ! j'ai bien du chagrin tout de même ! dit l'enfant en soupirant. Je vais être un embarras.

— Ne parle pas ainsi, Julien, dit André en serrant l'enfant sur son cœur. Si tu as du courage, si tu ne te désoles pas, tout se passera mieux que tu ne penses. N'avons-nous pas traversé déjà bien des épreuves, et la bonté de Dieu nous a-t-elle jamais fait défaut ? Compte encore sur elle, mon Julien, et restons calmes en face d'un malheur qu'il n'a pas dépendu de nous d'éviter.

Du bras qu'il avait de libre l'enfant entoura le cou de son frère, et l'embrassant il répondit entre deux soupirs :

— Je vais tâcher d'être raisonnable, André, et je vais prier Dieu pour qu'il me donne du courage.

LXXI. — La visite du médecin. — Les soins d'André.

L'affection et l'intelligence de celui qui soigne un malade ne contribuent pas moins à sa guérison que la science du médecin.

En arrivant au bourg voisin de l'accident, les deux enfants furent installés chez une excellente femme du lieu.

Le petit Julien souffrait de plus en plus. Il portait sans cesse la main à son front : la tête, disait-il, lui faisait bien plus de mal que tout le reste.

On le coucha pour le reposer, mais il ne put dormir. La fièvre l'avait pris, une de ces fièvres brûlantes qui sont le principal danger des chutes.

André alarmé courut chercher le médecin. Par malheur,

ce dernier était absent et ne devait rentrer que dans la soirée. André l'attendit avec anxiété, assis auprès du lit de son frère, dont il aurait tant voulu apaiser la souffrance. Les yeux fixés avec tendresse sur le visage accablé de Julien, il se sentait pris d'une tristesse indicible : il eût voulu souffrir mille fois à la place de l'enfant ; il demandait à Dieu de lui donner à lui toutes les peines et de guérir son cher Julien.

Le petit garçon avait fini par ne plus se plaindre : il semblait plongé dans un rêve plein d'angoisse ; il avait le délire et murmurait tout bas des mots sans suite.

— Que demandes-tu, mon Julien ? dit André en se penchant vers l'enfant.

Julien le regarda tristement comme s'il ne reconnaissait plus son frère, et d'une voix lente, accablée :

— Je voudrais retourner à ma maison, dit-il.

— Pauvre petit ! pensa André, le chagrin qu'il avait hier ne l'a pas quitté. Ce long voyage semble maintenant au-dessus de ses forces. O mon Dieu, comment donc faire pour lui redonner du courage ?

— Mon Julien, répondit André doucement, nous aurons bientôt une maison à nous, chez notre oncle à Marseille.

— A Marseille !... fit l'enfant avec l'air effrayé que donne le délire. C'est trop loin, Marseille... Puis il laissa tomber sa petite tête avec accablement en répétant plus fort : — C'est trop loin, c'est trop loin.

— Qu'est-ce qui est trop loin, mon ami ? dit la voix tranquille du médecin qui venait d'entrer.

Julien releva la tête, mais il ne semblait plus voir personne. Puis, d'un air triste, lentement et traînant sur les mots : — Tout le monde a sa maison, reprit-il : moi aussi, j'avais une maison, et je n'en ai plus. Oh ! que je voudrais bien y retourner !

— Où souffres-tu, mon enfant ? dit le médecin en prenant la main de Julien dans la sienne.

Julien ne répondit pas, mais il se mit à pleurer et à se plaindre par mots entrecoupés.

André alors expliqua leur accident de voiture, puis l'entorse au pied et au poignet.

— L'entorse ne sera pas grave, dit le médecin après examen ; mais cet enfant a une forte fièvre et un délire qui m'inquiète. Qu'est-ce que cette maison qu'il demande ?

André expliqua la mort de leur père, leur départ d'Alsace-Lorraine, leur long voyage ; comment Julien avait été courageux tout le temps et même gai ; mais qu'à chaque nouvelle séparation, et surtout à la dernière, il avait eu grand'peine à se consoler.

« Pauvres orphelins, pauvres enfants de l'Alsace-Lorraine ! » pensait le médecin en écoutant André ; « si jeunes, et obligés à déployer une énergie plus grande que celle de bien des hommes ! »

André se tut, attendant l'avis du médecin : il était tout pâle d'anxiété sur l'état de son frère, et deux grosses larmes brillaient dans ses yeux.

— Allons, dit le docteur, j'espère que cette fièvre et ce délire n'auront pas de suite : vous avez fait ce qu'il faut toujours faire dans les maladies, vous avez appelé le médecin à temps. Ne vous couchez pas, mon ami ; de demi-heure en demi-heure vous ferez prendre à votre frère une potion calmante que je vais vous écrire ; veillez-le avec soin. S'il peut s'endormir d'un bon sommeil, il sera hors de danger. Je reviendrai demain matin.

André resta toute la nuit au chevet de Julien, veillant l'enfant comme eût fait la plus tendre des mères, le calmant par des mots pleins de tendresse, ne cessant de demander à Dieu, dans la tristesse de son cœur, aide et protection.

— Seigneur ! s'écriait-il, redonnez à mon Julien la santé, l'énergie et le courage, afin que nous puissions accomplir la volonté de notre père.

Julien était toujours dans une agitation extrême. La nuit touchait à sa fin, et l'inquiétude d'André allait croissant.

Enfin Julien épuisé de fatigue resta immobile ; puis, peu à peu, il garda le silence, ses yeux se fermèrent ; il s'endormit, sa petite main dans celle de son frère.

André, immobile, n'osait remuer dans la crainte d'éveiller l'enfant. En voyant quel calme sommeil succédait au délire, il sentit l'espérance remplir son cœur ; il remercia Dieu. Il songea à son pauvre père qui, bien sûr, lui aussi, les protégeait par delà la tombe, et de nouveau il s'adressa à lui, le priant de veiller sur son cher petit Julien.

Enfin, brisé de fatigue et d'émotion, il finit par s'endormir lui-même à son tour, la tête appuyée sur le bois du lit où Julien reposait, la main immobile dans celle de l'enfant.

LXXII. — La guérison de Julien. — Le chemin de fer. — Grenoble et les Alpes du Dauphiné.

La maladie nous fait mieux sentir combien les nôtres nous aiment, en nous montrant le dévouement dont ils sont capables.

Heureusement les prévisions du médecin se réalisèrent. Quand Julien s'éveilla, il était beaucoup mieux : le délire avait disparu et la fièvre était presque tombée.

Deux jours de repos achevèrent de le remettre.

Le médecin permit alors aux deux jeunes Lorrains de partir pour Marseille, mais il prit André à part et lui recommanda de ne pas laisser le petit garçon se fatiguer.

— L'entorse du pied, dit-il, ne permettra pas à votre frère de marcher facilement avant un mois. D'ici là, il faut distraire cet enfant et ne pas le laisser s'attrister tout seul, de crainte que la fièvre nerveuse dont il vient d'avoir un accès ne reparaisse.

André remercia le médecin de ses bons avis ; il ne savait comment lui montrer sa reconnaissance, car le docteur, loin de vouloir être payé, avait fait cadeau à son petit malade d'une pantoufle de voyage pour le pied blessé.

Gare de chemin de fer. — Les gares sont des abris sous lesquels les trains s'arrêtent ; c'est là que descendent et montent les voyageurs, c'est là qu'on charge et décharge les marchandises. Les gares des grandes villes, surtout celles de Paris, sont de véritables monuments.

La gaîté de Julien revenait peu à peu : il voulut aider lui-même, de son lit, à faire le paquet de voyage, et il n'oublia pas de mettre dans sa poche son livre sur les grands hommes, afin, disait-il, de bien s'amuser à lire dans le chemin de fer.

Lorsque les préparatifs furent achevés, André régla partout les dépenses qu'il avait faites ; puis il prit le petit Julien dans ses bras. Julien portait de sa main valide le paquet de voyage attaché au fameux parapluie. Quoique bien embarrassés ainsi, les deux enfants se rendirent néanmoins à la gare, qui n'était éloignée que d'un quart d'heure.

Une demi-heure après, les deux enfants étaient assis l'un près de l'autre dans un wagon de 3e classe. Au bout d'un instant la locomotive siffla et le train partit à toute vitesse.

Julien n'avait encore jamais voyagé en chemin de fer : il s'amusa beaucoup la première heure, il regardait sans cesse par la portière, émerveillé d'aller si rapidement et de voir les arbres de la route qui semblaient courir comme le vent.

Derrière eux, les belles cimes des Alpes du Dauphiné montraient leurs têtes blanches de neige que le soleil faisait reluire. — Vois-tu, Julien, cette chaîne de montagnes que nous laissons derrière nous? C'est par là qu'est Grenoble, la capitale du Dauphiné.

— Oh! que ce doit être beau, Grenoble, si c'est au milieu des monts!

— J'ai lu en effet dans ma géographie que c'est une des villes de France qui ont les plus belles vues sur les montagnes. Elle est dans la vallée du Grésivaudan, dominée par des forts qui la rendent presque imprenable.

GRENOBLE. — Cette ville de 45 000 âmes est divisée en deux parties par l'Isère, sur laquelle elle a de magnifiques quais. Elle est renommée, ainsi que Valence et Vienne, pour ses fabriques de gants et de peaux délicates. C'est près de Grenoble que se trouve le couvent de la Grande-Chartreuse, situé dans un site superbe, et où se vend la liqueur connue sous ce nom.

Julien, malgré son pied malade, ne pouvait s'empêcher de se traîner sans cesse du banc à la portière. Enfin, pour se repo. e, il ouvrit son livre d'histoires.

— André, dit-il, voilà longtemps que je n'ai lu la vie des grands hommes de la France; puisque nous passons en ce moment dans le Dauphiné, je veux connaître les grands hommes de cette province.

André s'approcha de J.lien, et tous les deux tenant le livre d'une main lurent tout bas la même histoire, celle de Bayard, le chevalier sans peur et sans reproche.

LXXIII. — Une des gloires de la chevalerie française. Bayard.

« Enfant, faites que votre père et votre mère, avant leur mort, aient à se réjouir de vous avoir pour fils. » (LA MÈRE DE BAYARD.)

A quelques lieues de Grenoble, au milieu des superbes montagnes du Dauphiné, on trouve les ruines d'un vieux château à moitié détruit par le temps : c'est là que naquit, au quinzième siècle, le jeune Bayard, qui par son courage et sa loyauté mérita d'être appelé « le chevalier sans peur et sans reproche ».

Son père avait été lui-même un brave homme de guerre. Peu de temps avant sa mort, il appela ses enfants, au nombre desquels était Bayard, alors âgé de treize ans. Il demanda à chacun d'eux ce qu'il voulait devenir.

BAYARD, né au château de Bayard (Isère) en 1476. C'est lui qui arma le roi François Ier chevalier après la victoire de Marignan (1515). Il défendit victorieusement Mézières contre toute une armée de Charles-Quint (1521). Il mourut en Italie en 1524.

— Moi, dit l'aîné, je ne veux jamais quitter nos montagnes et notre maison, et je veux servir mon père jusqu'à la fin de ses jours.

— Eh bien, Georges, dit le vieillard, puisque tu aimes la maison, tu resteras ici à combattre les ours de la montagne.

Pendant ce temps-là, le jeune Bayard se tenait sans rien dire à côté de son père, le regardant avec un visage riant et éveillé.

— Et toi, Pierre, de quel état veux-tu être? lui demanda son père.

— Monseigneur mon père, je vous ai entendu tant de fois raconter les belles actions accomplies par vous et par les nobles hommes du temps passé, que je voudrais vous ressembler et suivre la carrière des armes. J'espère, Dieu aidant, ne vous point faire déshonneur.

— Mon enfant, répondit le bon vieillard en pleurant, Dieu t'en donne la grâce. — Et il avisa au moyen de satisfaire le désir de Bayard.

Quelques jours après, le jeune homme était dans la cour du château, vêtu de beaux habits neufs en velours et en satin, sur un cheval caparaçonné : il était prêt à partir chez le duc de Savoie, où il devait faire l'apprentissage du métier de chevalerie. Vous savez, enfants, que les chevaliers étaient de nobles guerriers qui juraient solennellement de consacrer leur vie et leur épée à la défense des veuves, des orphelins, des faibles et des opprimés.

La mère de Bayard, du haut d'une des tourelles du château, contemplait son fils les larmes aux yeux, toute triste de le voir partir, toute fière de la bonne grâce avec laquelle le jeune homme se tenait en selle et faisait caracoler son cheval. Elle descendit par derrière la tour, et, le faisant venir auprès d'elle, elle lui adressa gravement ces paroles :

— Pierre, mon ami, je vous fais de toutes mes forces ces trois commandements : le premier, c'est que par-dessus tout vous aimiez Dieu et le serviez fidèlement ; le second, c'est que vous soyez doux et courtois, ennemi du mensonge, sobre et toujours loyal ; le troisième, c'est que vous soyez charitable : donner pour l'amour de Dieu n'appauvrit jamais personne.

Le jeune Bayard tint parole à sa mère. A vingt et un ans, il fut armé chevalier. Pour cela, il fit ce qu'on appelait la *veillée des armes ;* il passa toute une nuit en prières ; puis le lendemain matin un chevalier, le frappant du plat de son épée, lui dit : — Au nom de Dieu, je te fais chevalier.

ARMEMENT D'UN CHEVALIER. — C'était seulement à 21 ans qu'on pouvait être armé chevalier. Après s'être baigné et avoir passé la veillée en prières à l'église, le futur chevalier était présenté au seigneur qui devait l'armer.

Les grandes actions de Bayard sont bien connues ; il serait trop long de les raconter toutes ici. Un jour, il sauva l'armée française au pont de Carigliano, en Italie ; les ennemis allaient s'emparer de ce pont pour se jeter par là à l'improviste sur nos soldats. Bayard, qui les vit, dit à son compagnon : — Allez vite chercher du secours, ou notre armée est perdue. Quant aux ennemis, je tâcherai de les *amuser* jusqu'à votre retour.

En disant ces mots, le bon chevalier, la lance au poing, alla se poster au bout du pont. Déjà les ennemis allaient passer, mais, comme un lion furieux, Bayard s'élance, frappe à droite et à gauche et en précipite une partie dans la rivière. Ensuite, il s'adosse à la barrière du pont, de peur d'être attaqué par derrière, et se défend si bien que les ennemis, dit l'histoire du temps, se demandaient si c'était bien un homme. Il combattit ainsi jusqu'à l'arrivée du secours. Les ennemis furent chassés et notre armée fut sauvée.

Après une vie remplie de hauts faits, Bayard reçut dans une

bataille un coup d'arquebuse au moment où il protégeait la retraite de notre armée. Il faillit tomber de son cheval, mais il eut l'énergie de se retenir, et appelant son écuyer : — « Aidez-moi, dit-il, à descendre, et appuyez-moi contre cet arbre, le visage tourné vers les ennemis : jamais je ne leur ai montré le dos, je ne veux pas commencer en mourant. »

Tous ses compagnons d'armes l'entouraient en pleurant, mais lui, leur montrant les Espagnols qui arrivaient, leur dit de l'abandonner et de continuer leur retraite.

Bientôt, en effet, les ennemis arrivèrent; mais tous avaient un tel respect pour Bayard qu'ils descendaient de cheval pour le saluer.

A ce moment un prince français, Charles de Bourbon, qui avait trahi son pays et servait contre la France dans l'armée espagnole, s'approcha comme les autres de Bayard : — Eh! capitaine Bayard, dit-il, vous que j'ai toujours aimé pour votre grande bravoure et votre loyauté, que j'ai grand'pitié de vous voir en cet état!

— Ah! pour Dieu, Monseigneur, répondit Bayard, n'ayez point pitié de moi, mais plutôt de vous-même, qui êtes passé dans les rangs des ennemis et qui combattez à présent votre patrie, au lieu de la servir. Moi, c'est pour ma patrie que je meurs.

Le duc de Bourbon, confus, s'éloigna sans répliquer.

Peu de temps après, Bayard adressait tout haut à Dieu une dernière prière. La voix expira sur ses lèvres : il était mort.

Les ennemis, emportant son corps, lui firent un solennel service qui dura deux jours, puis le renvoyèrent en France.

— André, dit le petit Julien avec émotion, voilà un grand homme que j'aime beaucoup.

Et il ajouta tout bas en s'approchant de son aîné, d'un petit air contrit : — Sais-tu, André? je n'ai pas été bien courageux quand nous avons quitté M. Gertal. J'étais si las et si triste que volontiers, au lieu d'aller plus loin, j'aurais voulu retourner à Phalsbourg; il me semblait que je ne me souciais plus de rien que de vivre tranquille comme autrefois, mais j'ai eu bien honte de moi tout à l'heure en lisant la vie de Bayard. O André, j'ai dû te faire de la peine; mais je vais tâcher à présent d'être plus raisonnable, tu vas voir.

André embrassa l'enfant :

— A la bonne heure, mon Julien, lui dit-il, nous ne sommes que de pauvres enfants, c'est vrai, mais néanmoins nous pouvons prendre ensemble la résolution d'être toujours courageux nous aussi et d'aimer, comme le grand Bayard, Dieu et notre chère France par-dessus toutes choses.

LXXIV. — Avignon et le château des papes. — La Provence et la Crau. — Arrivée d'André et de Julien à Marseille. — Un nouveau sujet d'anxiété.

Le pauvre peut aider le pauvre aussi bien et souvent mieux que le riche.

Au bout de trois heures, le train s'arrêta à la gare d'Avignon. Du chemin de fer on voyait la ville, et André montra en passant à Julien un grand monument situé sur le penchant d'un rocher, et qui, avec ses vieux créneaux, ressemble à une forteresse. C'était l'ancien château où les papes résidaient lorsqu'ils habitaient le comtat Venaissin, enclavé dans la Provence.

AVIGNON ET LE CHATEAU DES PAPES. — Avignon (40000 hab.), ancienne capitale du comtat Venaissin, sur le Rhône, servit autrefois de résidence aux papes. On y voit encore leur palais, majestueux monument du quatorzième siècle.

Pendant ce temps le train s'était remis en marche. On traversa sur un beau pont la Durance, ce torrent terrible par ses inondations, qui descend en courant des montagnes, et dont les eaux, amenées par un long aqueduc, alimentent la ville de Marseille.

Bientôt la campagne de la Provence, qui avait été jusqu'alors couverte de cultures et où on apercevait le feuillage gris des oliviers, devint stérile, sans herbe et sans arbres. Les enfants étaient entrés dans les plaines de la Crau, puis de la Camargue, desséchées par le souffle du mistral, couvertes de cailloux, et qui ressemblent à un désert de l'Afrique transporté dans notre France. Là paissent en liberté de nombreux troupeaux de bœufs noirs et de chevaux demi-sauvages, semblables aux chevaux arabes.

Puis on entra sous un grand tunnel, celui de la Nerthe, qui a plus d'une lieue de long. Peu de temps après, on arrivait dans la vaste gare de Marseille, et les deux enfants sortirent de wagon au milieu du va-et-vient des voyageurs. Ils se sentaient tout étourdis du voyage et assourdis par les sifflets des locomotives, par le fracas des wagons sur le fer, par les cris des employés et des conducteurs de voitures.

LA PROVENCE, LE COMTAT VENAISSIN ET LE COMTÉ DE NICE. — Ces provinces ont été de tout temps célèbres par leur climat délicieux, leurs fruits exquis, leur ciel bleu. Outre la ville d'Avignon, centre du commerce de la garance, outre les grands ports de Marseille (360 000 hab.), de Toulon (80 000 hab.), et de Nice (70 000 hab.), on remarque les villes d'Aix et d'Arles, où se fabrique une huile très renommée, Draguignan, chef-lieu du Var; Digne, chef-lieu des Basses-Alpes. Hyères, Grasse, Cannes, Nice et Menton sont des villes célèbres par la douceur de leur hiver.

André s'informa avec soin du chemin à suivre pour se rendre à l'adresse de son oncle. Puis, courageusement, il reprit Julien entre ses bras et, à travers la foule qui allait et venait dans la grande ville, il s'achemina tout ému.

— Quoi! pensait-il, nous voilà donc enfin au terme de notre voyage! Mon Dieu! pourvu que nous trouvions notre oncle et qu'il se montre content de nous voir!

AQUEDUC DE ROQUEFAVOUR AMENANT À MARSEILLE LES EAUX DE LA DURANCE. — Depuis longtemps la grande ville de Marseille manquait d'eau, ce qui la rendait malsaine. On a eu l'idée d'y amener les eaux de la Durance à l'aide d'un grand canal long de 120 kilomètres et qui a coûté 40 millions de francs. Cette eau fraîche vivifie la ville et la banlieue. Le canal passe sur les arches d'un *aqueduc* près de Roquefavour.

Le petit Julien n'était pas moins ému qu'André; il faisait les mêmes réflexions sans oser le dire. En même temps, il admirait le courage de son aîné, dont le calme et la douceur ne se démentaient jamais.

CHEVAUX SAUVAGES DE LA CAMARGUE. — La Camargue est une grande île formée par le Rhône, qui se divise, comme le Nil, en plusieurs bras avant de se jeter dans la mer. Elle se compose de vastes plaines rarement défrichées, où paissent en liberté et presque à l'état sauvage de nombreux troupeaux de bœufs noirs et de chevaux. Ces derniers descendent, dit-on, des chevaux arabes amenés autrefois dans le pays par les invasions des Sarrasins.

Enfin on atteignit la rue tant désirée; avec un grand battement de cœur on frappa à la porte et on demanda Frantz Volden.

Un marin d'une quarantaine d'années vint ouvrir et répondit : — Frantz Volden n'est plus ici, voilà tantôt cinq mois qu'il est parti.

— Mon Dieu! s'écria André avec anxiété; et il devint tout pâle comme s'il allait tomber. Mais bientôt, surmontant son trouble, il reprit :

TUNNEL DE LA NERTHE, PRÈS DE MARSEILLE. — Un *tunnel* est un passage pratiqué sous terre ou à travers une montagne, dans lequel s'engagent les trains de chemin de fer. Le plus grand tunnel de France a été longtemps celui de la Nerthe, qui a près de 5 kilomètres de longueur. Un autre tunnel, plus grand encore, a été construit pour mettre en communication la France et l'Italie : c'est celui du mont Cenis, dont la longueur dépasse 12 kilomètres.

— Où est-il allé? savez-vous, monsieur?

— Parbleu, jeune homme, dit celui qui avait ouvert la porte, entrez vous reposer : Frantz Volden est mon ami; nous causerons mieux de lui dans la maison que sur la porte. Le mistral n'est pas chaud ce soir : on voit que nous arrivons à la fin de novembre.

Et le brave homme, montrant le chemin aux enfants, marcha devant eux dans un corridor étroit et sombre. André suivait, portant Julien sur ses bras. Le petit garçon était bien désolé, mais il se rappela fort à point les résolutions de courage qu'il venait de prendre après avoir lu la vie du chevalier sans peur et sans reproche : il voulut donc faire aussi bonne figure devant cette déception nouvelle que le grand Bayard eût pu faire en face des ennemis.

On arriva dans une chambre où la femme du marin préparait le souper. Trois enfants en bas âge jouaient dans un coin. André s'assit près de la fenêtre et le marin en face de lui.

— Voici ce qui en est, reprit le marin. Ce pauvre Volden avait en Alsace-Lorraine un frère aîné à l'égard duquel il a eu des torts jadis, ce qui fait qu'ils ne s'écrivaient point. Depuis la dernière guerre, Frantz songeait souvent au pays. Il se disait tous les jours : « Mon aîné doit être bien malheureux là-bas, car il a subi les misères de la guerre et des sièges; mais moi, j'ai quelques économies et je lui dirai : — Oublie mes torts, Michel. Viens-t'en en France avec moi, nous achèterons un petit bout de terre, et nous ferons valoir cela à nous deux. » Mais auparavant Frantz avait des affaires à régler à Bordeaux, et il est parti par Cette pour s'y rendre, travaillant le long de son chemin à son métier de charpentier de marine, afin de se défrayer du voyage.

— Hélas! dit André tristement, nous venons, nous, jusque d'Alsace-Lorraine pour le trouver. Nous sommes les fils de ce frère qu'il voulait revoir, et qui est mort ; mais, en mourant, notre père nous avait fait promettre d'aller rejoindre notre oncle, et nous sommes venus. Nous avions d'abord écrit trois lettres, mais on ne nous a pas répondu.

— Je le crois bien, dit le marin en ouvrant son armoire et en montrant les trois lettres précieusement enveloppées : elles sont arrivées après le départ de Frantz. J'attendais à avoir son adresse pour les lui envoyer; mais depuis cinq mois il ne m'a pas donné signe de vie.

André réfléchissait tristement. — Comment allons-nous faire? dit-il enfin. Nous ne savons pas l'adresse de notre oncle à Bordeaux; et d'ailleurs nous ne pourrions aller jusque-là : mon jeune frère ne peut plus marcher, il est au bout de ses forces. D'autre part, nous n'avons plus assez d'argent pour prendre le chemin de fer jusqu'à Bordeaux.

— Allons, allons, ne vous désolez pas à l'avance, dit le marin. Les pauvres gens sont au monde pour s'entr'aider. Nous ne sommes pas riches non plus, nous autres; mais à cause de cela on sait compatir au malheur d'autrui.

— Eh! oui, dit la femme du marin, nous nous aiderons tous, et le bon Dieu fera le reste. Voyons, mettons-nous à table. Mon mari est un homme de bon conseil : en mangeant, il va débrouiller votre affaire, n'est-ce pas, Jérôme?

En même temps l'excellente femme avait attiré la table dans le milieu de la chambre. Bon gré mal gré, elle plaça André à sa droite et Julien à sa gauche. Elle mit ses deux fils aînés, deux beaux jumeaux de quatre ans, de chaque côté de leur père : puis elle plaça sur ses genoux sa petite fille la dernière née, et, le sourire sur les lèvres, elle servit à chacun une bonne assiette de soupe au poisson qui est le mets favori de la Provence.

LXXV. — L'idée du patron Jérôme. — La mer. — Les ports de Marseille. — Ce qu'André et Julien demandent à Dieu.

La prière nous donne le courage et l'espoir.

Pendant le dîner, André raconta leur voyage de point en point, puis il chercha son livret d'ouvrier et ses certificats pour les montrer à Jérôme.

Jérôme avait écouté le récit d'André avec une grande attention; il feuilleta de même son livret avec soin; ensuite il réfléchit assez longtemps sans rien dire. Sa femme l'observait avec confiance. De temps à autre elle clignait de l'œil en regardant André et Julien comme pour leur dire : — Soyez tranquilles, enfants, Jérôme va tout arranger.

Jérôme, en effet, sur la fin du dîner, sortit de ses réflexions silencieuses : — Je crois, dit-il, qu'il y aurait un moyen de vous tirer d'embarras, mes enfants.

— Quand je vous le disais! s'écria la femme du marin avec admiration. — En même temps, le petit Julien faisait un saut de plaisir sur sa chaise, et André poussait un soupir de soulagement.

Jérôme reprit : — Avez-vous peur de la mer?

— Oh ! monsieur, dirent à la fois les deux enfants, depuis si longtemps nous désirons la voir ! Nous n'avons pas pu encore aller sur le port depuis que nous sommes à Marseille, car nous sommes venus droit chez vous ; mais je vous réponds que nous n'aurons pas peur de la mer.

— A la bonne heure, reprit le marin. Eh bien, mon bateau vous mènera à Cette, un joli port du département de l'Hérault : je mets à la voile après-demain. Une fois à Cette, j'interrogerai les uns et les autres sur Volden ; nous autres mariniers, nous nous connaissons tous, et déjà, à mon dernier voyage, j'avais chargé un camarade qui partait vers Bordeaux par le canal du Midi de prendre des informations sur l'adresse de Volden. Nous aurons donc, je l'espère, des nouvelles de votre oncle à Cette. Aussitôt on le préviendra de votre arrivée, et je vous confierai à un marinier qui vous conduira par le canal jusqu'à Bordeaux.

— Mais, monsieur, dit le petit Julien, les bateaux, ce sera peut-être encore trop cher pour notre bourse.

— Mon petit homme, vous avez un frère courageux qui ne craint point le travail : j'ai vu cela sur ses certificats. S'il veut faire comme je lui dirai et nous aider à charger ou décharger nos marchandises, non seulement le bateau ne lui coûtera rien, mais il gagnera votre nourriture à tous les deux et quelques pièces de cinq francs le long du chemin. Il aura du mal, c'est vrai, mais ici-bas rien sans peine.

— Comment donc ! s'écria André avec joie, je ne demande qu'à travailler. C'est ainsi que nous avons fait avec M. Gertal depuis Besançon jusqu'à Valence.

— Mon Dieu, fit Julien, quel malheur que je ne puisse marcher ! J'aurais fait les commissions, moi aussi, comme je faisais pour M. Gertal, et même je sais vendre un peu au besoin, allez, monsieur Jérôme.

Le patron Jérôme sourit à l'enfant :

— Vous avez raison, petit Julien, répondit-il, d'aimer à vous rendre utile ; faites toujours ainsi, mon enfant. Dans la famille, voyez-vous, quand tout le monde travaille, la moisson arrive et personne ne pâtit. Mais en ce moment il ne faut songer qu'au repos, afin de vous guérir au plus vite.

Pendant qu'André et Julien remerciaient Jérôme, sa femme se mit à préparer pour les enfants l'ancienne chambre où couchait leur oncle. Cette chambre n'avait pas été louée depuis le départ de Frantz Volden. Les enfants, dès le soir même, y furent installés. C'était un petit cabinet haut perché sur une colline et qui dominait les toits de la ville.

Quand André ouvrit la fenêtre, il poussa un cri de surprise :

— Oh ! Julien, dit-il, que c'est beau !

Et, prenant Julien dans ses bras, il le porta jusqu'à la fenêtre. — La mer, la mer ! s'écria Julien.

De la fenêtre, en effet, on découvrait à perte de vue la mer, d'un bleu plus foncé encore que le ciel ; on apercevait aussi les ports de Marseille et les navires innombrables dont les mâts se pressaient les uns contre les autres, agitant aux tourbillons du mistral leurs pavillons de toutes les couleurs. Les derniers rayons du soleil couchant emplissaient l'horizon d'une lumière d'or. Les deux enfants, serrés l'un contre l'autre, regardaient tour à tour l'immensité du ciel et celle de la mer, puis les trois ports pleins de navires et la grande ville qui s'étendait au-dessous d'eux. Devant ce spectacle si nouveau, ils étaient tout émus.

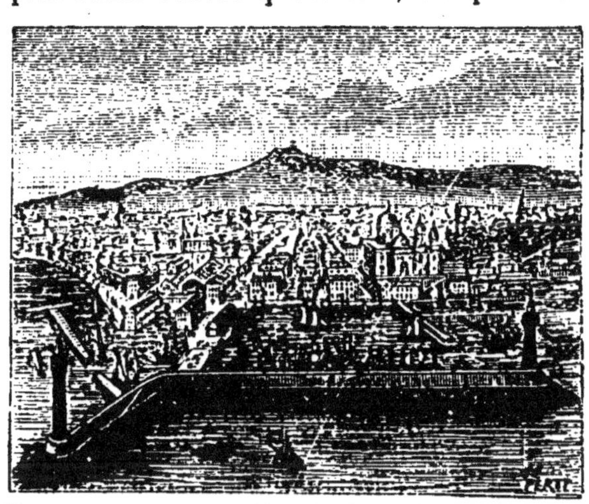

MARSEILLE ET SES PORTS. — Marseille, le premier port de France, est une ville excessivement commerçante et industrielle de 360 000 habitants. Dans ses ports, que protègent de longues jetées, se rendent par milliers des vaisseaux venus de tous les points du globe. Elle fait un très important commerce avec l'Algérie et la Tunisie. Enfin ses ateliers produisent une grande quantité d'objets de toute sorte ; ses seules savonneries donnent plus de 60 millions de kilogrammes de savon par an.

En même temps ils pensaient avec joie aux bonnes paroles de Jérôme. — Je suis bien content, dit André, d'avoir entendu parler de notre oncle ; il me semble que je le connais à présent, et je l'aime déjà notre oncle Frantz !

— Et moi aussi, dit Julien. Quelle bonne idée il a de vouloir acheter un bout de champ ! C'est justement tout à fait mon goût. Ce serait si bon d'avoir un champ à cultiver, des vaches à soigner! Oh! André, je traverserais toutes les mers du monde rien que pour cela.

André sourit à l'enfant. — Allons, dit-il, je vois que mon Julien a la vocation de la culture, et que l'oncle Frantz et lui feront vite une paire d'amis. En attendant, il faut se reposer, afin d'avoir bien des forces pour le voyage.

La nuit venue, avant de s'endormir, Julien dit à André :

— Nous allons remercier Dieu de tout notre cœur.

— Et aussi, ajouta André, lui demander la persévérance, afin de ne plus nous décourager à chaque traverse nouvelle, afin d'apprendre à être toujours contents de notre sort.

Et, joignant les mains en face du ciel étoilé que reflétait la mer, les deux orphelins firent à haute voix la prière du soir.

LXXVI. — Promenade au port de Marseille. — Visite à un grand paquebot. — Les cabines des passagers, les hamacs des matelots; les étables, la cuisine, la salle à manger du navire.

La première embarcation des hommes a été un tronc d'arbre. Que de progrès accomplis depuis ce jour! Le simple tronc d'arbre est devenu une vraie ville flottante.

Dès le lendemain, André commença à se rendre utile au patron, voulant le dédommager de la nourriture et du coucher qu'il leur donnait. Le jeune garçon descendit donc de bonne heure, vêtu de ses habits de travail, et suivit le marin au port, où l'on devait achever le chargement du bateau.

Le bateau de Jérôme faisait le petit cabotage de la Méditerranée, c'est-à-dire la navigation sur les côtes, transportant d'un port à l'autre les marchandises. En ce moment, c'était un chargement de sapins du nord, qu'il s'agissait de transporter à Cette pour faire des mâts de navire. André aida de tout son courage au chargement.

Le petit Julien, resté à la maison, gardait les enfants de la femme du marin, pendant que celle-ci, profitant de cette aide, était allée laver un gros paquet de linge.

A l'heure du dîner, André mangea rapidement, puis il prit Julien dans ses bras : — Comme tu dois t'ennuyer immobile ainsi! lui dit-il. J'ai une bonne heure de repos devant moi, et je vais en profiter pour te montrer quelque chose de bien intéressant. Nous allons voir le port et les grands navires qui traversent l'Océan; j'ai obtenu d'un matelot la permission de visiter l'intérieur d'un magnifique bateau à vapeur.

Julien tout joyeux passa un bras autour du cou de son frère, et un quart d'heure après ils étaient sur le quai.

— Oh! mon Dieu, mon Dieu, dit Julien, que de navires! Il y en a de toutes les grandeurs.

— Et ils viennent de tous les pays, dit André. Regarde celui-ci, qui est un des plus beaux du port en ce moment; c'est celui que nous allons voir. C'est le *Sindh*, qui fait la traversée de la Chine en France : il est arrivé ici avant-hier.

André, tenant Julien avec précaution, descendit dans une barque, et le batelier les conduisit en ramant auprès du grand

PONT SUPÉRIEUR D'UN PAQUEBOT À VAPEUR. — A droite, se trouve la roue à l'aide de laquelle on manie le gouvernail. Près de là, on voit les cabines du capitaine et des officiers. A gauche, sont les cages des animaux. Les passagers logent au-dessous, à l'étage plus bas : les petits trous que l'on voit le long du vaisseau sont les fenêtres de leurs cabines.

navire, peint en noir et orné de dorures, qui s'élevait bien au-dessus d'eux comme un édifice porté par l'eau.

Ils montèrent avec précaution l'escalier mobile qui est attaché au flanc du bâtiment, et bientôt tous les deux se trouvèrent sur le *pont*, c'est-à-dire sur le plancher supérieur; car les grands vaisseaux sont comme des maisons flottantes à plusieurs étages, et chacun de ces étages s'appelle un pont.

Le marin auquel André avait parlé à l'avance les attendait. Il leur fit faire tout le tour de la vaste plate-forme. Il leur montra à un des bouts le grand tourniquet avec lequel on manœuvre le gouvernail ; la cabine du capitaine était près de là, mais il était défendu d'y entrer sans permission. De chaque côté du navire étaient suspendus en l'air des chaloupes et canots, que l'on peut faire glisser dans la mer, et qui servent aux marins à quitter ou à regagner le navire.

— Voyez ces petites embarcations, dit le matelot ; si par malheur le paquebot venait à être incendié ou à sombrer en

Race blanche. Race rouge. Race jaune. Race noire.

LES QUATRE RACES D'HOMMES. — La race blanche, la plus parfaite des races humaines, habite surtout l'Europe, l'ouest de l'Asie, le nord de l'Afrique et l'Amérique. Elle se reconnaît à sa tête ovale, à une bouche peu fendue, à des lèvres peu épaisses. D'ailleurs son teint peut varier. — La race jaune occupe principalement l'Asie orientale, la Chine et le Japon : visage plat, pommettes saillantes, nez aplati, paupières bridées, yeux en amandes, peu de cheveux et peu de barbe. — La race rouge, qui habitait autrefois toute l'Amérique, a une peau rougeâtre, les yeux enfoncés, le nez long et arqué, le front très fuyant — La race noire, qui occupe surtout l'Afrique et le sud de l'Océanie, a la peau très noire, les cheveux crépus, le nez écrasé, les lèvres épaisses, les bras très longs.

pleine mer, c'est dans ces chaloupes ou ces canots que nous nous réfugierions, marins et passagers.

— Sont-elles petites, dit Julien, en comparaison du grand navire ! on dirait des coques de noix.

— Dieu merci, de tels accidents sont rares, dit le marin. Le vaisseau est solide ; il est presque tout en fer.

Pendant ce temps, des matelots chargés du service des cuisines ou du transport des marchandises allaient et venaient autour des enfants. Il y en avait de tous les pays et presque de toutes les races d'hommes, les uns jaunes, les autres noirs. A quelques pas, un jeune Chinois au teint olive, la tête ornée d'une longue queue, les pieds nus dans des sandales pointues, pompait de l'eau. — Quoi! dit Julien, il y a une pompe ici comme dans une cour.

— Certes oui, dit le marin : nous avons dans le fond du navire un réservoir d'eau douce : comment ferions-nous sans eau bonne à boire pendant une traversée qui dure trois mois?... Voulez-vous voir à présent notre étable?

— Votre étable! répondit Julien avec étonnement.

— Mais oui, dit le marin, en montrant des espèces de grandes cages d'une propreté exquise, dans lesquelles il y avait une vache, des veaux et des moutons. Voici un agneau qui est à bord du navire; c'est le favori du capitaine : on le laisse de temps en temps se promener en liberté sur le pont. A côté, voilà les poules, qui nous donnent de bons œufs frais pour les malades.

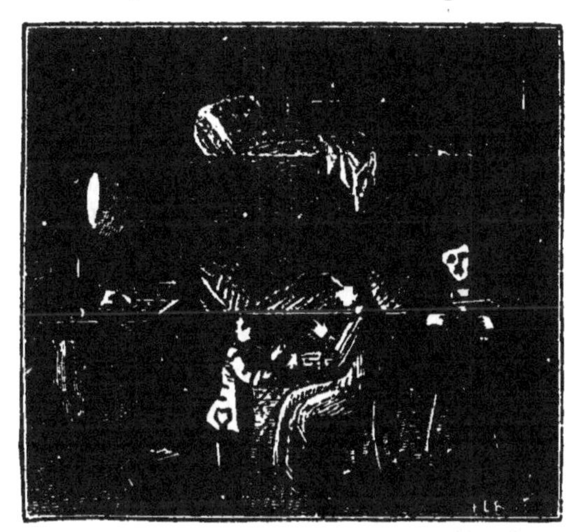

CABINE DE PASSAGERS À BORD D'UN NAVIRE. — Les cabines des passagers sont si basses d'étage, qu'on touche presque le plafond de la tête; ordinairement on met plusieurs lits l'un sur l'autre pour ménager mieux la place. Les petites fenêtres sont protégées par des serrures solides, afin qu'on puisse les fermer hermétiquement pendant les tempêtes, car sans cette précaution les vagues jailliraient dans les cabines.

Julien n'en pouvait croire ses yeux. Ce qui le surprenait le plus, c'était l'ordre admirable et la propreté qui régnaient à bord.

— Songez donc, mon petit, dit le marin, que sans la propreté il n'y a de santé pour personne, surtout pour le matelot.

Après avoir visité le pont, on descendit par un escalier en bois à l'étage inférieur. — Je vais vous montrer, dit le marin, les chambres ou cabines où couchent les passagers.

Il ouvrit une des portes, et Julien vit une chambrette fort propre avec une table, des chaises, des fauteuils. Pour ménager la place, plusieurs petits lits étaient placés les uns au-dessus des autres.

— Quand on veut monter dans le second lit, dit le marin, on prend une chaise, et on se trouve au-dessus de son voisin.

Au fond était une petite fenêtre, hermétiquement close pour empêcher l'eau des vagues de pénétrer à l'intérieur.

Puis ce furent les salles de bains qu'on visita avec leurs jolies baignoires, la salle à manger avec sa longue table ; on regarda les buffets, où les verres et les assiettes étaient fixés pour éviter que le mouvement du navire ne les brisât. Au-dessus de la table pendait une toile tendue : — Voyez-vous? dit le marin, quand les passagers dînent et que la chaleur est trop forte, par exemple sur la mer Rouge ou sous l'équateur, un Chinois placé près de la porte agite cette toile avec une corde : la toile se remue alors comme un grand éventail, et donne de l'air aux passagers... Ce piano, qui est au fond de la salle, sert à égayer les longues soirées à bord du navire.

— Comme tout est prévu! disait Julien ; ce navire est une vraie ville qui se promène sur l'eau.

— Mais où couchent donc les matelots? demanda André.

— Venez, venez, dit le marin. — Et on entra dans une grande salle basse. — Voici notre dortoir, dit-il.

— Comment cela? reprit Julien, je ne vois pas un lit.

— Patience, j'en vais faire un pour vous montrer.

Et en moins de rien le marin saisit au plafond un paquet qu'il déroula. C'était une natte de forte toile, longue et étroite. Il accrocha une des extrémités à un crochet fixé au plafond, l'autre à un second crochet placé à deux mètres de distance; puis, se tenant des deux mains à l'un des crochets, il s'enleva de terre et bondit dans cette couchette suspendue en l'air.

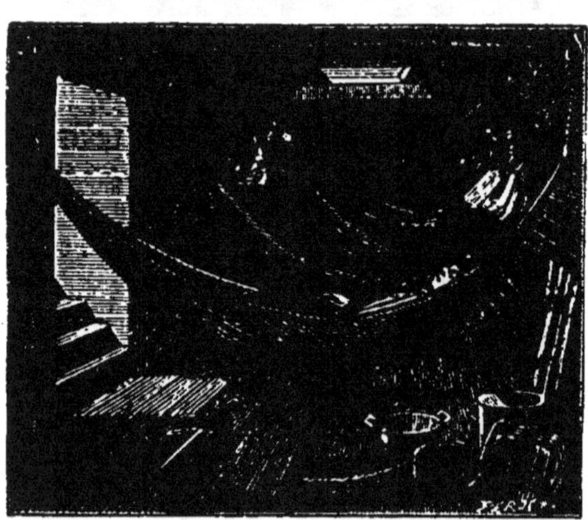

HAMACS DES MATELOTS. — Dans les navires, où l'on a si peu de place, il faut que des centaines d'hommes couchent dans un très petit espace : les matelots ne se servent point de lits. Ils ont de petites couchettes qu'on ramasse le jour et qu'on suspend le soir.

— Voici, dit-il, le lit fait et votre serviteur dedans. J'ai de plus une couverture pour m'envelopper. C'est tout ce qu'il faut au matelot pour dormir à l'aise dans son hamac, bercé par la mer au bruit des vagues.

— Alors, dit Julien, tous les crochets que je vois servent pour les lits de tous les matelots?

— Justement, mon petit. Et voyez, chaque crochet a un numéro d'ordre, chaque hamac aussi. Il y a quarante numéros, nous couchons ici quarante hommes, et nous avons chacun le nôtre.

On visita aussi les cuisines avec leurs grands fourneaux que chauffe la machine à vapeur du navire, puis la boulangerie et le four. Enfin on allait, on venait, montant et descendant les différents étages, et chemin faisant on rencontrait des Chinois aux larges pantalons jaunes, ou des Arabes aux yeux brillants et sauvages, car une partie des hommes de peine du navire est composée de Chinois et d'Algériens.

Lorsqu'on eut bien tout examiné, on remercia le marin et on s'en alla vite; car André ne voulait pas être en retard pour l'heure du travail.

— Que tu es bon de te donner tant de peine pour moi, mon frère! dit Julien, pendant qu'André l'emportait dans ses bras. Cela doit bien te fatiguer de me soutenir toujours.

— Non, mon Julien, dit André; j'ai une bonne santé et je suis fort; ne crains pas de me fatiguer. C'est à ceux qui sont plus forts d'aider les plus faibles, et je ne suis jamais si heureux que quand nous partageons un plaisir ensemble.

LXXVII. — La côte de Provence. — Toulon. — Nice. — La Corse. — Discussion entre les matelots; quelle est la plus belle province de France. Comment André les met d'accord.

Ayons tous un même cœur pour aimer la France.

Après avoir ramené son frère à la maison, André continua d'aider toute la journée Jérôme à charger le bateau, auquel le patron avait donné le nom de la *Ville d'Aix*, en souvenir de son pays natal.

Le lendemain ce bateau, aussi modeste et pauvre que le paquebot à vapeur était superbe, mit de bonne heure à la voile.

— Le vent est favorable, disait Jérôme, il faut en profiter.

On sortit du port, et on passa devant les forts qui le protègent, devant les murailles qui s'avancent en mer pour le défendre contre la violence des vagues. Enfin on vit s'ouvrir l'horizon sans limite de la pleine mer, qui semblait dans le lointain se confondre avec le ciel. Julien ne pouvait se lasser de regarder cette grande nappe bleue sur laquelle le bateau bondissait si légèrement; le vent enflait les voiles et on marchait vite. André observait la manœuvre avec attention pour apprendre ce qu'il y avait à faire. La mer était bonne, et les deux jeunes Lorrains n'éprouvèrent pas le mal de mer, ce malaise suivi de vomissements dont sont pris souvent ceux qui vont sur mer sans y être habitués.

NOTRE-DAME DE LA GARDE À MARSEILLE. — Cette église, très vénérée des marins, est bâtie sur une hauteur et domine toute la ville. On aperçoit de loin en mer sa tour aiguë et la statue de la Vierge qui la surmonte. — À gauche se trouve un *sémaphore*, c'est-à-dire un poste d'où l'on fait des signaux aux navires qui passent en mer.

Le long du chemin le patron et les deux hommes d'équipage, lorsqu'ils se trouvaient à portée de Julien, lui adressaient la parole et lui montraient les divers points de la côte.

Du bateau, on put apercevoir longtemps la ville de Marseille, dont les innombrables maisons se pressaient au bord de la mer, le clocher de Notre-Dame de la Garde surmonté d'une statue colossale qui brillait de loin au soleil, enfin la ceinture de hautes collines qui s'élevaient de chaque côté de la ville, baignant leur pied jusque dans la mer.

— Comme elle est belle cette côte de Provence! dit Julien. Elle est toute découpée en caps arrondis. Comment donc s'appellent ces montagnes qui ondulent, là-bas, à droite?

— Ce sont les montagnes qui entourent Toulon, répondit le père Jérôme. Toulon est là-bas tout au fond. Voilà encore un port superbe! Seulement ce ne sont plus guère des navires de commerce qui s'y abritent, comme à Marseille : ce sont des vaisseaux de guerre, car Toulon est notre grand port de guerre sur la Méditerranée. Les navires de guerre ne sont pas moins curieux à voir que les paquebots de passagers. Là, tout est bardé de cuivre ou de fer, tout est cuirassé pour résister aux boulets ennemis, et, de chaque côté du pont, on voit les gueules menaçantes des canons.

— C'est dommage que nous ne passions pas par Toulon.

— Merci, petit! cela allongerait un peu trop notre route. Nous allons tout droit à Cette sans perdre de temps.

UN VAISSEAU CUIRASSÉ. — On appelle de ce nom des vaisseaux tout entourés d'une épaisse cuirasse de fer sur laquelle les boulets glissent sans pouvoir s'enfoncer : ce sont comme des forteresses flottant sur l'eau. Les vaisseaux de premier rang ont 3 ponts et 120 canons. Notre flotte française, la plus forte après celle de l'Angleterre, compte 31 vaisseaux à vapeur cuirassés et en tout 230 bâtiments de guerre environ.

Le bateau allait vite en effet, et parfois la poussière humide des vagues arrivait jusque sur la figure de Julien. Celui-ci voyait toujours se succéder devant lui les côtes et les golfes de Provence, bordés de montagnes.

— Quelle superbe contrée, disait le patron Jérôme, que cette Provence toute couverte d'oliviers, de pins et d'herbes odorantes! C'est mon pays, ajouta-t-il, fièrement, et vois-tu, petit, à mon avis, c'est le plus beau du monde.

— Patron, dit l'un des marins, le lieu où l'on est né est toujours le premier du monde. Ainsi, moi qui vous parle, je ne connais rien qui me rie au cœur comme le joli comté de Nice : car je suis né là sur la côte, dans une petite maison entourée d'orangers et de citronniers qui toute l'année sont couverts de fleurs et de fruits. Ma mère était sans cesse occupée à cueillir les citrons ou les oranges pour les porter à Nice sur sa tête dans une grande corbeille. Nulle part je ne vois rien qui me paraisse charmant comme nos bois toujours verts d'orangers, de citronniers et d'oliviers, qui descendent des hauteurs de la montagne jusqu'au bord de la mer. Tout vient si bien dans notre chaud pays! Il y a autant de fleurs en hiver qu'au printemps; pendant que la neige couvre les contrées du nord, les étrangers malades viennent chercher chez nous le soleil et la santé.

Bois d'orangers aux environs de Nice. — L'oranger, ce bel arbre aux fleurs si suaves et aux fruits d'or, fut apporté dans nos pays pendant les croisades. Ses fruits mûrissent au printemps. Il ne peut vivre en pleine terre que sous les chauds climats de la Provence, du comté de Nice et du Roussillon.

— Et la Corse, donc, s'écria l'autre marin. Quel pays, quelle fertilité! Elle a en raccourci tous les climats. Sur la côte, du côté d'Ajaccio, c'est la douceur du midi; notre campagne est pleine aussi d'orangers, de lauriers et de myrtes, comme votre pays de Nice, camarade. Nos oliviers sont dix fois hauts comme ceux de votre Provence, patron. Et le cotonnier, le palmier peuvent croître chez nous comme en Algérie. Cela n'empêche pas qu'on trouve sur nos hautes montagnes neuf mois d'hiver, de neige et de glace, et de grands pins qui se moquent de l'avalanche.

— Oui, dit le patron; mais vous n'avez pas de bras chez vous; la Corse est dépeuplée et vos terres sont incultes.

— Patron, c'est vrai. Nous tenons plus volontiers un fusil que la charrue. Mais patience, nos enfants s'instruiront, et ils comprendront alors le parti qu'ils peuvent tirer des richesses du sol. En attendant, la France nous doit le plus habile capitaine du monde, Napoléon Ier.

— Eh bien, moi, dit le petit Julien qui était content aussi de donner son avis, je vous assure que la Lorraine vaut toutes les autres provinces. Il n'y a point d'orangers chez nous, ni d'oliviers; mais on sait joliment travailler en Lorraine, les femmes comme les hommes, et l'on a su s'y battre aussi; car nous avons eu Jeanne Darc et de grands généraux.

— Alors, pour nous mettre d'accord, dit André en souriant à l'enfant, disons donc que la France entière, la patrie, est pour nous tout ce qu'il y a de plus cher au monde.

— Bravo! vive la France, dit d'une même voix le petit équipage.

— Vive la patrie française! reprit le patron Jérôme; quand il s'agit de l'aimer ou de la défendre, tous ses enfants ne font qu'un cœur.

PALMIER. — Les palmiers sont une famille d'arbres de haute taille couronnés à leur sommet par un faisceau de larges feuilles dites *palmes*. Le plus important des palmiers est le *dattier*, qui produit les fruits sucrés appelés dattes.

LXXVIII. — Une gloire de Marseille : le plus grand des sculpteurs français, Pierre Puget. — Un grand orateur, député d'Aix, Mirabeau. — Un législateur né en Provence. — Le code français.

« Nul bien sans peine. » (Pierre PUGET.)

Pendant que le patron de la *Ville d'Aix* s'éloignait pour donner des ordres, Julien atteignit son fidèle compagnon de voyage, son livre sur les grands hommes de la France.

— Voyons donc, se dit-il, pendant que tout le monde est occupé, moi je m'en vais faire connaissance avec quelques-uns des noms célèbres de la Provence.

Et il se mit à lire avec attention.

I. A Marseille, naquit un grand homme qui fut à la fois sculpteur, peintre et architecte, PIERRE PUGET. La sculpture est l'art de tailler dans la pierre, le marbre ou le bois, des hommes, des animaux ou d'autres objets; par exemple, les statues qui ornent les places publiques sont l'œuvre des sculpteurs.

Le jeune Puget travailla d'abord chez un constructeur de navires et, à l'âge de seize ans, il se fit remarquer pour un superbe navire qu'il avait orné de dessins et de sculptures en bois. A cette époque, on avait coutume d'orner le devant des navires de statues, d'anges aux ailes déployées, de guirlandes dorées qui étincelaient au soleil, et on s'adressait pour tous ces ornements à des sculpteurs habiles.

PIERRE PUGET SCULPTANT UNE STATUE. — Pour sculpter, l'artiste applique sur le bloc de marbre un ciseau et frappe dessus avec un marteau. Ainsi il pratique avec adresse des creux et des saillies dans le marbre, qui prend sous le ciseau la forme des etres vivants — Un des chefs-d'œuvre de Pierre Puget est son *martyre de saint Sébastien* qui périt percé de flèches.

Mais, à ce moment de sa vie, le rêve du jeune Puget n'était pas de sculpter : c'était d'apprendre la peinture et, pour l'étudier, d'aller en Italie, où étaient alors les plus grands maîtres de cet art. Dans ce but, il travailla avec courage comme ouvrier pendant un an, afin de gagner la somme nécessaire à son voyage. Puis, à dix-sept ans, il partit à pied, s'arrêtant en route quand l'argent lui manquait, et recommençant à travailler jusqu'à ce qu'il eût gagné de quoi aller plus loin. Comme on pense, il eut bien des peines à endurer pour arriver au terme de sa route, et il se trouva souvent dans la misère.

Une fois arrivé en Italie, il étudia la peinture auprès de différents maîtres. Il montrait déjà dans cet art un véritable génie, lorsqu'il tomba gravement malade. Le médecin lui dit qu'il ne se guérirait pas s'il continuait à peindre, à cause de l'odeur malsaine des peintures, et qu'il lui fallait changer d'occupation pour sauver sa santé. Le jeune peintre se trouva ainsi obligé de recommencer des études nouvelles : il ne se découragea pas, et il reprit son premier métier de sculpteur. Sa gloire ne perdit rien au change, car c'est dans la sculpture qu'il a acquis, non sans des peines et des travaux incessants, une impérissable renommée.

Pierre Puget avait gravé dans sa maison ces paroles qui semblent résumer sa vie :

« Nul bien sans peine. »

— Voilà une devise dont je veux me souvenir toujours, dit Julien; cela me donnera du courage.

Il reprit ensuite son livre et continua :

II. C'est en Provence qu'habitait la famille des Mirabeau, dont est sorti le plus grand de nos orateurs pendant la Révolution. Il fut député d'Aix en 1789.

C'est aussi en Provence que naquit un rival de Mirabeau, Portalis, qui prit une grande part dans la suite à la formation du Code civil. Vous savez, enfants, qu'on appelle *Code* le livre où sont réunies toutes les lois du pays : le *Code* est le *Livre des lois*. Eh bien, depuis la fin du siècle dernier et le commencement du dix-neuvième siècle, un code nouveau a été établi en France; Portalis est un de ceux qui ont le plus contribué à faire ce code, à chercher les lois les plus sages et les plus justes pour notre pays.

L'École de droit à Paris. — La principale école de droit se trouve à Paris, en face du Panthéon. On en compte douze autres en France.

Le code français est une des gloires de notre nation, et les autres peuples de l'Europe nous ont emprunté les plus importantes des lois qu'il renferme. Ceux qui veulent devenir magistrats ou avocats font de ces lois une étude approfondie, et on appelle Écoles de droit les établissements de l'État où on enseigne le code.

LXXIX. — Le Languedoc vu de la mer. Nîmes, Montpellier, Cette. — Les tristes nouvelles de l'oncle Frantz. — La résolution d'André.

Un homme courageux compte sur ce qu'il peut gagner par son travail, non sur ce qu'il peut emprunter aux autres.

Le vent continuant d'être bon, on ne tarda pas à perdre de vue la Provence. On aperçut les côtes basses du Languedoc, toutes bordées d'étangs et de marais salants, où l'eau de mer, s'évaporant sous la chaleur du soleil, laisse déposer le sel qu'elle contient.

— En face de quel département sommes-nous? demanda Julien, qui cherchait à s'instruire.

— C'est le Gard, dit le patron.

— Chef-lieu Nîmes, répondit Julien.

— Oui, répondit Jérôme; Nîmes est une grande et belle ville, où sont de magnifiques monuments d'autrefois. Il y a un vaste cirque de pierres appelé les arènes, où on donnait dans les anciens temps des jeux et des spectacles.

Peu d'heures après on était en vue du département de l'Hérault. Le patron fit observer à Julien qu'avec une longue vue on pourrait apercevoir les maisons de la ville de Montpellier, ainsi que le beau jardin du Peyrou qui la domine.

ARÈNES DE NIMES. — Les anciens appelaient *arènes* un amphithéâtre où ils venaient regarder des spectacles, des combats d'hommes et de bêtes. Les arènes de Nîmes sont un magnifique amphithéâtre où pourraient s'asseoir 30 000 spectateurs. Souvent pendant les guerres, les habitants de Nîmes se sont réfugiés dans les arènes et s'en sont servis comme de citadelle. Nîmes a aujourd'hui plus de 60 000 habitants ; c'est l'entrepôt des soies du midi de la France.

— Nous voici près de Cette, ajouta-t-il. Nous arriverons de bonne heure.

Le soir, en effet, n'était pas encore venu quand on aperçut Cette et la montagne assez haute qui la domine.

Lorsqu'on eut replié les voiles et attaché le bateau, le patron s'informa de Frantz Volden auprès d'un marinier qui arrivait de Bordeaux par le canal du Midi. On lui apprit que Volden était bien malheureux : il était venu à Bordeaux pour retirer ses économies de chez un armateur à qui il les avait confiées, mais cet armateur avait fait de mauvaises affaires; tout ce que Volden possédait se trouvait englouti. Volden en avait conçu un tel chagrin qu'il avait fini par tomber gravement malade. A cette heure, il était à l'hôpital de Bordeaux, atteint d'une fièvre typhoïde, dans un état de délire et de faiblesse tels qu'il ne fallait pas

MONTPELLIER ET LA PROMENADE DU PEYROU. — La place du Peyrou, à Montpellier, est l'une des plus belles promenades qui existent. Du haut de la colline où elle est placée, la vue s'étend sur les montagnes des Cévennes et sur la mer, qu'on aperçoit dans le lointain comme une ligne bleuâtre. Sur la place se trouve la statue de Louis XIV, qui a fait construire cette promenade par le célèbre architecte Le Nôtre. La ville de Montpellier compte 60 000 habitants. Elle a une faculté de médecine célèbre. Elle fait un grand commerce de vins et eaux-de-vie.

songer à lui annoncer immédiatement la mort de son frère Michel en Alsace-Lorraine et l'arrivée de ses neveux.

Jérôme, en apprenant ces tristes nouvelles, se trouva bien embarrassé pour donner conseil à André et à Julien.

— Mes enfants, leur dit-il, réfléchissez vous-mêmes. Si vous allez à Bordeaux par le canal et qu'André travaille à bord, cela ne vous coûtera rien, c'est vrai, mais ce sera un voyage d'un mois, et très pénible, en hiver surtout. Peut-être feriez-vous mieux de prendre le chemin de fer : je puis vous prêter une trentaine de francs pour compléter ce qui vous manque, et dès demain vous serez rendus à Bordeaux sans fatigue.

LANGUEDOC, ROUSSILLON ET COMTÉ DE FOIX. — Le haut Languedoc est couvert par les monts des Cévennes; Mende, Privas, le Puy en sont les villes principales. On y élève les vers à soie; on y fabrique des dentelles. Le bas Languedoc est couvert de vignobles dont plusieurs sont célèbres, comme Lunel et Frontignan. — Les vins liquoreux du Roussillon sont également renommés; Perpignan est une place de guerre de premier ordre. — Le comté de Foix est une contrée montagneuse, connue pour ses fers et ses forges.

—Je vous suis bien reconnaissant, patron Jérôme, répondit André d'une voix tremblante, car il était accablé par le nouveau malheur qui les frappait; mais, en supposant que nous prenions aujourd'hui le chemin de fer pour arriver à Bordeaux demain, que deviendrions-nous dans cette grande ville, si je ne trouvais pas tout de suite de l'ouvrage? Songez-y donc : Julien ne peut marcher, notre oncle est à l'hôpital, et n'a peut-être pas d'économies pour sa convalescence.

— C'est vrai, dit Jérôme, frappé du bon sens d'André.

— Quelle situation, alors, patron Jérôme! non seulement il nous serait impossible de vous rembourser les trente francs que vous m'offrez si généreusement, mais il nous faudrait essayer d'emprunter encore à d'autres. Non, cela n'est pas possible. Nous prendrons le bateau, Julien et moi, et nous écrirons dans quelques jours à notre oncle pour lui annoncer notre arrivée. Voyez-vous, mon père me l'a appris de bonne heure : c'est se forger une chaîne de misère et de servitude que d'emprunter quand on peut vivre en travaillant. C'est si bon de manger le pain qu'on gagne! Quand on est pauvre, il faut savoir être courageux, n'est-ce pas, Julien?

— Oui, oui, André, répondit l'enfant.

— Un mois, d'ailleurs, est vite passé avec du courage. Dans un mois Julien aura retrouvé ses jambes, notre oncle sera sans doute convalescent; nous arriverons à Bordeaux avec nos économies au complet et avec ce que j'aurai gagné en plus pendant le mois. Nous pourrons peut-être alors être utiles à mon oncle, au lieu de lui être à charge. Pour cela, nous n'avons besoin que d'un mois de courage ; eh bien! nous l'aurons, ce courage, n'est-ce pas, Julien?

André, en parlant ainsi, avait dans la voix quelque chose de doux et d'énergique tout ensemble : la vaillance de son âme se reflétait dans ses paroles. Julien le regarda, et il se sentit tout fier de la sagesse courageuse de son aîné.

— Oui, André, s'écria-t-il, je veux être comme toi, je veux avoir bien du courage. Tu verras : au lieu de me désoler, je vais me remettre à m'instruire, je prendrai mes cahiers et travaillerai sur le bateau comme si j'étais à l'école. Un bateau sur un canal, cela doit aller si doucement que je pourrai peut-être écrire comme en classe. Et puis enfin, je prierai Dieu bien souvent pour que notre oncle se guérisse.

— Dieu t'exaucera, mon enfant, dit le patron Jérôme en embrassant le petit garçon. En même temps, il tendait à André une main affectueuse, et à demi-voix :

— Je vous approuve, André, lui dit-il ; c'est bien, à la bonne heure! J'ai eu du plaisir à vous entendre parler ainsi. Vous me rappelez les beaux arbres de votre pays, ces grands pins de l'Alsace et du nord dont le cœur est incorruptible, et dont nous faisons les plus solides mâts de nos navires, les seuls qui puissent tenir tête à l'ouragan. Quand la rafale souffle à tout casser, quand tout craque devant elle, elle arrive bien à plier le mât comme un jonc ; mais le rompre, allons donc! il se redresse après chaque rafale, aussi droit, aussi ferme qu'auparavant. Faites toujours de même, enfants; ne vous laissez pas briser par les peines de la vie, et, après chacune d'elles, sachez vous redresser toujours, toujours prêts à la lutte.

Le petit Julien, en écoutant la comparaison du marin Jérôme, avait ouvert de grands yeux; il ne comprenait cela qu'à moitié, car il n'avait nulle idée de la tempête; néanmoins cette image lui plaisait; il aimait à se représenter les beaux arbres de la terre natale tenant vaillamment tête aux bourrasques de l'Océan, et il se disait : — C'est ainsi qu'il faut être; oui, André est courageux, et je veux être courageux comme lui.

LXXX. — Les reproches du nouveau patron. — Le canal du Midi et les ponts tournants. — Le départ de Cette pour Bordeaux.

Quand on vous parle avec mauvaise humeur, la meilleure réponse est de garder le silence et de montrer votre bonne volonté.

Le patron Jérôme, dès le lendemain, usa de son influence auprès d'un marinier qu'il connaissait pour l'engager à emmener avec lui les deux enfants. Après bien des pourparlers, il obtint qu'André toucherait vingt francs de salaire en arrivant à Bordeaux.

— C'est peu, dit-il à André, mais le *Perpignan* est un bateau bien installé. Vous y serez mieux couché et mieux nourri que sur bien d'autres. Le patron, un marin du Roussillon, est un parfait honnête homme. Rappelez-vous seulement qu'il est vif comme la poudre et soyez patient.

André et Julien, après avoir remercié Jérôme, reprirent encore une fois leur petit paquet de voyage. Mais Julien voulut absolument essayer ses forces : en s'appuyant beaucoup sur le bras d'André et à peine sur son pied malade, il arriva à faire quelques pas, ce qui le transporta de joie.

— Oh! s'écria-t-il en battant des mains de plaisir, je marcherai avant un mois, tu verras, André.

André était lui-même tout heureux, mais il ne voulut pas que l'enfant se fatiguât. De plus, il avait hâte d'arriver pour ne pas faire attendre le nouveau patron. Il prit donc Julien sur son bras et suivit le plus vite qu'il put une partie des quais de Cette, jusqu'à ce qu'il aperçût le *Perpignan*. Mais il eut beau se hâter, il arriva en retard.

Le patron était à bord, fort impatient, car il n'attendait qu'André pour donner le signal du départ ; ce qui lui fit accueillir les enfants avec la plus grande brusquerie : il se repentait déjà, disait-il, de s'être chargé d'eux, et il le leur répéta devant tous les marins.

PONT TOURNANT SUR LE CANAL DU MIDI A CETTE. — Les canaux ne sont pas toujours assez profondément creusés pour que les bateaux puissent passer sous les arches des ponts. Afin que les bateaux ne soient pas arrêtés au passage, on a inventé les ponts tournants qui s'ouvrent par la moitié ou tournent tout entiers sur eux-mêmes. — Cette, qui par son canal du Midi communique avec l'Océan, est, après Marseille, notre port de commerce le plus important de la Méditerranée. Elle fait un grand commerce de vins et eaux-de-vie et compte 30000 hab.

André s'excusa aussi poliment qu'il put, et Julien, tout interdit, se blottit en silence sur un coin du pont, entre deux sacs de garance d'Avignon, où le patron d'un geste avait fait signe de le déposer.

Le bateau se mit en marche. Julien n'était pas gai, mais il fut heureusement tiré de ses réflexions en voyant une chose qu'il n'avait jamais vue. Au moment où le bateau arriva devant un pont qui traversait le canal, on s'arrêta : le pont était en effet trop bas pour que le bateau pût passer dessous. Mais tout d'un coup, à un signal donné, le pont, qui était en fer, se mit lui-même en mouvement, et, tournant comme le battant d'une porte, laissa passage au bateau. Le *Perpignan* continua fièrement sa route.

Julien fut émerveillé. Il aurait bien voulu questionner quelqu'un, mais il n'osait pas : chacun était à son poste, fort occupé. André, appuyé sur une longue perche à crochets de fer qu'il plongeait dans l'eau et retirait tour à tour, poussait comme les autres le bateau, qui s'avançait ainsi lentement.

Julien prit alors le parti de réfléchir tout seul à ce qu'il voyait, puis de lire dans son livre.

Il ouvrit le chapitre sur les grands hommes du Languedoc.

— Tiens, dit-il, voici justement qu'il s'agit du canal du Midi, où nous sommes à cette heure.

Et il commença l'histoire de Riquet.

LXXXI. — Un grand ingénieur du Languedoc, Riquet. — Un grand navigateur, la Pérouse.

Celui qui accomplit une œuvre utile ne doit point se laisser décourager par la jalousie : tôt ou tard, on lui rendra justice.

I. Riquet naquit au commencement du dix-septième siècle, à Béziers. L'idée qui le préoccupa pendant toute sa vie fut celle d'établir un canal entre l'Océan et la Méditerranée, et d'unir ainsi les deux mers. Mais, entre l'Océan et la Méditerranée, on rencontre une chaîne de montagnes qui s'élève comme une haute muraille : les Cévennes ou Montagnes-Noires. Comment faire franchir une chaîne de montagnes par un canal? Tel était le problème que Riquet se posait depuis longtemps.

Un jour, dit-on, il était dans la montagne, sur le col de Naurouze qui sépare le versant de l'Océan et le versant de la Méditerranée. Là, regardant les plaines qui s'étendaient à sa droite et à sa gauche, il pensait encore à ses projets. Tout d'un coup un ruisseau qui coulait à ses pieds vers l'Océan, rencontrant un obstacle, se trouva refoulé en arrière et se mit à descendre du côté opposé, vers la Méditerranée. Cette vue frappa l'esprit de Riquet comme un trait de lumière.

— Oh! se dit-il, c'est ici la ligne de partage des eaux; si je pouvais amener assez d'eau à cet endroit où je suis, je pourrais ainsi alimenter à la fois les deux côtés d'un canal allant par ici à l'Océan, et par là à la Méditerranée.

Ingénieurs des ponts et chaussées levant un plan. — L'ingénieur placé à droite mesure l'élévation du terrain à l'aide d'un instrument appelé *niveau*. Pour cela il regarde à travers cet instrument la *mire* que tient l'homme placé dans le fond. Celui qui est penché vers la terre mesure la superficie du terrain à l'aide d'une longue chaîne dite *chaîne d'arpenteur*.

Alors Riquet se mit à l'œuvre. Il explora les montagnes de tous côtés, découvrit des sources qui coulaient sous les rochers, fit des plans de toute sorte et enfin trouva la quantité d'eau nécessaire pour alimenter le canal qu'il projetait.

Il alla proposer ses plans au grand homme qui était alors ministre, Colbert, dont on vous parlera plus tard. Colbert comprit l'importance de l'idée de Riquet. Avec son aide, Riquet commença cette entreprise qui, pour l'époque, était gigantesque. Mais que d'obstacles il eut à surmonter! Il n'avait pas les titres d'ingénieur et il était l'objet de la jalousie des ingénieurs en titre. Sans cesse il rencontrait leur opposition; il fut même forcé de faire percer secrètement une montagne que ces derniers avaient déclarée impossible à percer.

Réservoir d'eau pour le canal du Midi. — Pour retenir l'eau et la distribuer avec mesure, on a imaginé depuis longtemps de construire de grands réservoirs. Dans le canal du Midi, on a fermé des vallées par de larges murailles; l'eau se trouve ainsi emprisonnée entre la montagne et le mur : en s'écoulant par une cascade ou par de grands robinets, elle alimente le canal été comme hiver.

Il fit aussi construire de vastes réservoirs où vient s'accumuler l'eau de la montagne : pour cela, il barra avec un mur énorme un vallon où vont de toutes parts se rendre les eaux. De ces réservoirs l'eau jaillit avec un bruit de tonnerre. Elle arrive ensuite au col de Naurouze, et de là elle redescend doucement vers les deux mers, retenue tout le long de son chemin par des écluses qu'on ouvre et qu'on referme pour laisser passer les bateaux.

Riquet, fatigué par son immense travail et par toutes les contrariétés qu'il avait subies, mourut six mois avant l'achèvement de son entreprise; mais elle fut continuée et menée à bonne fin par ses deux fils. Plus tard, la France a su rendre justice à Paul Riquet, et on a chargé le célèbre sculpteur David d'Angers de lui élever une statue dans sa ville natale.

La Pérouse, né à Albi en 1741, mourut vers l'année 1788, aux environs des îles Vanikoro.

Julien avait lu avec attention la vie de Riquet.

— Oh ! pensa-t-il, je suis content de savoir l'histoire de ce beau canal qui a été si difficile à creuser et où notre bateau passe si facilement aujourd'hui ! Je m'en vais, pendant notre voyage, regarder ces grands travaux-là tout le long de la route... Voyons maintenant ce qui vient à la suite.

II. C'est aussi dans le Languedoc, à Albi, qu'est né un des plus grands navigateurs, dont le nom est connu de tous, LA PÉROUSE. Tout jeune encore, ayant lu le récit des longs voyages sur mer et des découvertes de pays nouveaux, il fut pris du désir d'être marin, entra à l'école de marine, puis dans la marine royale.

Après de nombreuses expéditions sur mer, où il s'était distingué par son habileté et son courage, le roi Louis XVI le chargea de faire un grand voyage autour du monde en cherchant des terres nouvelles ou de nouvelles routes pour les navigateurs.

Dans sa lettre à la Pérouse, Louis XVI lui disait ces belles paroles : « Que des peuples dont l'existence nous est encore inconnue apprennent de vous à respecter la France, qu'ils apprennent surtout à la chérir... Je regarderai comme un des succès les plus heureux de l'expédition qu'elle puisse être terminée sans qu'il en ait coûté la vie à un seul homme. »

SAUVAGES DE L'OCÉANIE. — Une grande partie des îles de l'Océanie est peuplée par des sauvages de race malaise. Ils ont le teint d'un rouge de brique foncé, le nez court et gros, la bouche très large, les yeux bridés, les cheveux noirs. Ils sont habiles marins et se hasardent au loin sur leurs pirogues d'écorce ; ils assaillent et pillent les vaisseaux que la tempête jette sur leurs côtes ; plusieurs tribus sont anthropophages.

Pendant trois ans la Pérouse voyagea de pays en pays, de mers en mers. Il envoyait de ses nouvelles par les vaisseaux qu'il rencontrait ou par les côtes habitées où il relâchait.

Puis tout à coup on ne reçut plus de lui ni de ses compagnons aucun message. Toutes les nations de l'Europe, qui suivaient de loin avec intérêt le grand navigateur français, commencèrent à s'émouvoir. On envoya des navires à sa recherche. Avait-il fait naufrage, était-il enfermé dans quelque île déserte ou prisonnier chez des peuples sauvages, on ne le savait, et pendant longtemps on ignora ce qu'il était devenu.

Enfin, en 1828, un autre navigateur non moins célèbre, Dumont d'Urville, né en Normandie, découvrit après bien des recherches, dans une île de l'Océanie, les débris de deux navires naufragés, des ferrures, des instruments, de la vaisselle, des canons roulés par les flots. Il retrouva la montre même de la Pérouse entre les mains des indigènes; il interrogea ces derniers, qui lui répondirent qu'autrefois une tempête furieuse avait brisé deux navires, la nuit, sur les rochers de l'île. D'après les réponses embarrassées des sauvages qui firent ce récit, Dumont d'Urville soupçonna que la tempête n'avait peut-être pas fait périr tout l'équipage; peut-être plusieurs naufragés et la Pérouse lui-même avaient-ils pu gagner l'île; mais là ils s'étaient trouvés chez des tribus barbares qui avaient dû leur faire subir de mauvais traitements.

D'Urville éleva, sur le rivage désert de l'île bordée d'écueils, un mausolée qui rappelle le souvenir du malheureux la Pérouse.

LXXXII. — Brusquerie et douceur. — Le patron du bateau « le Perpignan » et Julien.

Il n'est point de cœur que la douceur d'un enfant ne puisse gagner.

Pendant que Julien lisait attentivement dans son livre, le patron du *Perpignan* l'observait du coin de l'œil.

— Voilà un petit bonhomme qui jusqu'à présent n'est pas bien embarrassant, pensa-t-il. Quant à l'autre, il a l'air adroit de ses mains et intelligent, et il ne craint pas sa peine. Allons, cela ira mieux que je ne croyais.

Et, comme il était brave homme au fond, il se repentit de la bourrade par laquelle il avait salué les enfants à leur arrivée. Il s'approcha de Julien, et lui passant sa grosse main sur la joue : — Eh bien, dit-il, nous sommes donc savants, nous autres? Qu'est-ce que nous lisons là? Le conte du Petit-Poucet ou celui du Chaperon-Rouge?

Julien releva la tête, et fixant sur le patron des yeux étonnés, qui étaient restés un peu tristes depuis sa maladie : — Des contes, fit-il, oh! que non pas, patron; ce sont de belles histoires, allez. Et même les images du livre aussi sont vraies. Tenez, voyez : cela, c'est le portrait de La Pérouse, un grand navigateur qui est né à Albi. Je crois que notre bateau ne passera pas à Albi, mais cela ne fait rien : je me rappellerai Albi à présent.

Le patron sourit.

— Alors, dit-il, tu vas être sage comme cela tout le temps du voyage, et apprendre comme si tu étais en classe?

— Oui, patron, dit Julien doucement; j'ai promis à André de ne pas trop vous embarrasser.

— Mais c'est très bien, cela! Allons, faisons la paix.

Et il saisit la petite main gauche de Julien qui se trouvait être la plus près de lui; puis, familièrement, il la secoua entre les siennes en signe d'amitié.

Par malheur cela se trouvait être la main blessée de Julien. L'enfant devint tout pâle, il étouffa un petit cri.

— Quoi donc! dit brusquement le patron d'un air agacé. Eh bien, es-tu en sucre, par hasard, et suffit-il de te toucher pour te casser?

— C'est que..., répondit Julien en soupirant, cette main-là est comme ma jambe, elle a une entorse.

— Allons, bon, tu n'as pas de chance avec moi, petit, dit le patron d'un air radouci.

Julien le regarda moitié ému, moitié souriant :

— Oh! que si, dit-il, puisque vous n'êtes plus fâché, la poignée de main est bonne tout de même.

Le bourru se dérida complètement : — Tu es un gentil enfant, dit-il.

Il se pencha vers Julien, et posant ses deux mains d'Hercule sous les bras du petit garçon :

— As-tu encore des entorses par là? dit-il.

— Non, non, patron, dit Julien en riant.

— Alors, viens m'embrasser.

Et il souleva l'enfant comme une plume, l'enleva en l'air jusqu'à la hauteur de sa grosse barbe, et posant un baiser retentissant sur chacune de ses joues :

— Voilà! nous sommes une paire d'amis à présent.

Les bateliers regardaient leur patron avec surprise, et pendant que, délicatement, il remettait le petit garçon entre les deux sacs qui lui servaient de fauteuil, André les entendit dire : — Ce bambin ne sera pas trop malheureux ici.

Julien tout réconforté souriait de plaisir dans son coin, et André s'applaudissait de voir combien la douceur et la bonne volonté avaient vite triomphé des mauvaises dispositions et des manières brusques du patron.

LXXXIII. — André et Julien aperçoivent les Pyrénées. — Le cirque de Gavarnie et le Gave de Pau.

Les montagnes, avec leurs neiges et leurs glaciers, sont comme de grands réservoirs d'où s'écoule peu à peu l'eau qui arrose et fertilise nos plaines.

Tout le long du chemin, le *Perpignan* s'arrêtait dans les

villes importantes. A Béziers, les mariniers embarquèrent dans le bateau des eaux-de-vie qu'on fabrique dans cette ville. Plus loin on chargea des miels récoltés à Narbonne, et renommés pour leur goût aromatique. A Carcassonne on débarqua de la laine pour les draps, car dans l'antique cité de Carcassonne, perchée sur une colline et entourée d'une ceinture de vieilles tours, il y a de nombreux tisserands qui fabriquent des lainages.

Au moment où on venait de quitter Carcassonne, le ciel, qui avait été nuageux jusqu'alors, s'éclaircit un matin, et Julien en s'éveillant aperçut vers le sud une grande chaîne de montagnes couvertes de neiges. Des pics blancs et de longs glaciers étincelaient au soleil.

— Oh! dit Julien, on croirait voir encore les Alpes.

— C'est la chaîne des Pyrénées, dit le patron. Tiens, Julien, vois-tu là-bas ce pic pointu et tout blanc qui dépasse les autres de toute sa hauteur? C'est le Canigou, la plus haute montagne du Roussillon; c'est de ce côté-là que je suis né, moi. Par là-bas, à droite, ce sont les montagnes de l'Ariège ou du comté de Foix, riches en mines de fer; puis viennent les Hautes-Pyrénées, où jaillissent un grand nombre de sources d'eaux chaudes que les malades fréquentent en été. C'est dans le département des Hautes-Pyrénées que se trouvent aussi les plus beaux sites de ces montagnes, entre autres le cirque de Gavarnie avec sa magnifique cascade et son pont de neige qui ne fond jamais.

La récolte du miel a Narbonne. — Les miels les plus connus sont ceux de Narbonne, du Gâtinais, de la Saintonge et de la Bourgogne. Les hommes qui récoltent le miel se revêtent de gants et d'une sorte de masque en fil de fer afin d'éviter les piqûres des abeilles, qui défendraient leur miel avec un acharnement furieux.

— Est-ce que vous avez vu cela, patron? dit Julien.

— Oui, mon ami, et même je me suis promené sous le

pont de glace. Les arcades de neige gelée en sont si hautes

LA CITÉ DE CARCASSONNE. — La vieille cité de Carcassonne est encore à peu près telle qu'elle était au moyen âge. Elle se dresse au sommet d'une colline avec ses hautes murailles, ses tours aux formes les plus variées et ses portes fortifiées. — La nouvelle ville, très régulièrement bâtie, s'étend au pied de la colline, au bord de l'Aude.

et si larges qu'on peut passer dessous facilement ; on a alors sur sa tête une belle voûte de neige brillante, ornée de découpures comme celles que les sculpteurs font aux voûtes des chapelles; en même temps on marche de rocher en rocher dans le lit même du torrent, qui passe près de vous en grondant et en roulant les cailloux avec fracas.

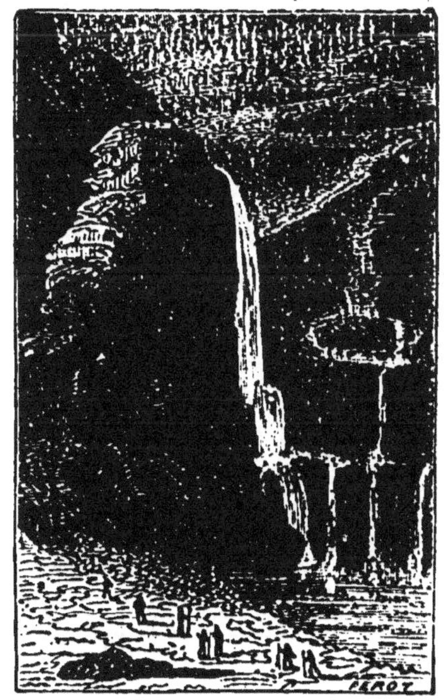

LA CASCADE DE GAVARNIE DANS LES PYRÉNÉES. — Le village de Gavarnie, dans les Hautes-Pyrénées, possède un des plus beaux sites du monde. C'est un cirque immense fermé par des montagnes couvertes de neiges, qui se dressent tout d'un coup à pic devant le voyageur. Du haut d'une de ces murailles gigantesques se précipite une cascade haute de 800 mètres. Tout auprès se trouve le pont de neige.

— Cela doit être bien beau à voir, dit Julien; mais que devient-il ensuite, ce torrent-là, savez-vous, patron?

— Ce torrent-là? Eh bien, mais il continue à courir à travers les montagnes, en se creusant le lit le plus sauvage qui se puisse imaginer. Quand il arrive, après cinq lieues de course, au village de Saint-Sauveur, on le traverse sur un pont superbe de pierre et de marbre. C'est un des plus beaux ponts que j'aie vus. Le torrent coule dessous dans un abîme à plus de 80 mètres de profondeur ; puis il continue sa course désordonnée jusqu'à ce qu'il arrive à la capitale du Béarn, à la ville de Pau, patrie de Henri IV ; notre torrent s'appelle alors le Gave de Pau ; plus loin enfin il se joint à l'Adour, et, devenu fleuve avec lui à Bayonne, il reçoit les navires et les emmène jusqu'à l'Océan.

— Voilà une histoire de torrent qui m'a bien amusé, dit Julien. Oh ! j'aimerais suivre ainsi le cours d'un torrent depuis la montagne d'où il sort jusqu'à la mer où il se jette.

— Et certes, ajouta le patron, tu n'en pourrais suivre de plus pittoresque que ce sauvage Gave de Pau.

Quand on approcha de Toulouse, le temps, tout en s'éclaircissant, s'était fort refroidi, et le vent soufflait avec force, comme d'ordinaire dans la plaine du Languedoc. Le petit Julien, quoiqu'il commençât à se servir de sa jambe, ne pouvait encore marcher beaucoup, si bien qu'à rester immobile les journées au long, il y avait des moments où il se sentait glacé. Heureusement le patron l'avait pris en affection, et, quand il voyait à l'enfant un air triste, il l'enveloppait dans sa peau de mouton jusqu'au cou et lui faisait prendre un doigt de vin chaud pour le réchauffer. Grâce à ces petits soins, si le voyage ne se faisait pas sans souffrir, il se faisait du moins sans maladie.

PONT DE SAINT-SAUVEUR DANS LES PYRÉNÉES. — Ce pont n'a qu'une seule grande arche. Il est jeté d'une montagne à l'autre, au-dessus d'un abîme d'une telle profondeur qu'on n'entend pas une pierre tomber quand on l'y jette.

LXXXIV. — Toulouse. — Un grand jurisconsulte, Cujas.

« Il suffit de savoir les vingt-quatre lettres de l'alphabet et de vouloir ; avec cela, on apprend tout le reste. »

A Toulouse, il fallut se donner bien de la peine, car l'ancienne capitale du Languedoc, peuplée de 130000 âmes, est une grande ville commerçante : le *Perpignan* lui apportait quantité de marchandises, principalement de beaux blés durs d'Afrique, que l'on débarqua avec l'aide d'André au magnifique *moulin du Bazacle*, sur la Garonne.

TOULOUSE ET LE CAPITOLE. — Le Capitole était un mont de l'ancienne Rome, au sommet duquel un temple était bâti ; ce nom a été donné par Toulouse à son superbe hôtel de ville. Toulouse est comme la capitale du sud-ouest de la France ; c'est à la fois une ville savante et une ville industrieuse. Elle est l'entrepôt de toutes les marchandises qui se rendent de la Méditerranée dans l'Océan.

— Rappelle-toi, petit Julien, dit André, que la meunerie est une des industries où la France fait merveille. Ce n'est pas le tout de faire pousser du blé, vois-tu ; il faut savoir en tirer les plus belles farines. Eh bien, les farines de France sont renommées pour leur finesse, et Toulouse est dans cette partie du midi le grand centre de la meunerie.

Revenu au bateau, Julien prit son livre et lut la vie d'un des grands hommes de Toulouse.

A Toulouse naquit, au seizième siècle, un enfant nommé Jacques CUJAS, qui montra de bonne heure un ardent désir de s'instruire. Son père n'était qu'un pauvre ouvrier qui travaillait à préparer et à fouler la laine, un *foulon*. Le petit Cujas supplia son père, tout en travaillant avec lui, de lui donner un peu d'argent pour acheter des livres. Le père finit par lui en donner, et l'enfant, au lieu d'acheter des livres qui eussent pu l'amuser, acheta des grammaires grecques et latines, des ouvrages anciens fort sérieux, grâce auxquels il espérait s'instruire. Le jeune Cujas, sans aucun maître, se mit à apprendre le latin et le grec, et il travailla avec tant de courage qu'il sut bientôt ces deux langues si difficiles.

A cette époque, Toulouse était comme aujourd'hui une ville savante, et elle avait une grande école de droit. La science du droit, enfants, est une belle science : elle enseigne ce qui est permis ou défendu dans un pays, ce qui est juste ou injuste envers nos concitoyens. Elle étudie également quelles sont les lois les meilleures et les plus sages qu'un pays puisse se donner, quels sont les moyens de perfectionner la législation et de rendre ainsi les peuples plus heureux.

Cujas, né en 1522, mort à Toulouse, en 1590.

Le jeune Cujas voulut être un grand homme de loi, un grand *jurisconsulte*. Il étudia donc le droit sous la direction d'un professeur qui avait été frappé de son intelligence. Bientôt il devint professeur à son tour, et sa réputation était si grande que des jeunes gens venaient de toutes les parties de l'Europe afin d'avoir pour maître Cujas. Plus tard, Cujas professa successivement le droit à Cahors, à Valence, à Avignon, à Paris, à Bourges. Ses élèves le suivaient partout, comme une cour suit un prince. On lui offrit d'aller en Italie enseigner le droit ; il ne voulut pas quitter sa patrie.

La bonté de Cujas égalait son génie : il aidait à chaque instant de sa bourse les étudiants, qui avaient pour lui non moins d'affection que de respect.

Les travaux de Cujas ont été fort utiles aux progrès de la science du droit en France, et à celui des bonnes lois. Encore aujourd'hui on étudie avec admiration ses savants ouvrages. On lui a élevé une statue à Toulouse sur une des places de la ville, devant le palais du tribunal où se rend la justice.

LXXXV. — André et Julien retrouvent à Bordeaux leur oncle Frantz.

On retrouve une force nouvelle en revoyant les siens.

Le *Perpignan*, au-dessus de Toulouse, quitta le canal du Midi et entra dans la Garonne, ce beau fleuve qui descend des Pyrénées pour aller se jeter dans l'Océan au delà de Bordeaux. Le courant rapide du fleuve entraînait le bateau, ce qui fit qu'il n'y eut plus besoin de manier la perche à grand effort ou de se faire traîner à l'aide d'un câble par les chevaux, d'écluse en écluse. Les mariniers et André eurent donc plus de loisir pour regarder le riche pays de Guyenne et Gascogne, où ils ne tardèrent pas à entrer.

La jambe de Julien était presque guérie. A mesure qu'elle allait mieux, la gaîté de l'enfant lui revenait, et aussi le besoin de sauter et de courir. A la pensée qu'on arriverait bientôt à Bordeaux, il ne se tenait pas de plaisir. — Pourvu que notre oncle Frantz soit guéri aussi ! pensait-il.

Enfin, au bout de quelques jours, la Garonne alla s'élargis-

GUYENNE, GASCOGNE ET BÉARN. — La Guyenne et Gascogne est la plus grande province de France, et, si on excepte le département des Landes, c'est une des plus riches. Bordeaux, Lesparre, Libourne font un grand commerce de vins; Mont-de-Marsan est une charmante petite ville au milieu des pins; Périgueux (25 000 hab.) et Bergerac font le commerce des truffes, des vins et des bestiaux; Agen (20 000 hab.), ville commerçante, est renommée pour ses pruneaux; Auch a une belle cathédrale; à Tarbes (20 000 hab.) se trouve un grand arsenal; Cahors a des vins estimés; Montauban (26 000 hab.) tisse la soie; Rodez, la laine. — Le Béarn possède la belle ville de Pau (30 000 hab.), où les malades viennent passer l'hiver, et le port de Bayonne.

sant de plus en plus entre ses coteaux couverts des premiers vignobles du monde. En même temps on apercevait un plus grand nombre de bateaux. Bientôt même, au loin, on vit sur le fleuve toute une forêt de mâts.

—André, disait Julien en frappant dans ses mains, vois donc; nous arrivons, quel bonheur!

On apercevait en effet Bordeaux avec ses belles maisons et son magnifique pont de 486 mètres jeté sur le fleuve.

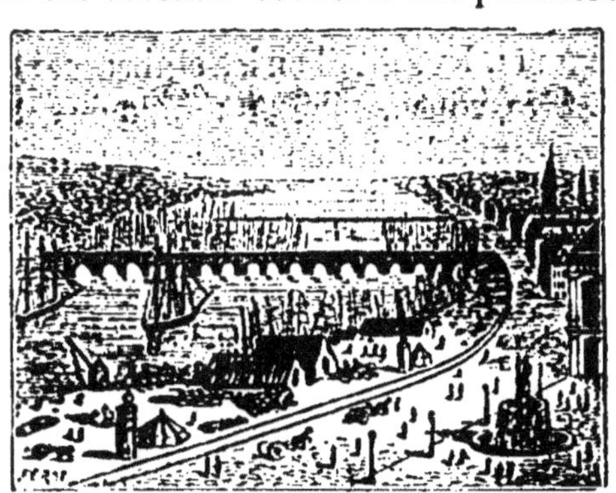

LE PONT DE BORDEAUX. — Bordeaux est une très belle ville, magnifiquement bâtie, de 200 000 hab. Elle se déploie sur la rive gauche de la Garonne, dans une longueur de plus de quatre kilomètres. A ses pieds le large fleuve forme un port où 1000 navires d'un fort tonnage peuvent trouver un abri. Parmi les principaux monuments on compte le pont de pierre construit au commencement de ce siècle et long d'un demi-kilomètre.

Chacun, sur le *Perpignan*, était plus attentif que jamais à la manœuvre, afin qu'il n'arrivât pas d'accident. Bientôt le

Perpignan acheva son entrée et prit sa place au bord du quai animé, où des marins et des hommes de peine allaient et venaient chargés de marchandises.

Une planche fut jetée pour aller du bateau au quai, et l'on mit pied à terre.

Le patron, qui avait l'œil vif, avait remarqué un homme assis à l'écart sur un tas de planches et qui, pâle et fatigué comme un convalescent, semblait considérer avec attention le mouvement d'arrivée du bateau. Le patron frappa sur l'épaule d'André : — Regarde, dit-il, je parie que voilà ton oncle, auquel tu as écrit l'autre jour.

André regarda et le cœur lui battit d'émotion, car cet inconnu ressemblait tellement à son cher père qu'il n'y avait pas moyen de se tromper. — Julien, dit-il, viens vite.

Et les enfants, se tenant par la main, coururent vers l'étranger.

Julien, de loin, tendait ses petits bras ; frappé, lui aussi, par la ressemblance de son oncle avec son père, il souriait et soupirait tout ensemble, disant : — C'est lui, bien sûr, c'est notre oncle Frantz, le frère de notre père.

En voyant ces deux enfants descendus du *Perpignan* et qui couraient vers lui, l'oncle Frantz à son tour pensa vite à ses jeunes neveux. Il leur ouvrit les bras : — Mes pauvres enfants, leur dit-il en les embrassant l'un et l'autre, comment m'avez-vous deviné au milieu de cette foule ?

— Oh ! dit Julien avec sa petite voix qui tremblait d'émotion, vous lui ressemblez tant ! J'ai cru que c'était lui !

L'oncle de nouveau embrassa ses neveux, et tout bas : — Je ne lui ressemblerai pas seulement par le visage, dit-il ; enfants, j'aurai son cœur pour vous aimer.

— Mon Dieu, murmurèrent intérieurement les deux orphelins, vous nous avez donc exaucés, vous nous avez rendu une famille !

LXXXVI. — Les sages paroles de l'oncle Frantz : le respect dû à la loi. — Un nouveau voyage.

Il faut se soumettre à la loi, même quand elle nous paraît dure et pénible.

L'oncle Frantz était sorti de l'hôpital depuis huit jours. Il avait loué sur un quai de Bordeaux une petite chambre. Dans cette chambre il y avait un second lit tout prêt pour l'arrivée des deux orphelins.

Quoique Frantz eût été gravement malade, il reprenait ses forces assez vite. C'était un robuste Lorrain, de grande taille et de constitution vigoureuse. Dans huit jours, dit-il aux enfants, je serai de force à travailler.

— Attendez-en quinze, mon oncle, dit André ; cela vaudra mieux.

Après les chagrins que Frantz Volden venait d'éprouver, il se sentit tout heureux d'avoir auprès de lui ces deux enfants. La sagesse et le courage d'André l'émerveillaient et le réconfortaient, la vivacité et la tendresse de Julien le mettaient en joie. L'enfant depuis bien longtemps n'avait été aussi gai. Quand il marchait dans les rues de Bordeaux ou sur la grande place des Quinconces, tenant son oncle par la main, il se dressait de toute sa petite taille, il regardait les autres enfants avec une sorte de fierté naïve, pensant en lui-même : — Et moi aussi j'ai un oncle, un second père, j'ai une famille ! Et nous allons travailler tous à présent pour gagner une maison à nous.

La place des Quinconces à Bordeaux. — C'est l'une des plus belles de France. De là on découvre le port de Bordeaux avec la forêt des mâts, les larges cheminées des paquebots, les machines appelées grues qui servent à charger ou décharger des marchandises et qui s'élèvent en l'air comme de grands bras. A l'extrémité de la place se dressent de hautes colonnes au sommet desquelles, la nuit, s'allument des feux.

— Enfants, dit un matin l'oncle Frantz, voici mon avis sur notre situation. Nous avons beau être sur le sol de la France, cela ne suffit pas aux Alsaciens-Lorrains pour être regardés comme Français ; il leur faut encore remplir les formalités exigées par la loi dans le traité de paix avec l'Allemagne. Donc nous avons tous les trois à régler nos affaires en Alsace-

Lorraine. La loi nous accorde encore pour cela neuf mois. Une fois en règle de ce côté, une fois notre titre de Français reconnu, nous songerons au reste.

— Oui, oui, mon oncle, s'écrièrent André et Julien d'une même voix, c'est ce que voulait notre père, c'est aussi ce que nous pensons.

— D'ailleurs, ajouta André, notre père nous a appris qu'avant toutes choses il faut se soumettre à la loi.

— Il avait raison, mes enfants; même quand la loi est dure et pénible, c'est toujours la loi, et il faut l'observer. Seulement l'Alsace-Lorraine est loin et nos économies bien minces, car les six mille francs que j'avais placés sont perdus sans retour : c'était le fruit de vingt années de travail et de privations, et tout est à recommencer maintenant. Tâchons donc de faire notre voyage sans rien dépenser, mais au contraire en gagnant quelque chose, comme vous l'avez fait vous-mêmes depuis quatre mois. Vous savez que par métier je suis charpentier de navire. Eh bien, il y a au port de Bordeaux un vieil ami à moi, le pilote Guillaume, dont le vaisseau va partir bientôt pour Calais. Il m'a promis de prier le capitaine du navire de m'employer à son bord.

— Moi-même, dit André, j'y pourrai gagner quelque chose.

— Et moi? demanda Julien.

— Nous débattrons par marché ton passage, et nous nous embarquerons tous les trois. C'est un de ces navires de grand cabotage nombreux à Bordeaux, qui ont l'habitude d'aller, en suivant les côtes, de Bordeaux jusqu'à Calais. Nous serons là-bas dans quelques semaines et avec un peu d'argent de gagné. Nous reprendrons de l'ouvrage sur les bateaux d'eau douce qui naviguent sans cesse de Calais en Lorraine, et nous arriverons ainsi sans qu'il nous en ait rien coûté.

— Nous allons donc voir encore la mer! dit Julien.

— Oui, et une mer bien plus grande, bien plus terrible que la Méditerranée : l'Océan. Mais ce qui me contrarie le plus, Julien, c'est que tu vas encore te trouver à manquer l'école pendant plusieurs mois.

— Oh! mais, mon oncle, soyez tranquille : je travaillerai à bord du navire comme si j'étais en classe. André me dira quels devoirs faire, et je les ferai. De cette façon, quand nous serons enfin bien établis quelque part et que je retournerai dans une école, je ne serai pas le dernier de la classe, allez !

— A la bonne heure ! dit l'oncle Frantz. Le temps de la jeunesse est celui de l'étude, mon Julien, et un enfant studieux se prépare un avenir honorable.

LXXXVII. — Grands hommes de la Gascogne : Montesquieu, Fénelon, Daumesnil et saint Vincent de Paul.

Il y a quelque chose de supérieur encore au génie, c'est la bonté.

Julien, en attendant le départ du navire qui devait l'emmener sur l'Océan, s'empressa de mettre à exécution la promesse qu'il avait faite à son oncle de travailler avec ardeur.

Il s'installa avec son carton d'écolier et son encrier en corne dans un coin de la chambre, et, d'après les conseils de son oncle qui lui recommandait toujours l'ordre et la méthode, il fit un plan sur la meilleure manière d'employer chaque journée. Il y avait l'heure de la lecture, celle des devoirs, celle des leçons et aussi celle du jeu.

L'heure de la lecture venue, Julien ouvrit son livre sur les grands hommes et se mit à lire tout en faisant ses réflexions; car il savait qu'on ne doit pas lire machinalement, mais en cherchant à se rendre compte de tout et à s'instruire par sa lecture.

I. Quoique Bordeaux soit une ville commerçante avant tout, elle n'en a pas moins le goût des lettres, et c'est près de Bordeaux qu'est né un des plus grands écrivains de la France, MONTESQUIEU.

— Tiens, dit Julien, j'ai vu la rue Montesquieu à Bordeaux; c'était bien sûr en l'honneur de ce grand homme. Il m'a l'air d'être un savant, voyons cela.

Et Julien lut ce qui suit :

MONTESQUIEU, né en 1689, mort près de Bordeaux en 1755.

Montesquieu était d'une famille de magistrats et, jeune encore, il entra lui-même dans la magistrature. On appelle magistrats les hommes chargés de faire respecter la loi : ainsi, les juges devant lesquels on amène les criminels sont des magistrats, les présidents des tribunaux et des cours de justice sont aussi des magistrats.

Les fonctions de Montesquieu ne l'empêchèrent point de consacrer tous ses loisirs à l'étude; lui, qui par profession s'occupait de la loi, s'appliqua à étudier les lois des différents peuples pour les comparer et chercher les meilleures. Il a écrit là-dessus de beaux livres, qui comptent parmi les chefs-d'œuvre de notre langue. Les immenses travaux qu'il eut à faire pour écrire son principal ouvrage, l'*Esprit des lois*, altérèrent sa santé. Il mourut en 1755. Admiré de toute l'Europe, il fut regretté jusque dans les pays étrangers.

Montesquieu avait le plus noble caractère : il était bon, indulgent, bienfaisant sans orgueil, compatissant aux maux d'autrui. « Je n'ai jamais vu couler de larmes, disait-il, sans en être attendri. » L'amour de l'humanité était chez lui une véritable passion.

Montesquieu est le premier écrivain français qui ait protesté éloquemment contre l'injustice de l'esclavage, établi alors dans toutes les colonies. Si cette institution honteuse a aujourd'hui presque disparu des pays civilisés, c'est en partie grâce à Montesquieu et à ceux qui, persuadés par ses écrits, ont condamné cette barbarie à l'égard des noirs.

CHATEAU FORT DE VINCENNES, près de Paris. Il fut construit par Philippe-Auguste. Louis IX y venait souvent et rendait la justice aux portes du château, sous un chêne qu'on a montré longtemps. Plus tard, le château fut transformé en prison ; maintenant c'est un des grands forts qui défendent Paris. — A Vincennes, se trouve une importante ferme-modèle, où les élèves de l'Institut agronomique de Paris viennent étudier l'agriculture pratique.

— Oh! dit Julien, je me rappelle que c'est la France qui a la première aboli l'esclavage dans ses colonies, et j'en suis bien fier pour la France. Mais lisons l'autre histoire; c'est celle d'un général, à ce que je vois.

II. Périgueux, jolie ville de 26000 âmes, sur l'Isle, a vu naître DAUMESNIL. Les soldats qui combattaient avec lui l'avaient nommé *le brave*. A Wagram, il eut la jambe emportée par un boulet. Devenu colonel, puis général, il fut nommé gouverneur de Vincennes, un des forts qui défendent les approches de Paris. Le peuple l'appelait *Jambe de Bois*.

En 1814, les armées étrangères qui avaient envahi la France entourèrent Vincennes et envoyèrent demander à Daumesnil de rendre sa forteresse. — « Rendez-moi d'abord ma jambe, » répondit-il. Et comme l'un des envoyés, irrité de cette saillie, lui répliquait : « Nous vous ferons sauter, » Daumesnil, lui montrant simplement un magasin où étaient amassés 1 800 milliers de poudre : « S'il le faut, répondit-il, je commencerai et nous sauterons ensemble. » Les envoyés se retirèrent, peu rassurés, et le fort ne put être pris.

L'année suivante, les ennemis envahirent de nouveau la France et revinrent mettre le siège devant le fort de Vincennes. De nouveau, ils députèrent des envoyés vers Daumesnil; mais, comme la violence et les menaces n'avaient point réussi l'année précédente auprès du général, on essaya de le corrompre par de l'argent. Il était pauvre, on lui offrit un million pour qu'il rendît la place de Vincennes. Daumesnil répondit avec mépris à l'envoyé qui lui avait remis une lettre secrète du général prussien :

— Allez dire à votre général que je garde à la fois sa lettre et la place de Vincennes : la place, pour la conserver à mon pays, qui me l'a confiée; la lettre, pour la donner en dot à mes enfants : ils aimeront mieux cette preuve de mon honneur qu'un million gagné par trahison. Vous pouvez ajouter que, malgré ma jambe de bois et mes vingt-trois blessures, je me sens encore plus de force qu'il n'en faut pour défendre la citadelle, ou pour faire sauter avec elle votre général et son armée.

LE POLYGONE DE VINCENNES. — On appelle polygone le lieu où les artilleurs s'exercent à construire des batteries, à manœuvrer et à tirer les canons. Au milieu d'un vaste terrain vide se trouve une butte en terre qui sert de point de mire aux boulets. Les artilleurs sont à une grande distance de cette butte, et, d'après des calculs exécutés sur un carnet, ils tournent la gueule du canon dans la direction voulue et lancent le boulet.

Ainsi Vincennes demeura imprenable grâce à ce général qui, comme on l'a dit, « ne voulut jamais ni se rendre ni se vendre. »

— Bravo! s'écria fièrement le petit Julien, voilà un homme comme je les aime, moi. Plaise à Dieu qu'il en naisse beaucoup en France comme celui-là! Vive la ville de Périgueux, qui a produit un si honnête général.

Et après avoir regardé de nouveau le fort de Vincennes, pour faire en lui-même des comparaisons entre cette forteresse et les autres qu'il connaissait, Julien tourna la page et passa à l'histoire suivante :

III. Fénelon, dont la statue s'élève à Périgueux, est, avec Bossuet, le plus illustre des prélats français et en même temps un de nos plus grands écrivains. Il fut archevêque de Cambrai et précepteur du petit-fils de Louis XIV.

Fénelon, né au château de Fénelon (Périgord) en 1651, mort à Cambrai en 1715. Il fit ses études à l'Université de Cahors, puis à Paris. Ses ouvrages les plus connus des enfants sont *Télémaque* et les *Fables*.

La ville de Cambrai a gardé le souvenir de sa bonté et de sa bienfaisance. En l'année 1709, au moment où la guerre désolait la France attaquée de tous les côtés à la fois, nos soldats étaient dans les environs de Cambrai, mal vêtus et sans pain, car les horreurs de la famine étaient venues s'ajouter à celles de la guerre. Fénelon fit, pour soulager notre armée, tout ce qu'il était possible de faire, ordonnant aux paysans de venir apporter leurs blés et donnant lui-même généreusement tout le blé qu'il possédait.

Résiniers des Landes. — Le pin est un arbre très précieux et qui devrait être plus répandu, car il croît sur les terrains les plus pauvres; il assainit et fertilise le sol; de plus il est d'un bon rapport (50 fr. en moyenne par hectare.) Outre son bois, on tire chaque année du pin la résine. Pour cela, des ouvriers font une entaille au-dessous de laquelle ils placent un petit pot; la résine sort goutte à goutte et remplit ce pot, qu'il suffit de revenir chercher au bout de plusieurs mois. On devrait par un sage calcul d'hygiène et d'agriculture couvrir de pins une foule de pays incultes, qui, pauvres aujourd'hui, seraient bientôt enrichis et assainis par cette plantation.

— Oh! le grand cœur, s'écria Julien. J'aime beaucoup Fénelon, et je suis content qu'on lui ait élevé une statue.

IV. Le département des Landes, voisin de la Gironde, est loin de lui ressembler. C'est l'un des moins fertiles et des moins peuplés de la France, l'un de ceux où l'industrie des habitants a le plus besoin de suppléer à la pauvreté du sol. Il est couvert de bruyères et de marécages, et, en bien des endroits, ne nourrit que de maigres troupeaux de moutons. Pendant longtemps on crut que rien ne pourrait venir dans ce terrain stérile, mais on a fini par reconnaître qu'un arbre peut y croître et le fertiliser : le pin, qui en couvre maintenant une grande partie et dont on récolte la résine.

C'est dans ce pays, plus pauvre encore autrefois, que naquit, d'une humble famille, un enfant qui est devenu par sa charité une des gloires de la France. SAINT VINCENT DE PAUL est né à Dax. Tout enfant, il gardait les troupeaux. Elevé au milieu de la pauvreté et de la misère, il en éprouva plus vivement le désir de la soulager. Il consacra sa vie entière à secourir les infortunés. C'est lui qui a établi en France les hospices pour les enfants abandonnés.

— Oh ! je le connaissais déjà, ce saint-là, dit Julien, et je l'aime depuis longtemps. Je sais qu'il obtint des richesses et dépensa en un hiver trois millions pour nourrir la Lorraine qui mourait de faim. Mais j'avais oublié où il était né, et je suis bien aise de le savoir.

UN BERGER DES LANDES. — On appelle échasses deux perches ou bâtons munis d'une espèce d'étrier ou *fourchon* qui soutient le pied. Elles sont serrées aux jambes par des courroies. Les échasses ne sont pas seulement un jouet d'enfant, les pâtres des Landes et du bas Poitou s'en servent pour marcher dans les marais et dans les sables.

En même temps, Julien regarda dans son livre une image qui représentait un pâtre des Landes suivant les troupeaux sur des échasses ; car il y a de nombreux marécages dans les Landes, et on se sert d'échasses pour ne pas enfoncer dans la vase. Cette image amusa beaucoup Julien.

— Peut-être bien, se disait-il, que saint Vincent de Paul, quand il était petit, gardait comme cela ses troupeaux, monté sur des échasses. Je suis sûr à présent de ne plus oublier où est né le bon saint Vincent de Paul.

LXXXVIII. — Lettre de Jean-Joseph. Réponse de Julien. — L'Océan, les vagues, les marées, les tempêtes.

Par les lettres, nous pouvons converser les uns avec les autres malgré la distance qui nous sépare.

La veille du jour où le navire devait partir, André reçut une lettre à laquelle il ne s'attendait guère. Il regarda avec surprise tous les timbres dont la poste l'avait recouverte :

Clermont à Marseille, Marseille à Cette, Cette à Bordeaux. Elle était allée à la recherche des enfants dans les principales villes où ils avaient passé.

— Que de peine la poste a dû se donner, dit Julien, pour que ce petit carré de papier nous arrive! je n'aurais jamais cru que la poste prît tant de soin!

André ouvrit la lettre. Elle avait été écrite par le brave petit Jean-Joseph. Ayant reçu quelques sous pour la fête de Noël, il les avait employés à acheter un timbre-poste et du papier; puis, de sa plus belle écriture, il avait écrit à André et à Julien pour leur souhaiter la bonne année, pour leur dire qu'il ne les oubliait pas, qu'il ne les oublierait jamais, que toujours il se rappellerait qu'il leur devait la vie.

André et Julien furent bien émus en lisant la petite lettre de Jean-Joseph; cette preuve de la reconnaissance du pauvre enfant d'Auvergne les avait touchés jusqu'aux larmes.

— Julien, dit André, toi qui as le temps, il faudra, quand nous serons à bord du navire, répondre une longue lettre à Jean-Joseph : cela lui fera plaisir.

— Oui, je lui raconterai notre voyage, cela l'amusera beaucoup, et j'écrirai bien fin, pour pouvoir en dire bien long. Oh! que c'est donc agréable de savoir écrire, André! Quand on est bien loin de ses amis, quel plaisir cela fait de recevoir des nouvelles d'eux et de pouvoir leur en donner!

Réponse de Julien à Jean-Joseph.

Lundi matin.

Mon cher Jean-Joseph,

André et moi nous avons été bien contents, oh! bien contents, quand nous avons reçu votre lettre, et nous vous souhaitons nous aussi la bonne année, mon cher Jean-Joseph, et qu'il ne vous arrive que du bonheur.

Mais savez-vous où nous l'avons lue, votre petite lettre du jour de l'an? C'est à Bordeaux. Et savez-vous où je vous écris celle-ci, moi? Non, jamais, jamais vous ne devineriez cela, Jean-Joseph. Alors je vais vous le dire. C'est au beau milieu de l'Océan, sur le pont du navire le *Poitou*, qui est un grand vaisseau à voiles. On l'appelle le *Poitou* parce que le capitaine auquel il appartient est de Poitiers.

Mais vous n'avez jamais vu la mer, Jean-Joseph, ni les

navires non plus. Alors, il faut que je vous explique cela. Imaginez-vous que l'Océan me paraît grand comme le ciel. Partout autour de moi, devant, derrière, je ne vois que de l'eau. Le ciel a l'air de toucher à la mer de tous les côtés, et notre navire avance au milieu comme une petite hirondelle, bien petite, qui paraît un point dans l'air.

Pourtant il est très grand tout de même le *Poitou*, et on est bien installé dessus. On est même bien mieux que dans un autre bateau où j'ai navigué déjà sur la Méditerranée.

La Méditerranée est aussi une grande mer, mais elle est bien loin de ressembler à l'Océan. Elle n'a point de marées, point de flux et de reflux, comme disent les matelots, tandis que l'Océan a des marées très hautes. J'étais bien en peine de ce que cela signifiait, la marée; mais j'en ai vu une au port de La Rochelle, où notre navire s'est arrêté un jour, et je vais vous dire ce que c'est.

Vous saurez d'abord, Jean-Joseph, que l'eau de toutes les

LA MARÉE BASSE ET LA MARÉE HAUTE. — Le lieu représenté par la gravure est le mont Saint-Michel, près d'Avranches et de Granville. C'est un rocher isolé sur les côtes de Normandie; à marée haute, il est entouré par les flots; à marée basse, les flots l'abandonnent, et on peut s'y rendre à pied ou en voiture.

mers remue toujours; elle n'est jamais tranquille une seule minute, elle danse à droite, à gauche, en haut, en bas, la nuit comme le jour. Seulement la Méditerranée saute sans avancer sur le rivage et reste toujours au même endroit, comme l'eau d'une rivière ou d'une mare. L'eau de l'Océan, au contraire, avance, avance pendant six heures sur la terre comme une inondation : alors il y a de grands terrains tout couverts d'eau ; puis après, elle redescend pendant six autres heures, et on peut marcher à pied sec là où elle était, comme j'ai fait à La Rochelle. Seulement on n'y peut rien laisser, vous pensez bien, ni rien bâtir ; car elle revient ensuite pendant six autres heures et elle emporterait tout ; et c'est comme cela, toujours, toujours, depuis que le monde est monde. Il paraît que c'est la lune qui attire ainsi et soulève l'eau de l'Océan. Je vous dirai, Jean-Joseph, que c'est tout à fait amusant, quand on est sur le bord de la mer, de jouer à courir au-devant des vagues. On a beau se dépêcher, voilà que quelquefois les vagues courent plus vite que vous, et on en reçoit de bonnes giboulées dans les jambes ; et on rit, parce qu'on a eu peur tout de même.

LE POITOU, L'AUNIS ET LA SAINTONGE ont des côtes sur l'Océan, avec le port commerçant de la Rochelle (20 000 hab.) et le port militaire de Rochefort (30 000 h.). La ville principale de ces provinces est Poitiers (35 000 h.), cité savante et industrieuse. On remarque aussi Angoulême (30 000 h.), anc. capitale de l'Angoumois, centre de la fabrication du papier ; Niort (21 000 h.), la Roche-sur-Yon, Châtellerault, avec une fabrique renommée de couteaux et d'armes blanches ; Saintes et Cognac, qui font un grand commerce d'eaux-de-vie.

Mais je suis sûr, Jean-Joseph, qu'en lisant ma lettre vous vous dites : — Est-il heureux, ce Julien-là, de voyager ainsi et de voir tant de belles choses, tandis que moi je fais tout bonnement des paniers le soir à la veillée, après avoir gardé les bêtes aux champs tout le jour ! Ah ! Jean-Joseph, ne vous pressez pas tant de parler. Quand vous saurez nos aventures, vous verrez qu'il y a bien des ennuis partout, allez.

D'abord, les premiers jours qu'on était sur le navire, il y avait de grosses vagues, si grosses que cela nous ballottait comme les feuilles sur un arbre quand le vent souffle. On ne pouvait pas marcher sur le plancher du navire sans risquer de tomber. Il fallait donc rester toujours assis comme si on était en pénitence, et puis à table, quand on voulait boire, le vin vous tombait tout d'un coup dans le col de votre chemise, au lieu de vous tomber dans la gorge. Et alors, petit à petit, à force d'être toujours secoué comme cela, on finissait par avoir envie de vomir. Les marins riaient : — Bah ! disaient-ils, ce n'est rien, petit Julien, c'est le mal de mer, cela passera.

Hélas ! Jean-Joseph, cela ne passait pas vite du tout ; on ne pouvait plus ni boire ni manger, on ne faisait rien que de vomir. Mon Dieu ! j'aurais bien voulu, je vous assure, être alors avec vous à tisser des paniers le soir, tout uniment, au coin du feu.

Enfin, tout de même, à la longue cela s'en est allé ; ce coquin de mal de mer est passé, et je me suis remis à travailler dans un petit coin du navire, comme si j'étais à l'école.

LXXXIX. — Suite de la lettre de Julien.

Jeudi matin.

Ne voilà-t-il pas une autre affaire, Jean-Joseph ! Une tempête qui nous assaille. Une tempête méchante comme tout. C'était un vent comme vous n'en avez jamais vu, bien sûr ; et tant mieux pour vous, Jean-Joseph, de ne pas connaître cela.

Les vagues se heurtaient les unes aux autres, hautes comme des montagnes, et avec un bruit pareil à celui du canon. Par moment, elles emportaient le navire, et nous avec, tout en l'air ; et puis après, elles nous rejetaient tout en bas, comme pour nous mettre en pièces. Elles passaient sans cesse par-dessus le pont, et les matelots, qui sont des hommes bien braves, allez, Jean-Joseph, les matelots avaient des figures sombres comme des gens qui auraient peur de mourir ; mais peur en eux-mêmes, sans en dire un mot aux autres. Jugez si le cœur me battait, à moi. Je ne cessais de prier le bon Dieu de nous secourir. Je pensais à toute sorte de choses d'autrefois qui me rendaient plus triste encore. Je me souvenais des belles prairies de l'Auvergne, où on marchait tranquillement sans avoir peur d'être englouti; et j'aurais bien aimé entendre les mugissements de vos grandes vaches rouges, au lieu des grondements terribles de l'Océan qui nous secouait.

Tout d'un coup, Jean-Joseph, voilà un bruit effroyable qui se fait entendre. J'en ai fermé les yeux d'épouvante; je pensais : C'est fini, bien sûr, le navire est en morceaux.

— Rassure-toi, mon Julien, m'a dit alors André : c'est le grand mât qui s'est rompu; mais nous en avons un de rechange. Notre oncle Frantz sait son métier de charpentier : il réparera cette avarie.

Mais malgré tout j'avais peur encore. Enfin, pour en finir, Jean-Joseph, vous saurez que la tempête a duré de cette manière un jour tout entier. Le soir elle s'est calmée : — Dors sans inquiétude, petit Julien, m'a dit mon oncle.

Comme en effet je n'entendais plus le vent siffler et la mer gronder, je me suis mis à remercier Dieu de tout mon cœur et à m'endormir bien content.

C'était hier, tout cela, Jean-Joseph; et aujourd'hui, pendant que j'en avais la mémoire fraîche, je vous ai tout raconté.

Maintenant, quand vous penserez à nous, Jean-Joseph, priez le bon Dieu pour que ces vilaines tempêtes ne reviennent pas; car il paraît que c'est le moment de l'année où il y en a beaucoup. Nous avons encore bien des jours à passer sur le navire le *Poitou*, et il y a des endroits très mauvais où on va aller, les côtes de la Bretagne par exemple, et aussi les falaises de Normandie; ces côtes-là, c'est tout plein de récifs, m'ont dit les matelots. Les récifs, voyez-vous, ce sont des rochers sous l'eau; il y en a de pointus qui défoncent les navires quand le grand vent les pousse dessus. Bref, Jean-Joseph, tout cela est un peu triste. Mais que voulez-vous? il n'arrive que ce que Dieu permet, et alors, à la volonté de Dieu. Cela fait que personne ne se désole; tout le monde rit et travaille d'un bon courage ici, moi comme les autres.

Allons, si je continue, ma lettre n'aura pas de fin. Je vous embrasse donc bien vite, mon cher Jean-Joseph, et je prie Dieu pour que nous nous revoyions un jour.

Votre ami, JULIEN.

XC. — Nantes. — Conversation avec le pilote Guillaume : les différentes mers, leurs couleurs ; les plantes et les fleurs de la mer. — Récolte faite par Julien dans les rochers de Brest.

La science découvre des merveilles partout, jusqu'au fond de la mer.

Un jour que le petit Julien s'était attardé tout un après-midi dans la cabine à faire ses devoirs, il fut bien étonné en revenant sur le pont de ne plus apercevoir la mer, mais un beau fleuve bordé de verdoyantes prairies et semé d'îles nombreuses. Le navire remontait le fleuve, d'autres navires le descendaient, allaient et venaient en tous sens.

— Oh ! André, dit Julien, on croirait revenir à Bordeaux.

— Nous approchons de Nantes, dit André ; tu sais bien que Nantes est comme Bordeaux un port construit sur un fleuve, sur la Loire.

Le navire en effet, après plusieurs heures et plusieurs étapes, arriva devant les beaux quais de Nantes. Julien fut enchanté de se dégourdir les jambes en marchant sur la terre ferme. Il alla avec André faire des commissions dans cette grande ville, qui est la plus considérable de la Bretagne et une de nos principales places de commerce.

UNE RAFFINERIE DE SUCRE A NANTES. — Le sucre se fait, comme on sait, avec le jus de la canne à sucre ou celui de la betterave, qu'on fait bouillir dans une chaudière. Le sucre, clarifié et raffiné dans le grand appareil représenté à gauche, tombe bouillant dans des réservoirs. On le verse ensuite dans des moules et on l'y laisse refroidir. Ainsi se forment ces pains de sucre que l'ouvrier de droite tire des moules.

Mais le séjour fut de courte durée. On chargea rapidement sur le navire des pains de sucre venant des importantes raffineries de la ville, des boîtes de sardines et de légumes fabriquées aussi à Nantes, et des vins blancs d'Angers et de Saumur. Puis on redescendit le fleuve. On repassa devant l'île d'Indret, où fument sans cesse les cheminées d'une grande usine analogue à celle du Creusot. On revit à l'embouchure de la Loire les ports commerçants de Saint-Nazaire et de Paimbœuf, où s'arrêtent les plus gros navires de l'Amérique et de l'Inde. Enfin on se retrouva en pleine mer.

Le *Poitou* était pour Julien un petit monde, qu'il aimait à parcourir depuis le pont jusqu'à la cale. Chemin faisant il observait les moindres objets et se faisait dire d'où ils venaient, où ils allaient.

Il y avait surtout à bord quelqu'un que Julien interrogeait volontiers : c'était Guillaume le pilote, qui était presque toute la journée à son gouvernail, dirigeant avec habileté le navire le long de cette côte de France bien connue de lui.

Le père Guillaume était un vieil ami de Frantz, car ils avaient navigué ensemble bien des fois ; le père Guillaume aimait les enfants, et Julien fut tout de suite de ses amis. Chaque jour ils faisaient ensemble un bout de conversation. Guillaume avait beaucoup voyagé, il racontait volontiers ce qu'il avait vu dans les pays lointains, et Julien l'aurait écouté les journées au long sans s'ennuyer. Parfois aussi c'était Julien qui faisait la lecture à haute voix et Guillaume qui l'écoutait.

— Père Guillaume, lui dit-il un jour, je n'ai vu que deux mers, la Méditerranée et l'Océan, et elles ne se ressemblent pas ; vous qui avez vu bien d'autres mers, dites-moi donc si elles se ressemblent entre elles.

PLANTES DE LA MER. — Sous la mer, il existe des montagnes et des vallées, des vallées impénétrables, de vastes prairies où viennent brouter les animaux marins. Les principales plantes de la mer sont les *algues* et les *varechs*. On y trouve aussi un grand nombre d'*animaux-plantes*, comme le *corail* et la *méduse* représentés dans la gravure.

— Petit Julien, vois-tu, les différentes mers sont comme les différents pays : chacune a son aspect. Ainsi la Méditerranée est bleue, l'Océan où nous voici est verdâtre, la mer de Chine et la mer du Japon ont une teinte jaune, la mer de Californie est rosée, ce qui fait qu'on l'appelle mer Vermeille.

— Père Guillaume, qu'est-ce qui fait ces couleurs-là ?

— Tantôt ce sont les rayons lumineux d'un beau ciel,

comme pour la Méditerranée que tu as vue, tantôt le sable ou les rochers du fond de la mer, tantôt les algues ou plantes marines qu'elle renferme.

— Comment! est-ce qu'il y a des plantes dans la mer?

— Je crois bien! et de quoi vivraient donc tous les poissons et les animaux que la mer renferme? La mer a ses prairies, petit Julien, et ses fleurs aux couleurs les plus vives, et ses forêts de lianes, si serrées et si touffues à certaines places que la navigation est difficile dans ces parages. Quand Christophe Colomb partit pour découvrir l'Amérique et que son vaisseau traversa cette partie de l'Océan couverte de lianes, les matelots qui n'en avaient jamais vu une si grande quantité, furent effrayés et ne voulaient plus avancer, craignant que le navire ne restât pris au piège dans ces plantes marines. Il y en a, vois-tu, qui ont plus de cinq cents mètres de longueur.

— Est-ce qu'elles sont belles, les fleurs de la mer?

— Il y en a de très belles, qui reflètent les couleurs de l'arc-en-ciel comme la queue du paon. D'autres sont roses, d'autres d'un beau rouge ou d'un vert tendre.

— Oh! que j'aimerais à les voir!

L'ÉCOLE NAVALE DE BREST est destinée à former des officiers pour la marine de l'État. Elle est établie dans la rade de Brest. Là, on enseigne aux élèves toutes les sciences qui sont nécessaires à la navigation; ils étudient les cartes terrestres et marines, ils apprennent à relever à l'aide d'instruments la longitude et la latitude des lieux où ils se trouvent, et par conséquent leur position exacte sur le globe. On leur enseigne enfin l'art de manœuvrer et de diriger les vaisseaux.

— Au port de Brest, où nous arriverons bientôt, nous monterons en barque, petit Julien, et je te mènerai en chercher, si j'ai une heure de libre.

— Est-ce possible, père Guillaume?

— Eh oui, Julien; nous en trouverons à marée basse dans les rochers de la côte.

Julien ne songea plus qu'au moment où le navire s'arrêterait au port afin d'aller voir les plantes de la mer.

Bientôt le *Poitou* arriva devant la vaste rade de Brest, dont la difficile entrée est bordée de rochers et protégée par des forts. Une fois ce passage franchi, c'est la rade la plus sûre du monde. Brest, où se trouve notre école navale, est avec Toulon notre plus grand port militaire, et Julien put voir de près les vaisseaux de guerre immobiles dans le port, les marins de l'État avec leurs costumes bleus, leur figure bronzée, leur démarche décidée.

Un des coquillages de la mer. — Les coquillages de la mer font partie des animaux appelés mollusques, dont les plus connus sont l'huître et l'escargot.

Le père Guillaume n'oublia pas la promesse qu'il avait faite à Julien. Un après-midi où le capitaine n'avait plus besoin de lui, il sauta avec l'enfant dans une petite barque. Tous deux allèrent visiter la côte. Ils descendirent à marée basse sur les rochers que la mer recouvre quand elle est haute. Le père Guillaume tenait Julien par la main, de peur qu'il ne fît un faux pas sur les rochers glissants et encore humides. Julien ne cessait de pousser des exclamations devant tout ce qu'il voyait. — Oh! les jolies plantes vertes! on dirait de longs rubans! Et celles-ci, elles sont découpées comme de la dentelle! Et ces coquillages, comme ils sont luisants! Je ferai sécher ces plantes, et j'en emporterai dans mon carton d'écolier, avec toute sorte de coquillages. Quand j'irai en classe, je les ferai voir à mes camarades, et je leur dirai que j'ai rapporté cela de Brest.

XCI. — Les lumières de la mer. — La mer phosphorescente, les aurores boréales, les phares.

Autrefois, pendant les tempêtes, les peuplades sauvages allumaient des feux sur le rivage de la mer pour attirer les vaisseaux, les faire périr contre les écueils et se partager leurs dépouilles. De nos jours, tout le long des côtes, de grandes lumières s'allument aussi chaque soir; mais ce n'est plus pour perdre les navires, c'est pour les guider et les sauver. Les hommes comprennent mieux maintenant qu'ils sont frères.

Un soir, pendant que le brave pilote était à son gouvernail

(car le navire avait regagné la haute mer), Julien s'approcha du père Guillaume. C'était l'heure du coucher du soleil, et au loin, dans le grand horizon de la mer, on voyait le soleil s'enfoncer lentement dans les flots comme un globe de feu. Les gerbes de flammes dessinaient un immense sillon sur les vagues, et toute la pourpre des cieux à cet endroit se réfléchissait dans les eaux.

Julien s'était assis, croisant les bras; il regardait le coucher du soleil, qui lui semblait bien beau, et il attendait que son vieil ami fût disposé à lui parler des choses de la mer.

— Petit Julien, dit le matelot, qui devinait la pensée de l'enfant, tu regardes ces flots tout embrasés par le soleil couchant; eh bien, j'ai vu quelque chose de plus beau encore.

— Qu'était-ce donc? fit l'enfant avec curiosité.

— C'était ce qu'on appelle la mer phosphorescente.

— C'est donc bien beau, cela, père Guillaume?

— Je crois bien! Ce n'est plus comme ce soir un point de l'Océan qui s'allume; c'est l'Océan tout entier qui ruisselle de feu et brille la nuit comme une étoffe d'argent. Quand avec cela le vent souffle, les lames qui s'élèvent ressemblent à des torrents de lumière.

— Est-ce que nous allons peut-être voir cela?

— Non, mon enfant, c'est très rare dans nos pays. C'est entre les deux tropiques que cela se voit pendant les nuits.

— Qu'est-ce qui fait cela? savez-vous, père Guillaume?

— Les savants ont bien cherché, va, Julien. Enfin, il paraît que ce sont des myriades de petits animaux qui sont eux-mêmes lumineux, comme l'est dans nos pays le ver luisant. Les flots en contiennent en certains temps une si grande quantité que la mer en paraît comme embrasée.

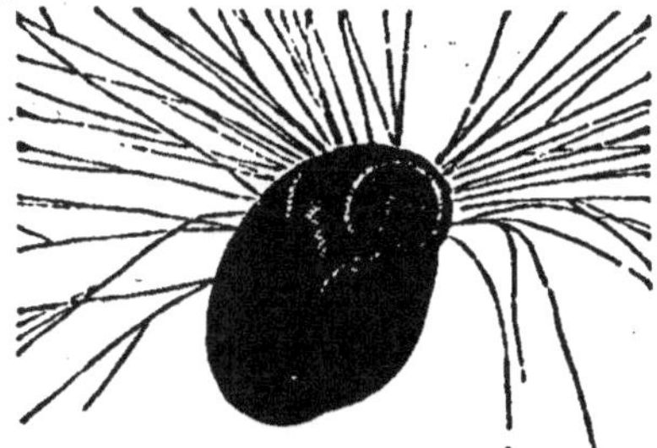

UN DES ANIMALCULES DE LA MER qui produisent la phosphorescence des eaux. Cet animal est invisible à l'œil nu; il est représenté ici tel qu'il apparaît à travers le microscope.

— Oh! bien, je comprends, père Guillaume : s'il y avait assez de vers luisants sur un arbre pour le couvrir, il paraîtrait le soir comme un grand lustre allumé; je pense que c'est comme cela pour la mer. Mais, tout de même, faut-il qu'il y ait de ces petits animaux dans la mer pour qu'elle paraisse tout en feu, elle qui est si grande !

— Les plus gros de ces animaux ne sont pas aussi gros qu'une tête d'épingle.

— Oh ! père Guillaume, comme cela m'amuse, tout ce que vous me dites là ! Racontez-moi encore quelque chose.

— Je viens de te parler des mers chaudes, des mers tropicales; eh bien, Julien, les mers polaires, c'est tout autre chose. Là, on ne voit que des glaces sans fin ; si le navire a peine à avancer, c'est que des bancs de glace se dressent comme des montagnes flottantes et vous enveloppent sans qu'on puisse bouger. Parfois, sur ces îles de glace, on aperçoit des phoques ou des ours blancs qui se sont trouvés entraînés au milieu de la mer.

LA MER POLAIRE. — Du côté des pôles, la mer est glacée presque toute l'année et souvent à une très grande profondeur. Parfois les glaces se détachent et voyagent sur l'eau, c'est ce qu'on appelle des *banquises*. Ces banquises offrent l'aspect le plus merveilleux : elles sont dentelées comme des cathédrales et étincellent à la lumière du jour ou à celle de la lune. Quand ces énormes masses viennent à rencontrer un vaisseau, elles le brisent comme une coque de noix.

— Est-ce que vous avez vu cela, père Guillaume ?

— Non, mais je l'ai entendu dire à d'autres qui y sont allés; moi, je n'ai jamais été plus haut que Terre-Neuve, où l'on pêche la morue.

— Pourquoi d'autres vont-ils plus haut, père Guillaume, puisque c'est si dangereux ?

— Petit Julien, c'est que l'on voudrait trouver un passage libre par le pôle, une mer libre de glaces, et étudier ce côté-là qu'on ne connaît pas.

— Père Guillaume, est-ce qu'au pôle les nuits ne durent pas six mois et les jours six mois ? J'ai vu cela dans mon livre de lecture.

— C'est très vrai.

— Comme on doit s'ennuyer d'être six mois sans y voir !

LE PHOQUE, ou veau marin, est un mammifère qui habite les mers septentrionales de l'Europe. Le corps des phoques est couvert de poils ; par devant il ressemble à celui d'un quadrupède ; par derrière il se termine en pointe comme celui des poissons. Ces animaux sont doux, intelligents et s'attachent facilement à l'homme. Ils viennent souvent sur la côte pour y dormir et allaiter leurs petits.

— On est éclairé souvent par des aurores boréales.

— En avez-vous vu, de ces aurores, père Guillaume ?

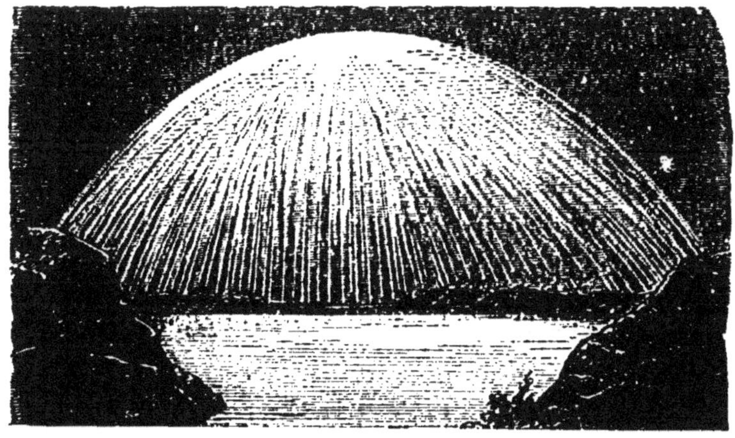

L'AURORE BORÉALE, ou lumière polaire, se montre fréquemment dans les pays voisins du nord (Sibérie, Zélande, Laponie, Norvège). C'est, le plus souvent, une sorte d'immense arc enflammé qui s'élève au-dessus de l'horizon. L'aurore boréale est produite par l'électricité.

— Oui, j'en ai vu : les plus belles se montrent aux pôles ; mais on en voit ailleurs aussi. Ce sont des lueurs rouges qui s'élèvent dans le ciel comme un incendie, des dômes de feu, des colonnes de flammes qui changent sans cesse de couleur et de forme, tantôt bleues, tantôt vertes, tantôt éblouissantes de blancheur : ces flammes éclairent de loin tout le pays, mille fois mieux que les phares qui s'allument en ce moment le long de la côte.

La nuit, en effet, était venue pendant que Guillaume et Julien parlaient ainsi, et dans le lointain, à travers une brume légère, on voyait la lueur rouge, blanche ou bleue, des phares placés sur les pointes les plus avancées de la presqu'île bretonne, qui dessinaient ainsi dans la nuit les contours de la côte. Tantôt c'étaient des feux fixes, tantôt des feux à éclipses qui semblaient s'éteindre et se rallumer tour à tour, et qui, tournant sur eux-mêmes, éclairaient successivement toutes les parties de l'horizon.

— Que tous ces phares sont beaux à voir! disait Julien; c'est une vraie illumination.

— Tout cela est fait pour nous éclairer dans notre route : les phares tiennent compagnie au navigateur et lui indiquent le bon chemin. Tu ne peux te faire une idée, petit Julien, combien cette côte de Bretagne était dangereuse autrefois. Il y a là des rochers qui ont mis en pièces je ne sais combien de navires : leurs noms font penser à tous les désastres qu'ils ont causés; dans la *Baie des Trépassés*, par exemple, que de naufrages il y a eu! Lorsque, dans les tempêtes, la mer se brise sur tous ces rochers, elle fait un tel bruit qu'on l'entend sept lieues à la ronde. Il se produit aussi des tourbillons et des gouffres où tout vaisseau qui entre se trouve englouti, comme le *gouffre du diable*. Mais maintenant les plus dangereux de ces rochers portent chacun leur phare, et alors, au lieu d'être un péril pour les marins, ils leur sont une aide et semblent s'avancer eux-mêmes dans la mer pour mieux les guider.

XCII. — Il faut tenir sa parole. — La promesse du père Guillaume.

La parole d'un honnête homme vaut un écrit.

— Ah! mon Dieu! père Guillaume, dit le lendemain le petit Julien, pour savoir autant de choses que vous savez, il faut donc qu'il y ait bien longtemps que vous allez sur mer?

— Eh! oui, petit, répondit le pilote tout en regardant l'Océan qui était toujours un peu agité; voilà déjà vingt-cinq ans que je roule sur toutes les mers, et par tous les temps.

— Et cela ne vous ennuie point, père Guillaume, d'être toujours ainsi sur l'eau, exposé aux tempêtes!

— Petit, dit sentencieusement le père Guillaume, chaque métier a ses tracas, et celui de matelot n'en manque point; mais j'ai choisi celui-là et je m'y suis tenu ; la chèvre broute où elle est attachée. Et puis je suis Normand, moi, et les Normands aiment la mer.

— Tout de même, père Guillaume, moi, j'aimerais mieux les champs que la mer, à cause des tempêtes, voyez-vous.

— Oh! bien, petit, j'essaierai des champs prochainement.

— Comment? vous ne serez plus marin, père Guillaume?

— Non ; ma femme a hérité, du côté de Chartres, d'un petit bien sur lequel nous ne comptions pas : nous nous installerons à mon retour dans son héritage. Cela l'ennuie, la pauvre femme, et mes filles aussi, de me savoir toujours au péril de la mer. Même elles auraient bien voulu que je ne fisse point cette dernière traversée, et par le plus mauvais temps de l'année. Le fait est que nous avons une mer qui a déjà failli nous jouer un mauvais tour et qui n'est pas encore bien calmée.

— Et vous, vous avez préféré faire la traversée, père Guillaume? Vous aimez joliment la mer, tout de même.

— Oh! je ne me souciais guère de la mer, petit, mais on ne fait pas toujours comme on veut. Moi qui n'ai jamais été propriétaire, j'aurais été enchanté d'essayer tout de suite ce nouveau métier-là ; aussi j'ai demandé au capitaine de me laisser m'en aller « Guillaume, m'a-t-il dit, tu sais bien que tu m'avais promis de venir : je comptais sur toi, et il m'est impossible en ce moment de trouver un bon pilote pour ce dernier voyage. Mais nous n'avons pas d'engagement par écrit, tu es donc libre ; tant pis pour moi qui n'ai que ta promesse et qui ne t'ai rien fait signer. » — « Ah! bien, capitaine, ai-je répondu, vous pensez donc que ma parole ne vaut pas tous les écrits? Puisque vous ne pouvez vous passer de moi, je reste. » Et je suis resté.

Julien poussa un gros soupir. — Eh bien, dit le marin, que soupires-tu comme cela?

— Dame, je songe, qu'à votre place, j'aurais eu grande envie de m'en aller, moi! Avoir des champs à soi qui vous attendent, et venir ici s'exposer à des tempêtes comme celle de l'autre jour! C'est tout de même bien dur, quelquefois, de tenir les paroles données.

Dur ou non, mon enfant, un honnête homme n'a qu'une parole ; s'il l'a donnée, tant pis pour lui, il ne la reprend pas; autrement ce n'est plus un honnête homme. Dis-moi, Julien, si j'avais écrit sur un papier : « Je m'engage à vous suivre, capitaine, » les mots seraient restés après l'héritage comme avant, n'est-ce pas ? Et si j'avais manqué à mon engagement, il aurait suffi à chacun de jeter les yeux sur l'écriture pour penser : — « Guillaume trahit sa parole. » Eh bien, parce qu'il n'y avait pas de papier pour dire cela, t'imagines-tu, Julien, que ma conscience ne me le disait pas?

Le père Guillaume se redressa tout droit, et il regarda le petit garçon fièrement ; ses yeux limpides brillaient et semblaient dire : « Guillaume ne sait pas mentir, petit Julien; sa parole vaut de l'or, et quand tous ses cheveux, l'un après l'autre, seront devenus blancs, quand Guillaume sera un vieillard bien vieux, il se redressera encore avec la même fierté, car il pourra dire : — Mon visage a changé, mais mon cœur est toujours le même. »

Alors Julien se sentit rougir d'avoir un instant pensé autrement que le vieux matelot. Il s'approcha doucement, baissant les yeux, et lui dit :

— Père Guillaume, j'ai compris; et moi aussi, je ne veux jamais ni mentir ni manquer à mes promesses.

XCIII. — La Bretagne et ses grands hommes. — Un des défenseurs de la France pendant la guerre de Cent ans : Duguesclin. — Le tournoi et la première victoire de Duguesclin. — Sa captivité et sa rançon. Sa mort.

« En temps de guerre, les gens d'Eglise, les femmes, les enfants et le pauvre peuple ne sont pas des ennemis. Ils doivent être sacrés pour l'homme de guerre. » DUGUESCLIN.

Un jour que Frantz était assis sur un tas de cordages à côté du vieux pilote, Julien s'approcha, son livre à la main.

— Qu'est-ce que tu lis là, petit ? demanda l'oncle Frantz.

— Mon oncle, je lis ce qu'il y a dans mon livre sur la Bretagne et sur ses grands hommes ; nous sommes justement encore en face des côtes de la Bretagne, et il me semble que c'est un beau pays.

— Certes, dit l'oncle Frantz : mais voyons, lis tout haut.

— Et lis bien, ajouta le père Guillaume, nous t'écoutons.

La Bretagne a donné à la France beaucoup d'hommes vaillants; parmi eux on remarque Duguesclin.

— Oh! je connais ce nom-là, dit Julien en s'interrompant; j'ai vu, en passant à Nantes, la statue de Duguesclin.

DUGUESCLIN naquit, en 1314, près de Rennes, l'antique et belle capitale de la Bretagne. Duguesclin était laid de figure, il avait un caractère intraitable, mais il était plein de courage et d'audace. Dès

LA BRETAGNE, avec ses côtes de granit et ses îles rongées par les flots, renferme une population courageuse de marins. Elle compte de nombreux ports de mer parmi lesquels on distingue les villes importantes de Nantes (130 000 hab.), Brest (90 000 hab.), Lorient (38 000 hab.), Vannes, Saint-Brieuc, Saint-Malo, Quimper. L'ancienne capitale est Rennes, située sur l'Ille et la Vilaine (60 000 hab.). — La ville la plus importante du Maine est le Mans (60 000 hab.), connue par ses toiles et ses poulardes. Laval (30 000 hab.) fabrique aussi beaucoup de toiles. — Dans l'Anjou, Angers (70 000 hab.) fabrique des tissus de tout genre et fait un grand commerce d'ardoises. — Tours (50 000 hab.), ancienne capitale de la Touraine, fabrique des soieries.

l'âge de seize ans, il trouve moyen de prendre part, sans être connu, à un de ces combats simulés qu'on appelait *tournois*, et qui étaient une des grandes fêtes de l'époque Il entre au milieu des combattants avec la visière de son casque baissée, pour n'être reconnu de personne, et terrasse l'un après l'autre seize chevaliers qui s'offrent à le combattre. Au moment où il terrassait son dernier adversaire, celui-ci lui enlève son casque du bout de sa lance et on reconnaît le jeune Bertrand Duguesclin. Son père accourt à lui et l'embrasse : il est proclamé vainqueur au son des fanfares.

Après s'être ainsi fait connaître, Duguesclin entra dans l'armée et commença à combattre les Anglais, qui occupaient alors une si grande partie de la France.

Il remporta sur eux une série de victoires; par malheur, un jour il se trouva vaincu et fut fait prisonnier. Le *Prince Noir*, fils du roi d'Angleterre, fit faire bonne garde autour de lui, et on le tint en prison à Bordeaux. Il languit ainsi plusieurs mois. Un jour le prince le fit amener devant lui :

— Bertrand, dit-il, comment allez-vous?

— Sire, par Dieu qui créa tout, j'irai mieux quand vous voudrez bien; j'entends depuis longtemps dans ma prison les rats et les souris qui m'ennuient fort; je n'entends plus le chant des oiseaux de mon pays, mais je l'entendrai encore quand il vous plaira.

— Eh bien, dit le prince, il ne tient qu'à vous que ce soit bientôt.

UN TOURNOI AU MOYEN AGE. — Les *tournois* (mot qui vient de *tournoyer*) étaient, au moyen âge, de grandes fêtes publiques et militaires où l'on simulait des combats. Tantôt, deux chevaliers se précipitaient l'un sur l'autre pour rompre une lance et cherchaient à se renverser, tantôt, ils faisaient semblant d'assiéger une place, tantôt ils se jetaient tous les uns contre les autres, représentant une mêlée furieuse. Après le tournoi, des prix étaient décernés aux vainqueurs par les dames.

Et le prince essaya de lui faire jurer de ne plus combattre pour sa patrie. Bertrand refusa.

On finit par convenir que Bertrand Duguesclin recouvrerait sa liberté en payant une énorme somme d'argent pour sa rançon.

— Comment ferez-vous pour amasser tant d'argent? dit le prince.

— Si besoin est, répliqua Bertrand, il n'y a femme ou fille en mon pays, sachant filer, qui ne voudrait gagner avec sa quenouille de quoi me sortir de prison.

On permit alors à Duguesclin d'aller chercher lui-même tout cet argent, sous le serment qu'il reviendrait le rapporter.

Duguesclin quitta Bordeaux monté sur un roussin de Gascogne, et il recueillit déjà, chemin faisant, une partie de la somme.

Mais voilà qu'il rencontre de ses anciens compagnons d'armes, qui, eux aussi, avaient été mis en liberté sur parole et ne pouvaient trouver d'argent pour se racheter.

— Combien vous faut-il? demanda Bertrand.

Les uns disent « cent livres! » les autres « deux cents livres! » et Bertrand les leur donne.

Quand il arriva en Bretagne, à son château où résidait sa femme, il avait donné tout ce qu'il avait. Il demanda alors à sa femme de lui remettre les revenus de leur domaine et même ses bagues, ses bijoux.

— Hélas! répondit-elle, il ne me reste rien, car il est venu une grande multitude de pauvres écuyers et chevaliers, qui me demandaient de payer leur rançon. Ils n'avaient d'espoir qu'en moi, et je leur ai donné tout ce que nous possédions.

Duguesclin serra sa femme sur son cœur.

— Tu as fait tout comme moi, lui dit-il, et je te remercie d'avoir si bien compris ce que j'aurais fait moi-même à ta place.

Alors Bertrand se remit en route pour aller retrouver le prince Noir.

— Où allez-vous loger? lui demanda celui-ci.

— En prison, monseigneur, répondit Bertrand. J'ai reçu plus d'or, il est vrai, qu'il n'était nécessaire pour me libérer; mais j'ai tout dépensé à racheter mes pauvres compagnons d'armes, de sorte qu'il ne me reste plus un denier.

— Par ma foi! avez-vous vraiment été assez simple que de délivrer les autres pour demeurer vous-même prisonnier?

— Oh! sire, comment ne leur aurais-je pas donné? Ils étaient mes frères d'armes, mes compagnons.

DUGUESCLIN, né en 1314, près de Rennes, mort en 1380. Il fut le grand lieutenant du roi Charles V, qui aimait peu la guerre, mais qui, grâce à Duguesclin, put défendre la France contre les Anglais et en reconquérir la plus grande partie.

Duguesclin ne resta pourtant point en prison : peu de temps après son retour, on vit arriver aux portes de la ville des mulets chargés d'or. C'était le roi de France qui envoyait la rançon de son fidèle général.

Duguesclin put donc recommencer à combattre pour son pays. Il chassa successivement les Anglais de toutes les villes qu'ils occupaient en France, sauf quatre.

Duguesclin était déjà vieux et il combattait encore; il assiégea la forteresse de Châteauneuf-de-Randon, située dans les montagnes des Cévennes. Le gouverneur de la ville promit de se rendre. Mais Duguesclin mourut sur ces entrefaites, la ville se rendit néanmoins au jour fixé, et on apporta les clefs des portes sur le tombeau de Duguesclin, comme un dernier hommage rendu à la mémoire du généreux guerrier.

— Julien, dit l'oncle Frantz, tu as très bien lu cette histoire. Mais je veux à présent que tu nous dises, à Guillaume et à moi, ce que tu en penses.

— Mon oncle, je pense que ce Duguesclin était un bien parfait honnête homme.

— Cela, dit l'oncle Frantz, ce n'est pas difficile à trouver, Julien; mais voyons, explique-nous pourquoi. Lire n'est rien, comprendre ce qu'on lit est tout.

Julien réfléchit, et, après un petit moment qu'il employa à mettre ses idées en ordre, il répondit :

— D'abord, mon oncle, Duguesclin était très brave et aimait beaucoup sa patrie; ensuite il était plein de compassion pour les autres, puisqu'il songeait plus à ses compagnons qu'à lui-même; et enfin, ajouta le petit Julien en regardant son ami Guillaume, il savait si bien tenir sa parole qu'il revint de lui-même se remettre prisonnier, après avoir dépensé sa rançon pour la liberté de ses camarades.

— Allons, Julien, dit l'oncle Frantz, tu lis avec profit, mon enfant, puisque tu comprends bien tes lectures. Tâche de ne pas les oublier à présent. Car rien n'encourage mieux à devenir un honnête homme que de se souvenir des belles actions de ceux qui ont vécu avant nous.

XCIV. — Les grands hommes du Maine, de l'Anjou et de la Touraine. — Le chirurgien Ambroise Paré. — Le sculpteur David. — Le savant philosophe Descartes.

« Plus on avance dans la science, plus on s'aperçoit combien on ignore encore de choses, et plus on devient modeste. » DESCARTES.

Le lendemain, Julien n'eut pas le plaisir de causer avec son ami Guillaume ; la mer était redevenue mauvaise et le vieux pilote était trop occupé pour faire la conversation.

— Assieds-toi tranquillement, mon Julien, dit André au petit garçon, cela vaudra mieux que de courir sur le pont pour embarrasser la manœuvre et risquer d'être emporté par les lames, qui sont fortes.

— Oui, André, répondit l'enfant, je vais m'asseoir dans un petit coin et m'amuser à lire tout seul pour ne déranger personne. Et Julien, tirant de sa poche son livre, qui ne le quittait jamais, l'ouvrit à la page où il en était resté la veille. Il lut ce qui suit :

I. Il y a, à l'est de la Bretagne, deux fertiles provinces qui semblent la continuer, et qui sont arrosées aussi par la Loire ou ses affluents : c'est le Maine et l'Anjou.

Le Maine produit des chanvres et des lins, dont on fait dans le pays des toiles renommées. Les chevaux et les volailles du Maine sont d'excellente race ; le pays est boisé, et le gibier y abonde.

C'est dans le Maine, près de Laval, que naquit le célèbre chirurgien Ambroise Paré. Il jouait un jour avec de jeunes villageois de son âge, et tous ces enfants couraient et sautaient ensemble. Tout d'un coup, l'un d'eux tomba et ne put se relever. Il s'était fait une grave blessure à la tête, et le sang coulait en abondance. Tous ses camarades, sottement effrayés à la vue du sang et le croyant mort, se mettent à fuir en criant. Seul le petit Ambroise, à la fois plus courageux et plus compatissant, s'approche de son camarade, lui lave sa plaie, la bande avec son mouchoir ; puis, comme l'enfant pouvait à peine se remuer, il le charge sur ses épaules et le transporte chez ses parents.

Cette présence d'esprit et cette fermeté de caractère furent bientôt connues dans le pays. Un chirurgien de l'endroit en entendit parler, fit venir près de lui le petit Ambroise, et, voyant qu'il ne demandait qu'à s'instruire, le prit chez lui comme aide.

A partir de ce moment, Ambroise Paré commença à étudier la chirurgie, qu'il renouvela plus tard par ses découvertes. Il devint médecin du roi. Toute sa vie est un long exemple de travail, de science, de dévouement et de modestie.

Ambroise Paré, né près de Laval vers 1517, mort à Paris en 1590. Il fut le chirurgien des rois Henri II, François II, Charles IX et Henri III.

Quand la peste éclata à Paris, le roi quitta la ville, mais Ambroise Paré, quoiqu'il fût médecin du roi, refusa de l'accompagner et voulut rester à Paris pour soigner les malades. Il s'exposa à tous les dangers et parvint ainsi à sauver bien des malheureux en risquant lui-même sa vie.

Les soldats l'appelaient leur *bon père*. Un jour, dans une campagne, il fut fait prisonnier par les Espagnols. On ne l'avait point reconnu, mêlé à la foule des prisonniers; mais un de ses compagnons vient à tomber malade : il le soigne, il le sauve. On le reconnaît aussitôt et on lui rend la liberté.

Ce grand homme avait une modestie égale à son génie. Un jour, on le félicitait d'une guérison merveilleuse qu'il venait d'accomplir. Il fit cette simple réponse, qui est devenue célèbre :

— Je l'ai pansé, Dieu l'a guéri.

David d'Angers a gravé ces mots au bas de la statue d'Ambroise Paré qu'il a sculptée.

Ardoisiers d'Angers. — Quand les ardoises ont été arrachées de la carrière par gros blocs, on les fend au moyen de coins et de pics; on obtient ainsi des feuilles de plus en plus minces. De nos jours, on a inventé une machine au moyen de laquelle on fend les ardoises avec rapidité.

II. L'Anjou est plus fertile encore que le Maine; les vents tièdes e l'Océan rendent le climat assez doux, mais humide. On y trouve en pleine terre, dans des pépinières abritées, des grenadiers et des magnolias. La campagne produit de bons vins, surtout ceux de Saumur. Angers a une importante *école d'arts et métiers*, et ses environs renferment de nombreuses carrières d'ardoises. A Saumur se trouve une grande *école de cavalerie* où l'on instruit les officiers et les soldats.

C'est à Angers que naquit, en 1789, un des plus grands sculpteurs de notre siècle, David, dont nous avons déjà prononcé souvent le nom à propos des statues qu'il a sculptées. Il avait pour père un simple ouvrier très pauvre, qui sculptait des objets en bois, tables, fauteuils, coffres, chaires d'église. Le jeune David, quand il n'était encore qu'écolier, se fit tellement distinguer par son travail intelligent, que sa ville natale lui servit une petite pension pour lui permettre d'aller étudier à Paris. Il partit, n'ayant que quinze francs dans sa poche.

ÉCOLE DE CAVALERIE DE SAUMUR. — Notre grande école de cavalerie est située à Saumur (Maine-et-Loire). Là on prépare les officiers qui doivent servir dans la cavalerie. Outre les connaissances scientifiques, il faut aussi qu'un cavalier sache sauter à cheval sans étrier, sauter d'un cheval sur l'autre si le sien vient à être tué, etc.

Quelque temps après, il obtint le grand prix de sculpture et devint célèbre.

David d'Angers avait un amour ardent pour la patrie française, et c'est cet amour qui inspira son génie : il consacra son art et sa vie à faire les statues de la plupart des grands hommes qui ont illustré la France.

III. Avant de traverser l'Anjou et la Bretagne pour se jeter dans la mer près de Nantes, la Loire arrose un pays couvert comme l'Anjou de verdoyantes prairies, de maisons de campagne et de châteaux : c'est la Touraine, qu'on a surnommée, à cause de sa fertilité, le *Jardin de la France*.

Près de Tours, cette ville placée au bord de la Loire dans une situation admirable, naquit un des plus grands savants du monde, Descartes, dont la statue s'élève à Tours.

Le jeune Descartes, à seize ans, avait déjà étudié toutes les sciences, et il ne tarda pas à s'illustrer par une longue série de découvertes dans les sciences les plus diverses : mathématiques, physique, astronomie, philosophie.

Descartes avait cinquante-trois ans lorsque la reine Christine de Suède, qui admirait passionnément son génie et qui avait elle-même le plus grand goût pour les sciences, le supplia de venir dans son palais, d'être son maître et son conseiller, d'y continuer ses expériences avec tous les trésors qui seraient mis à sa disposition.

Descartes refusa d'abord, puis céda aux instances de la reine. Il vint en Suède ; bientôt ce froid climat le rendit malade et causa sa

LA STATUE DE DESCARTES ET LE PONT SUR LA LOIRE A TOURS. — Descartes naquit à la Haye, près de Tours (Indre-et-Loire) en 1596, et mourut à Stockholm en 1650.

mort prématurée. Ses restes furent rapportés à Paris dans l'église Saint-Etienne, où on voit encore son tombeau.

XCV. — Le pays du pilote Guillaume. — La Normandie, ses ports, son commerce. — Rouen et ses cotonnades.

Il est bon dans l'industrie d'avoir des rivaux : nous cherchons à faire mieux qu'eux, et c'est profit pour tous.

— Père Guillaume, dit Julien le lendemain matin en arrivant sur le pont à côté du pilote, vous m'avez dit l'autre jour que vous étiez Normand ; voulez-vous que nous parlions de votre pays ? Cela m'amusera beaucoup. Moi, je voudrais connaître toutes les provinces de la France, parce que j'aime la France et que je veux être instruit des choses de mon pays.

— Voilà qui est bravement parlé, petit Julien. Assieds-toi tranquillement en face de moi, et nous causerons de la Normandie.

Julien ne se le fit pas répéter deux fois, et le père Guillaume, levant le doigt dans la direction des côtes normandes :

— Par là-bas, dit-il, au loin, comme un bras qui se plongerait dans l'Océan, il y a un cap que je ne puis voir sans un grand battement de cœur : c'est le cap de la Hague, petit Julien ; c'est par là que je suis né, c'est là que je me suis essayé tout bambin, au pied des falaises, à lutter contre les flots et à ne pas trembler dans la tempête. Tout près est

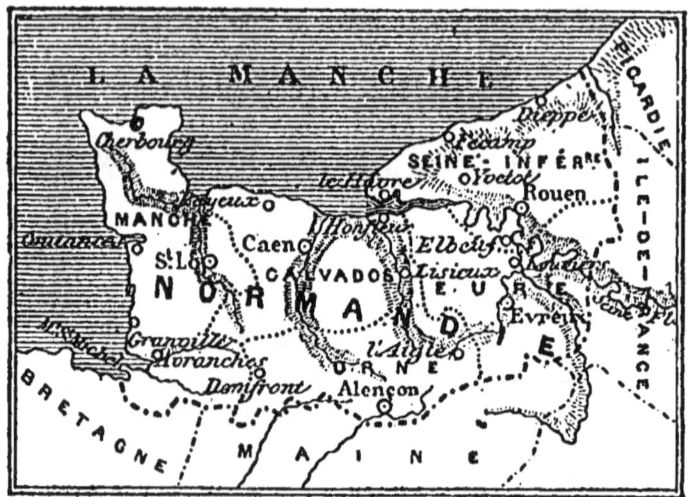

La Normandie. — Outre Rouen, le Havre et Cherbourg, l'une des plus grandes villes de la Normandie est Caen (45 000 h.), sur l'Orne. Caen fabrique de superbes dentelles, ainsi qu'Alençon et Bayeux. Evreux et Saint-Lô font des toiles de fil et des coutils ; Elbeuf (22 000 h.) et Louviers fabriquent les draps les plus fins pour nos habits. Laigle et ses environs possèdent les seules fabriques importantes d'épingles et d'aiguilles qui soient en France.

la rade de Cherbourg, et Cherbourg est le plus magnifique

Cherbourg et sa digue. — La rade de Cherbourg était une des plus belles de la Manche, mais elle était ouverte du côté de la mer et exposée aux tempêtes ou à l'attaque des ennemis. C'est pour la fermer qu'on a construit cette immense digue, œuvre unique en son genre, qui est une sorte d'île faite de main d'homme et au milieu de laquelle s'élève un fort. Cherbourg est maintenant un des chefs-lieux des cinq arrondissements maritimes dans lesquels on a divisé nos côtes.

port militaire construit par la main des hommes. La rade de

Cherbourg est défendue par une digue qui n'a pas sa pareille au monde.

— Qu'est-ce qu'une digue, père Guillaume?

— C'est une muraille construite par les hommes, qui s'avance en mer et derrière laquelle les navires sont à l'abri de la tempête; la digue de Cherbourg a presque une lieue; elle s'avance au milieu d'une des mers les plus agitées et les plus dangereuses qu'il y ait sur la côte de France; mais elle est si bien construite en gros blocs de granit que les plus grandes tempêtes ne l'endommagent pas, que les navires qui sont derrière jouissent d'un calme parfait au moment même où les vagues déferlent au large comme des montagnes qui s'entre-choquent.

— J'aimerais bien à voir Cherbourg, père Guillaume; est-ce qu'on s'y arrêtera?

— Non, mon ami, nous passons tout droit, mais de loin je te le montrerai. Et puis la Normandie a bien d'autres ports et nous en verrons quelques-uns. Il y a d'abord le Havre, qui est après Marseille le port le plus commerçant de toute la France : plus de six mille vaisseaux y entrent chaque année et y apportent les produits de toutes les parties du monde, surtout le coton récolté en Amérique par les nègres. Puis nous avons Dieppe, connu pour ses bâtiments de pêche et pour ses bains de mer, Fécamp, Honfleur en face du Havre, Granville qui occupe plus de quinze cents hommes à la pêche des huîtres, et dont les navires vont à Terre-Neuve pêcher la morue. Enfin Rouen est aussi un port très commerçant.

Un établissement de bains de mer en Normandie.— Tous les ans, l'été, des milliers de personnes vont prendre des bains de mer dans les villes ou villages du littoral, car l'eau salée de la mer est fortifiante, surtout quand on n'y reste pas plus de cinq minutes. La ville de Paris envoie chaque année aux bains de mer, pour les récompenser, les meilleurs élèves de ses écoles.

— Comment ? dit Julien, Rouen est un port ?

— Certainement, c'est un port sur la Seine ; les petits navires remontent la Seine jusqu'à Rouen, comme à Nantes nous avons remonté la Loire et à Bordeaux la Garonne. Rouen, qui a plus de 120000 habitants, est une grande ville laborieuse, pleine d'usines, de machines et de travailleurs. Elle file à elle seule trente millions de kilogrammes de coton, chaque année, dans ses vastes filatures où la vapeur met en mouvement des milliers de bobines. Le fil fait, on le teint de toutes nuances, en le plongeant dans des cuves où sont les couleurs ; les teintureries de Rouen sont, avec celles de Lyon, les plus renommées de France. Et Rouen n'est pas seule à bien travailler en Normandie. Il y a tant d'industries diverses chez nous que je ne puis pas me les rappeler toutes.

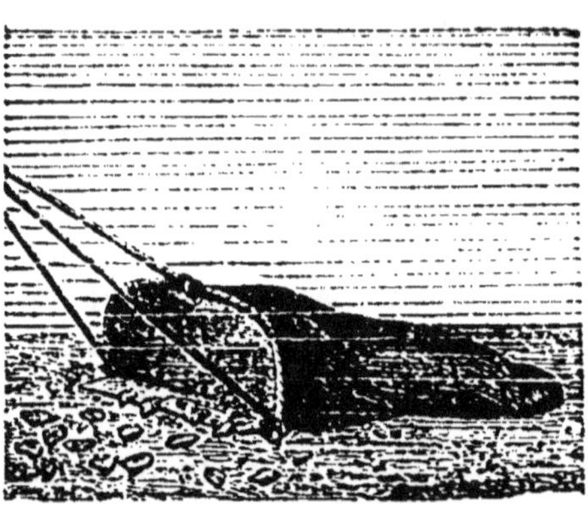

PÊCHE DES HUITRES. — Les huîtres sont une des richesses de nos côtes. Pour les pêcher, on se sert d'un instrument appelé *drague*, sorte de poche en filet qu'on laisse couler et qu'on promène au fond de la mer. Elle arrache tout ce qu'elle rencontre : huîtres, pierres, herbes, et on fait ensuite le triage.

MORUE. — On ne se douterait pas, à voir les morues desséchées étalées a la devanture des épiciers, de ce qu'est l'animal vivant. C'est un gros poisson qui pèse en moyenne douze kilogrammes. Quand on les a pêchées (et un seul homme en pêche parfois à Terre-Neuve jusqu'à quatre cents par jour), on leur coupe la tête, on les ouvre, et on étale les morceaux. Ce sont ces fragments aplatis que vendent les marchands.

Et, en disant cela, le père Guillaume semblait tout fier de pouvoir faire de son pays un éloge mérité. Il ajouta :

— C'est que, petit Julien, la Normandie est située juste

en face de l'Angleterre; cela fait que nous sommes en rivalité pour l'industrie avec les Anglais. Il s'agit de faire aussi bien, et ce n'est pas facile; mais, comme on ne veut pas rester en arrière, on se donne de la peine; et alors on arrive en même temps que ses rivaux, et quelquefois avant eux.

— Tiens, dit Julien, c'est donc pour les peuples comme en classe, où chacun tâche d'être le premier?

— Justement, petit Julien. Dans l'industrie celui qui fait les plus beaux ouvrages les vend mieux, et c'est tout profit. Quand les hommes seront plus sages, ils ne voudront obtenir les uns sur les autres que de ces victoires-là. Vois-tu, ce sont les meilleures et les plus glorieuses; elles ne coûtent la vie à personne et personne ne risque d'y perdre une patrie.

LA TEINTURERIE. — Pour teindre les écheveaux de laine, de coton, de soie, le teinturier les trempe dans un bain colorant, en les tournant et retournant sur des bâtons.

XCVI. — La Normandie (*suite*); ses champs et ses bestiaux.

Un grand homme de l'Amérique disait : — Si l'on demande à quelqu'un quel est le pays qu'il aime le mieux, il nommera d'abord le sien; mais, si on lui demande ensuite quel est le pays qu'il voudrait avoir comme seconde patrie, il nommera la France.

— Père Guillaume, demanda encore Julien, y a-t-il de bonnes terres en Normandie?

— Je le crois bien, petit. La Normandie est l'un des sols les plus fertiles de la France. Nous avons des prairies sans pareilles, où les nombreux troupeaux qu'on y élève ont de l'herbe jusqu'au ventre. C'est dans le Cotentin, dans mon pays, que chaque année on vient acheter les bœufs gras qui sont ensuite promenés à Paris, et qui sont bien les plus beaux qu'on puisse voir. Les chevaux normands, dont la ville de Caen fait grand commerce, sont connus partout : nos moutons de *prés salés* sont célèbres. Tu sais, petit Julien, on les appelle ainsi parce qu'ils paissent des herbes que le vent de la mer a salées. Enfin, mon ami, nos fermières font du beurre et des fromages que tout le monde se dispute; nous envoyons par millions en Angleterre les œufs de nos basses-cours, et nos belles poules de Crèvecœur sont une des races les plus estimées. La campagne est tout ombragée d'arbres fruitiers, de pommiers qui nous donnent un excellent cidre, de cerisiers dont les bonnes cerises approvisionnent l'Angleterre. Que veux-tu que je te dise, Julien? la Normandie est une des provinces les plus riches et les plus fertiles de notre France.

BŒUF DU COTENTIN. — Les bœufs du Cotentin sont de haute taille avec une robe brune rayée de noir. Cette race est excellente pour l'engraissement. Les vaches normandes sont renommées comme laitières.

— Mais, père Guillaume, quelle est donc entre toutes la plus fertile? M. Gertal m'a répété que la Bourgogne est sans pareille; Toulouse a des plaines couvertes de blé; mon oncle Frantz, en me faisant voir Bordeaux, m'a expliqué que ses vins sont les premiers du monde. Mais, avec tout cela, je ne sais pas laquelle de toutes ces provinces-là il faut mettre la première.

COQ DE CRÈVE-CŒUR. — C'est un coq magnifique; sa crête est ornée de deux cornes; sa tête porte une huppe de belles plumes qui sont, comme le reste du plumage, d'un noir lustré. Les poules de Crève-cœur sont excellentes pour l'engraissement, un peu moins bonnes pour la ponte. Cette espèce fournit les plus belles et les plus fines volailles des marchés de Paris.

— Petit Julien, dit le père Guillaume en souriant, il n'est pas facile de donner ainsi des places et des rangs aux choses. Demande à un jardinier quelle est la plus belle des fleurs, il sera bien embarrassé; mais en revanche il te dira que le plus beau des jardins, c'est celui où il y a les plus belles et les plus nombreuses espèces de fleurs. Eh bien, petit, la France est ce jardin. Ses provinces sont comme des fleurs de toute sorte entre lesquelles il est difficile de choisir, mais dont la réunion forme le plus beau pays, le plus doux à habiter, notre patrie bien-aimée. Et maintenant n'oublions pas que c'est sur notre travail à tous, sur notre intelligence et notre honnêteté que repose l'avenir de cette patrie. Travaillons pour elle sans relâche, fièrement et courageusement : tant vaut l'homme, tant vaut la terre.

— Père Guillaume, voulez-vous que je vous lise ce que dit mon livre sur les grands hommes de la Normandie?

— De tout mon cœur, enfant. Si je ne le sais pas, cela me l'apprendra : il est bon de s'instruire à tout âge; et, si je le sais déjà, je serai content de l'entendre encore, car il est agréable d'écouter l'histoire de ceux qui se sont rendus utiles à leur patrie et à leurs concitoyens.

XCVII. — Trois grands hommes de la Normandie. — Le poète Pierre Corneille. — L'abbé de Saint-Pierre. — Le physicien Fresnel.

I. L'un des plus grands poètes de la France, Corneille, est né à Rouen au commencement du dix-septième siècle. Ses pièces en vers, qui furent représentées à Paris, excitèrent un véritable enthousiasme. Un jour, le grand Condé fut si ému à la représentation d'une de ses pièces, qu'il ne put s'empêcher de pleurer Les œuvres de Corneille sont, en effet, remplies de sentiments élevés et de nobles maximes : il nous émeut par l'admiration des personnages qu'il représente. Aussi son nom fut parmi les plus illustres du dix-septième siècle.

Corneille resta cependant toujours simple et sans vanité. Il composait ses poésies à Rouen, dans sa ville natale, où il habitait une petite maison avec son frère; car les deux frères Corneille s'aimaient le plus tendrement du monde. Ils étaient tous deux poètes. L'un habitait un étage, l'autre l'étage supérieur; leurs cabinets de travail correspondaient par une petite trappe ouverte dans le plafond, et, lorsque Pierre Corneille était embarrassé pour trouver une rime, il ouvrait la trappe et demandait l'aide de son frère Thomas. Celui-ci lui criait d'en haut les mots qui riment ensemble, comme *victoire*, *gloire*, *mémoire*, et Pierre choisissait.

Lorsque Pierre Corneille avait fini ses pièces, il venait à Paris les apporter, et, comme il était pauvre, il allait à pied. On le voyait arriver avec ses gros souliers ferrés, son bâton à la main et un nouveau chef-d'œuvre sous le bras.

Vers la fin de sa vie, il vint s'établir à Paris. Sa pauvreté s'était encore accrue. On raconte qu'un jour il se promenait avec un écrivain de l'époque : ils causaient poésie. Tout d'un coup le grand Corneille, simplement, quitta le bras de son interlocuteur, et, entrant dans une boutique de savetier, il fit, pour quelques sous, remettre une pièce à ses souliers endommagés : telle était la simplicité et la grandeur avec laquelle il portait sa pauvreté sans en rougir.

La ville de Rouen a élevé à Corneille une magnifique statue, sculptée par David d'Angers.

II. Barfleur est un petit port de la basse Normandie, d'où Guillaume le Conquérant, chef des Normands, partit autrefois à la tête de sa flotte pour conquérir l'Angleterre.

A Barfleur naquit, au milieu du dix-septième siècle, l'abbé de SAINT-PIERRE, célèbre pour son ardent amour de l'humanité. Toute sa vie il n'eut qu'un désir, améliorer le sort des peuples, et dans ce but il proposa toutes sortes de réformes.

En 1712, sur la fin du règne de Louis XIV, l'abbé de Saint-Pierre fut témoin des cruels désastres qu'éprouva la France envahie; rempli d'horreur pour la guerre, il se demanda s'il ne serait pas possible aux nations de l'éviter un jour. C'est alors qu'il écrivit un beau livre intitulé : *Projet de paix perpétuelle*. Il y soutenait qu'on pourrait éviter la guerre, en établissant un tribunal choisi dans toutes les nations et chargé de juger pacifiquement les différends qui s'élèveraient entre les peuples.

Sans doute nous sommes loin encore de cette paix perpétuelle rêvée par le bon abbé de Saint-Pierre ; mais ce n'en est pas moins un honneur pour la France d'avoir été, entre toutes les nations, la première à espérer qu'un jour les peuples seraient assez sages pour renoncer à s'entre-tuer et pour terminer leurs querelles par un jugement pacifique.

L'abbé de Saint-Pierre passa ainsi toute sa vie à chercher des moyens de soulager la misère du peuple et d'assurer le progrès de l'humanité. C'est lui qui a inventé un mot que nous employons tous aujourd'hui et qui n'était pas alors dans la langue française, le mot de *bienfaisance*. Il ne s'est pas contenté du mot, il a lui-même donné toute sa vie l'exemple de cette vertu.

III. Augustin FRESNEL, né dans l'Eure à la fin du siècle dernier, fut d'abord un enfant paresseux; il était à l'école le dernier de sa classe. Mais il ne tarda pas à comprendre qu'on n'arrive à rien dans la vie sans le travail, et bientôt il travailla avec tant d'ardeur pour réparer le temps perdu qu'à l'âge de seize ans et demi il entrait l'un des premiers à l'Ecole polytechnique.

FRESNEL, né à Broglie (Eure) en 1788, mort en 1827.

Il en sortit à dix-neuf ans avec le titre d'ingénieur des ponts et chaussées. Bientôt, il fut grand bruit dans le monde savant des découvertes faites par un jeune physicien sur la lumière et la marche des rayons lumineux. C'était Fresnel, qui, grâce à ces découvertes, put plus tard perfectionner l'éclairage des phares. Avant lui, la lampe des phares n'avait qu'une faible lumière, qui ne s'apercevait pas d'assez loin sur les flots, et les naufrages étaient encore fréquents. Fresnel sut multiplier la lumière de cette lampe en l'entourant de verres savamment taillés et de miroirs de toute sorte.

« C'est la France, a dit un de nos écrivains, qui, après ses grandes guerres, inventa ces nouveaux arts de la lumière et les appliqua au salut de la vie humaine. Armée du rayon de Fresnel, de cette lampe forte comme quatre mille et qu'on voit à douze lieues, elle se fit une ceinture de ces puissantes flammes qui entre-croisent leurs lueurs. Les ténèbres disparurent de la face de nos mers. Qui peut dire combien d'hommes et de vaisseaux sauvent les phares? »

Julien continuait sa lecture; mais le pilote Guillaume ne l'écoutait plus depuis déjà quelque temps; il était tout occupé du navire et de la mer. Le vent s'était levé plus fort, et on voyait au loin l'Océan qui commençait à blanchir d'écume.

— Allons, laisse-moi, petit, dit Guillaume; tes histoires sont intéressantes, mais nous les verrons une autre fois. Sur toutes ces côtes la mer est mauvaise, et je pourrai bien avoir ce soir forte besogne.

XCVIII. — Le naufrage. — Egoïsme et dévouement.

Honte aux égoïstes qui ne songent qu'à eux-mêmes, honneur à l'homme désintéressé qui s'oublie pour les autres.

Le petit Julien s'était couché tard; on était inquiet à bord du bâtiment, car la mer était de plus en plus mauvaise.

Au milieu de la nuit, l'enfant dormait profondément comme on dort à son âge. Tout d'un coup il fut réveillé en sursaut. Au-dessus de sa tête, sur le plancher du navire, il entendait les marins aller et venir avec agitation. En même temps, c'étaient de longs roulements comme ceux du tonnerre, des sifflements aigus, des grondements à assourdir. Julien avait déjà entendu des bruits de ce genre, mais bien moins forts, lors de la première bourrasque que le *Poitou* avait essuyée :

— Hélas! se dit-il, c'est encore la tempête!

Il chercha autour de lui son frère; mais André n'était plus là : sans doute il s'était réveillé avant Julien et était sorti de la cabine pour aider les matelots.

Julien essaya de se lever, mais la mer secouait tellement le navire qu'il ne put se tenir debout et fut jeté contre la cloison.

L'enfant épouvanté rassembla pourtant tout son courage;

il s'habilla à la hâte, priant Dieu en lui-même; il ouvrit la porte de la cabine et fit quelques pas en s'appuyant contre les murs. Le bruit se fit alors entendre plus effrayant encore : les coups de tonnerre se succédaient sans interruption, et la lueur des éclairs était si vive que Julien fut obligé de fermer les yeux. En même temps la mer mugissait avec violence, au point d'étouffer par instants le bruit du tonnerre.

Tout à coup un grand craquement se fit entendre. Le bâtiment trembla de la quille jusqu'au mât, et Julien reçut une

RÉCIFS DE LA MANCHE. — Les récifs et écueils sur lesquels se brise la Manche offrent un perpétuel danger aux vaisseaux. Sous ce rapport, les côtes françaises et anglaises de la Manche sont parmi les plus périlleuses. Ce sont les récifs du Calvados qui ont donné leur nom à ce département.

telle secousse qu'il roula de nouveau par terre. Le navire venait d'être jeté sur un écueil.

Un long cri d'effroi retentit à bord, se mêlant aux sifflements du vent et des flots. Julien, pris d'une peur indicible, se mit à crier lui aussi de toutes ses forces : — André! André!

Une main le souleva, la main de son frère, qui avait tout d'abord pensé à lui dans ce suprême péril. André serra l'enfant dans ses bras : — N'aie pas peur, lui dit-il, je ne te quitterai pas.

Et à voix basse il ajouta : — Julien, il faut prier Dieu, il faut avoir confiance en lui, il faut avoir du courage.

Tout en parlant ainsi, André emportait l'enfant dans ses bras, tâchant par son énergie de relever le courage de son jeune frère; car André n'avait point changé, et tel nous l'avons déjà vu dans l'incendie de la ferme d'Auvergne, tel il était encore à cette heure. Gardant sa présence d'esprit au milieu du danger, il avait d'abord aidé de son mieux les matelots à la manœuvre. Mais maintenant on ne devait plus songer qu'à opérer le sauvetage, car le navire était perdu : malgré les efforts du pilote Guillaume et ceux de l'équipage, il avait été précipité par le vent sur les dangereux rochers de la côte, et son flanc avait été si largement ouvert que de toutes parts on entendait l'eau entrer en bouillonnant dans la cale. Le bâtiment appesanti s'enfonçait peu à peu dans les flots, comme si une main invisible l'eût entraîné au fond de l'Océan.

Lorsque André arriva sur le pont du navire, il tenait toujours Julien dans ses bras. Il s'arc-bouta contre un mât, car les lames écumantes sautaient sur le pont et lui fouettaient les jambes avec assez de force pour le renverser. Le capitaine, jugeant qu'il n'y avait plus d'espoir et pas une minute à perdre, venait de commander de mettre la chaloupe à la mer. A la lueur des éclairs, on voyait les matelots courir en désordre. C'était un affolement général.

Bientôt quelques matelots s'écrièrent que l'embarcation était trop petite pour contenir tout le monde, d'autant plus que l'oncle Frantz et les deux enfants se trouvaient en sus de l'équipage habituel.

— Qu'on mette le canot à la mer, dit le capitaine.

Le petit canot du *Poitou* était une seconde embarcation beaucoup plus légère que la chaloupe, et si frêle qu'elle semblait ne pas pouvoir résister un instant aux vagues furieuses.

L'un des matelots s'approcha du capitaine, et d'une voix brève, hardie, pleine de révolte, en montrant le canot du doigt :

— Capitaine, dit-il, pas un homme de l'équipage ne montera là-dedans. La chaloupe peut à peine contenir l'équipage habituel du bâtiment; vous avez pris en surplus le charpentier et ses deux neveux, ils sont de trop, c'est à eux de se servir du canot. Nous, nous avons droit à la chaloupe.

— Nous ne céderons la chaloupe à personne, répétèrent les autres voix des matelots.

Le capitaine essaya de protester, mais ses paroles furent

couvertes par les voix en révolte qui répétaient pour s'encourager : — C'est notre droit, c'est notre droit.

Alors le vieux pilote Guillaume, s'avançant vers les matelots : — Au moins, dit-il, sauvez cet enfant.

Et il voulut prendre Julien dans ses bras pour le leur passer; mais le petit garçon s'accrocha résolument au cou d'André : — Je ne veux pas être sauvé sans mon frère, dit-il, je ne le quitterai pas.

A travers le bruit terrible de la tempête on entendit pour toute réponse ce cri égoïste et sauvage des matelots : — Qu'il reste alors! chacun pour soi.

Les instants pressaient. L'oncle Frantz se dirigea vers le petit canot. — Viens, André, dit-il, et apporte-moi Julien.

En parlant ainsi, la voix de Frantz tremblait, comme celle d'un homme qui songerait qu'il va emmener à une mort presque certaine ce qu'il a de plus cher au monde : car Frantz connaissait mal la côte, et le canot était si fragile qu'il paraissait impossible qu'il résistât aux lames.

Au même moment la voix vibrante du pilote Guillaume retentit : — Attendez-moi, Frantz, s'écria-t-il, ce n'est pas moi qui abandonnerai deux enfants et un ami en péril. Nous nous sauverons tous, Frantz, ou nous mourrons ensemble.

Puis, s'adressant au capitaine qui, irrésolu, ne savait dans quelle embarcation sauter : — Capitaine, ma place est ici, la vôtre est avec vos hommes, partez; je me charge du canot.

Le capitaine se dirigea vers la chaloupe; l'instant d'après elle avait diparu, s'éloignant dans l'horizon noir, et le vieux pilote était seul dans le canot avec Frantz et les enfants.

XCIX. — La nuit en mer.

Comment nous acquitter du bien qu'on nous a fait? En faisant nous-même du bien à tous ceux qui ont besoin de nous.

Le canot était si léger qu'il semblait que la première vague eût dû l'engloutir, mais il bondissait sur la cime du flot pour retomber l'instant d'après dans le sillon que le flot laisse derrière lui. Le pilote tenait le gouvernail; l'oncle Frantz et André maniaient chacun une rame d'une main vigoureuse.

Chaque vague envoyait en passant dans le canot ces flaques d'eau que les marins appellent des *paquets de mer*, et le canot n'eût pas tardé à être submergé si Julien, les pieds dans l'eau, n'avait travaillé sans cesse à le vider. Souvent même André était obligé de laisser la rame pour aider l'enfant.

Le plus grand péril pour le moment, c'étaient les écueils où le navire venait de s'échouer. On ne les voyait point, mais on entendait le perpétuel mugissement, bien connu des marins, que les flots produisent en se brisant contre les rochers; et parfois, quand un éclair déchirait la nue, on apercevait à l'endroit des récifs toute une longue ligne blanche d'écume.

LA TEMPÊTE. — Les tempêtes de la mer sont produites par le vent et l'orage qui bouleversent les flots. Sous ce rapport, le nord-ouest de la France est parmi les contrées de l'Europe les plus exposées aux orages. Dans la tempête, les vagues fouettées par le vent bondissent jusqu'à une hauteur de douze mètres.

Avec une merveilleuse habileté le vieux pilote, qui connaissait toutes les côtes de France depuis vingt ans, et encore mieux celles de Bretagne et de Normandie, guidait l'embarcation pour regagner la haute mer. Il n'y avait aucun port assez rapproché où l'on pût trouver un abri; mieux valait le large que la côte hérissée de récifs.

Ce fut une longue nuit d'angoisses. Enfin les premiers rayons du jour parurent et éclairèrent la mer bouleversée. Nos amis étaient seuls sur l'Océan, enveloppés par une brume épaisse comme cela arrive dans les tempêtes.

Ils se regardèrent les uns les autres ; puis l'oncle Frantz, comme saisi d'une pensée soudaine, serra les mains du vieux pilote dans les siennes, et d'une voix que l'émotion suffoquait : — Guillaume, dit-il, comment nous acquitterons-nous jamais envers toi?

— C'est bien simple, répondit le vieux marin en promenant autour de lui ses yeux clairs et résolus ; et plus gravement il reprit : — Frantz, dans un même péril, tu feras pour un autre ce que je fais pour toi aujourd'hui, et les enfants de même.

— Nous le ferons, répondit Frantz d'un accent ému.

— Nous le ferons, répétèrent André et Julien ; et ce dernier, levant ses petites mains jointes vers le pilote, souriait à travers ses larmes comme si un coin du ciel noir s'était enfin éclairci.

Alors une sorte de calme s'éleva du fond de ces quatre âmes que la mort enveloppait encore de toutes parts : il semblait qu'en s'engageant à vaincre dans l'avenir de nouveaux périls pour le salut d'autres hommes, on eût déjà triomphé du péril présent.

C. — La dernière rafale de la tempête. — La barque désemparée.

Espérer et lutter jusqu'au bout est un devoir.

A ce moment, une dernière rafale s'éleva, mais si brusque, si violente que personne n'eut le temps de s'y préparer. Une lame énorme, furieuse, venant de l'avant, brisa d'un seul coup les deux rames. En même temps, elle emplit à moitié d'eau la barque, roula Julien, aveugla André et l'oncle Frantz, qui perdirent pied.

La bourrasque passée, nos quatre naufragés furent presque étonnés de se retrouver encore ensemble et de voir que la barque, quoique remplie d'eau, était toujours à flot. Par malheur elle était absolument désemparée ; on ne pouvait plus la diriger, on se trouvait comme une épave flottante à la merci du vent et des vagues, qui pouvaient entraîner de nouveau l'embarcation sur des récifs et l'y briser.

On s'empressa de vider le canot, ce qui fut long. Puis chacun se rassit, en proie à de nouvelles anxiétés.

Guillaume était devenu sombre. Immobile au fond de la barque, il suivait d'un œil triste l'horizon brumeux. Ses paupières étaient humides, comme si, par la pensée, il eût entrevu au delà des côtes de l'Océan une petite maison cachée sous les arbres, et au cher foyer de la maison une femme inquiète et deux têtes blondes, celles de ses petites filles.

Un soupir profond souleva la poitrine du vieux marin, et ses yeux continuèrent à se perdre dans l'horizon vide.

Alors deux bras caressants se posèrent sur son épaule et la petite voix tendre de Julien s'éleva. On eût dit que l'âme naïve de l'enfant avait lu dans celle du vieillard et qu'elle venait lui répondre.

— Père Guillaume, murmura-t-il à son oreille, Dieu est bon, et je le prie de tout mon cœur : vous reverrez votre maison.

— Dieu t'entende, Julien ! fit le vieillard en serrant l'enfant dans ses bras.

CI. — Le noyé et les secours donnés par Guillaume.

Que d'hommes ont été rappelés à la vie par des secours intelligents et persévérants !

Après ce moment d'effusion, Guillaume fit un effort, et chassant ses pensées tristes :

— Ces enfants-là doivent être épuisés, dit-il. Puisque nous n'avons plus rien à faire qu'à nous laisser ballotter au hasard, il faut réparer nos forces en prenant de la nourriture.

On atteignit alors quelques provisions qu'on avait emportées en toute hâte au moment d'embarquer : du biscuit, de la viande sèche et un petit baril d'eau douce. On brisa comme on put le biscuit, et, quand chacun eut repris des forces, on se sentit plus de courage et d'espoir.

La barque flottait au hasard, jouet des flots; tous les yeux étaient fixés sur l'horizon.

Julien, qui regardait comme les autres la mer avec attention, s'approcha de l'oncle Frantz :

— Mais voyez donc, dit-il; il y a quelque chose qui flotte là-bas sur l'eau : qu'est-ce que ce peut être?

— Quelque épave de la tempête, sans doute, dit l'oncle Frantz. Peut-être quelque débris du navire.

— Mais non, je vous assure, dit André à son tour. Tenez, il me semble que ce sont des vêtements qui flottent. Ne serait-ce point le corps d'un homme?

— Il a raison, dit le vieux pilote. Ce doit être un naufragé comme nous, mais plus malheureux que nous.

Tous les yeux fixés sur ce point cherchaient à deviner. On ne pouvait encore bien distinguer l'objet qui flottait sur l'eau. Tout d'un coup une vague plus forte le rapprocha de la barque.

— Oh ! mon Dieu ! s'écria l'oncle Frantz, qui avait aperçu le visage pâle du naufragé, c'est le capitaine du navire.

Et, jetant à la mer un paquet de cordages qui se trouvait à bord de la barque désemparée, il parvint à attirer à lui le corps flottant et à le hisser dans le canot.

On le coucha aussitôt sur le côté. Guillaume desserra les dents du capitaine : on vit l'eau ressortir de sa bouche. Ensuite Guillaume le frictionna par tout le corps pour rappeler la chaleur, et, appuyant la main sur sa poitrine, il la fit successivement s'élever et s'abaisser pour imiter les mouvements de la respiration.

Le corps semblait toujours inanimé. Le père Guillaume, sans se décourager, approcha alors sa bouche de la sienne et lui souffla doucement de l'air. Il fit cela avec patience pendant assez longtemps. André et Julien, se dépouillant de leur veste, avaient recouvert le noyé pour le réchauffer.

Enfin le souffle du capitaine parut répondre à celui de Guillaume; un léger tressaillement agita son corps, ses lèvres remuèrent et ses yeux se rouvrirent. L'oncle Frantz, prenant une gourde d'eau-de-vie, lui en versa quelques gouttes qui le ranimèrent tout à fait.

Quand il put parler, le capitaine raconta à ceux dont les soins intelligents venaient de le sauver que la chaloupe chargée de monde avait eu une avarie, avait pris l'eau et sombré. Il avait nagé pendant plusieurs heures, espérant rencontrer quelque navire. Puis il avait aperçu de loin le canot et s'était dirigé vers lui. Enfin les forces l'avaient abandonné, et depuis il ne savait plus ce qu'il était devenu.

CII. — L'attente d'un navire et les signaux de détresse.

De même que, sur mer, les vaisseaux se détournent de leur route pour venir au secours des naufragés, de même, dans la vie, nous devons aller vers ceux qui souffrent et faire pour eux sans hésiter les sacrifices que réclame leur misère.

Vers midi, le vent changea brusquement. En même temps, la brume qui n'avait cessé d'envelopper la barque se dissipa peu à peu, et les naufragés, qui étaient maintenant cinq, purent observer l'horizon sur tous les points.

— En temps ordinaire, dit Guillaume, nous ne tarderions pas à apercevoir quelque navire, car la Manche est la mer la plus fréquentée du globe; mais, après une telle tempête, c'est grand hasard si quelque vaisseau a pu tenir la mer et si l'on vient à notre secours.

— Espérons pourtant, dit le capitaine.

Et la barque continua de voguer au hasard des vents et des vagues.

Vers deux heures on aperçut du côté du sud un petit point blanc qu'on avait peine à distinguer de l'écume des flots. Mais, en le regardant, les yeux du vieux pilote brillèrent :

— Voici une voile, dit-il ; puisse-t-elle venir vers nous !

Le navire approchait en effet. Après une demi-heure d'attente, qui sembla un siècle aux naufragés, on découvrit distinctement les trois mâts.

— On peut maintenant nous voir, dit le capitaine, tâchons d'être aperçus.

Le pilote, qui avait la plus haute taille, prit un mouchoir rouge, l'attacha au tronçon d'une rame qui restait et l'agita en l'air comme signal de détresse.

Ce fut alors un grand silence, plein d'anxiété : tous les yeux étaient tournés vers le même point. Le navire approcha encore, mais il se dirigeait vers les côtes d'Angleterre, et, continuant rapidement sa route, il ne vit pas le frêle canot perdu au milieu de la mer.

Peu à peu les mâts semblèrent s'abaisser en s'éloignant, le navire ne parut plus qu'un point, le point lui-même disparut, et le canot des naufragés continua de flotter seul sur l'immense Océan.

Tous les cœurs étaient gros d'angoisse. Un silence morne régna de nouveau dans la petite barque.

Le soleil allait déjà se coucher et emporter avec lui la dernière espérance des naufragés, lorsque Julien, dont les yeux étaient tournés vers l'ouest, aperçut au loin une sorte de petit nuage noirâtre qui flottait au-dessus de l'horizon.

— Ne voyez-vous pas ce nuage? dit-il à son oncle.

Celui-ci regarda, puis, se levant tout à coup : — Oh ! dit-il, ce n'est point un nuage, c'est de la fumée. Sûrement un vapeur est par là. Nous pouvons encore espérer.

Bientôt en effet la fumée sembla approcher, épaissir ; puis, quelques minutes plus tard, on distinguait le haut des mâts et de la cheminée du vaisseau.

On se leva et on agita tout ce qu'on possédait d'étoffes à couleurs voyantes. Julien avait joint ses petites mains, les yeux tournés vers le ciel.

Tout d'un coup le navire à vapeur changea de direction et marcha juste sur le canot. Le signal avait été aperçu et on venait pour secourir les naufragés.

Quelques instants après, ils étaient tous à bord du grand bateau à vapeur la *Ville de Caen*, qui reprenait sa route vers Dunkerque, les emportant avec lui.

CIII. — Inquiétude et projets pour l'avenir.

Une famille unie par l'affection possède la meilleure des richesses.

Dans l'ivresse de se voir enfin sauvés, Julien et André s'étaient jetés au cou de leur oncle et du brave Guillaume.

— Ami, dit Frantz au vieux pilote normand, désormais c'est entre nous à la vie et à la mort. Nous te devons d'exister encore : dispose de nous au besoin.

— Frantz, dit Guillaume, s'il en est ainsi, je veux te demander une chose.

— Quoi que ce soit, dit Frantz, je le ferai.

— Eh bien, Frantz, lorsque tu auras terminé tes affaires en Alsace-Lorraine, viens me trouver dans le petit bien que je possède auprès de Chartres ; je sais que, si tu n'avais pas perdu toutes tes économies à Bordeaux, tu aurais acheté un bout de terre pour t'y établir ; moi, me voilà propriétaire et je n'entends pas grand'chose à l'agriculture ; viens te reposer un mois auprès de moi. Tu m'aideras de tes conseils, nous réfléchirons ensemble à l'avenir, et, si le cœur te disait de t'installer auprès de nous, nous serions bien heureux.

— Hélas ! mon brave Guillaume, répondit Frantz, j'irai te voir, je te le promets, mais je ne pourrai rester longtemps : nous avons notre vie à gagner, André et moi, nous avons à élever et à instruire Julien.

— Que comptez-vous faire ?

— Je n'en sais trop rien encore, dit Frantz en soupirant. Cette tempête a achevé de bouleverser mes projets. Nos vêtements à tous sont au fond de la mer, et, si je n'avais eu soin de mettre dans ma ceinture mes papiers avec une centaine de francs qui nous restaient, nous n'aurions plus rien que nos bras à cette heure.

— Ah ! mon Dieu, c'est pourtant vrai, s'écria Julien, toutes nos affaires sont restées sur le navire et ont sombré avec. Et mon carton de classe, mes cahiers et mes livres que j'avais si bien pris soin d'emporter de Phalsbourg, tout est perdu ! Quel dommage ! je n'y avais pas songé encore.

Et l'enfant laissa tomber ses bras d'un air désolé. Mais à

ce moment il sentit quelque chose de dur dans sa poche, et il ne put retenir un petit cri de plaisir :

— Oh ! fit-il, j'ai tout de même encore un livre, mon livre sur les grands hommes. Il était dans ma poche et il s'est trouvé sauvé sans que j'y pense.

Le vieux pilote embrassa Julien, et serrant la main de Frantz : — Allons, dit-il, ne nous désolons pas, Frantz. Songe que dans ma vie j'ai passé des heures plus dures encore, et pourtant me voilà petit propriétaire à présent. Ton tour de bonheur arrivera aussi, tu verras ; il arrive toujours pour ceux qui comme toi ne craignent ni la peine ni le travail, parce qu'ils veulent honnêtement se tirer d'affaire.

— Et puis, mon oncle, ajouta André, vous n'êtes pas seul, et nous, nous ne sommes plus orphelins. A nous trois, nous formons une petite famille. Nous nous aimons, nous nous soutiendrons tous les trois ; nous serons heureux, allez, sinon par la richesse, au moins par l'affection.

CIV. — Une surprise après l'arrivée à Dunkerque. — Les quatre caisses. — Utilité des assurances.

En s'entendant les uns avec les autres et en se cotisant, on parvient de notre temps à réparer des malheurs qui étaient autrefois irréparables.

Le paquebot arriva rapidement à Dunkerque. Ce port, le plus fréquenté du département du Nord, tire son nom des dunes de sable près desquelles la ville est bâtie. C'est, avec Boulogne et Calais, un centre important pour la pêche des harengs et des sardines.

LES DUNES DE DUNKERQUE. — On appelle dunes des collines de sable qui se sont formées sur les bords de l'Océan ou de la Manche. Elles sont stériles et souvent habitées par des renards. On arrête les dunes, dans le Nord, en y plantant une sorte de jonc marin, et dans les Landes en y plantant des pins maritimes. Les plantations ou semis faits sur les dunes sont exemptés d'impôts pendant trente ans.

Frantz désirait se rendre au plus vite en Alsace-Lorraine avec ses neveux sans rien dépenser ; il songea à se procurer de l'occupation sur un des bateaux qui font le service des canaux du Nord et qui, regagnant le canal de la Marne au Rhin, passent tout près de Phalsbourg.

On parcourut la ville animée de Dunkerque ; on passa devant la statue de Jean Bart que David a sculptée, et Julien admira l'air résolu du célèbre marin.

LA PÊCHE DU HARENG. — Le hareng est un joli poisson glauque sur le dos et blanc sous le ventre. Chaque année, au mois de mars, les harengs descendent des mers du Nord par bancs immenses et voyagent le long de nos côtes. C'est alors que les pêcheurs vont jeter dans l'eau leurs grands filets qu'ils retirent chargés de harengs. Cette pêche est aussi importante que celle de la morue.

L'oncle Frantz ne trouva pas du premier coup ce qu'il désirait. Ce fut seulement après deux jours de recherches, bien des peines et bien des tracas, qu'il obtint de l'ouvrage à bord d'un bateau. Encore ne lui promit-on d'autre salaire que leur nourriture à tous les trois.

Nos amis s'en revenaient donc la tête basse, le front soucieux, songeant qu'il allait falloir entamer leur petite réserve d'argent pour s'acheter des vêtements de rechange ; et ils étaient si tristes qu'ils marchaient sans rien se dire, préoccupés de leurs réflexions.

— Eh bien, s'écria Guillaume qui les attendait sur le seuil de la porte, arrivez donc : il y a du nouveau qui vous attend.

Julien, en voyant la figure radieuse du brave pilote, devina vite que les nouvelles étaient bonnes ; il s'élança à sa suite de toutes ses petites jambes, et on monta quatre à quatre l'escalier de la mansarde qu'on avait louée en arrivant.

Quand la porte fut ouverte, Julien demeura bien surpris. Il aperçut au beau milieu de la mansarde quatre caisses de voyage portant chacune le nom de l'un de nos quatre voyageurs. Julien, naturellement, s'empressa d'ouvrir celle qui portait son nom, et il fit un saut d'admiration en voyant dans le tiroir de la caisse de bonnes chemises à sa taille, des bas, des souliers neufs, un chapeau en toile cirée et une paire de pantalons en bon drap.

— Mais, père Guillaume, dit l'enfant en déployant toutes ces richesses, est-ce que c'est possible que ce soit pour moi, tout cela! D'où vient cette belle caisse? Et André qui en a autant! et mon oncle aussi, et vous aussi! Qu'est-ce que cela veut dire?

Jean Bart, né à Dunkerque en 1651, mourut en 1702. Fils d'un simple pêcheur, il devint l'un de nos plus illustres marins. Un capitaine anglais l'invita un jour à dîner: il se rendit sans défiance sur son navire, mais c'était une trahison : à la fin du dîner les matelots anglais se jetèrent sur Jean Bart pour le faire prisonnier. Celui-ci, avec un sang-froid admirable, se dégageant brusquement, courut vers un tonneau de poudre, en approcha une mèche allumée qu'il avait saisie et cria aux Anglais d'une voix tonnante : « Si vous faites un pas vers moi, je fais sauter le navire et nous avec. » Les Anglais interdits s'écartent, les marins de Jean Bart ont le temps d'arriver, s'emparent du navire, et Jean Bart triomphant ramène à Dunkerque les Anglais prisonniers sur leur propre vaisseau.

— Petit Julien, répondit le père Guillaume, ravi de la bonne surprise qui épanouissait tous les visages, c'est le cadeau d'adieu de notre capitaine. Il a fait dresser avec moi, comme la loi l'y obligeait, le procès-verbal du naufrage du navire : le *Poitou* était assuré avec toute sa cargaison et le capitaine ne perdra rien : il a trouvé juste que nous ne perdions rien aussi, et il nous envoie ces vêtements en échange de ceux qui ont coulé avec le navire. En même temps, il a ajouté le paiement promis à chacun de nous pour la traversée. Volden, voici tes cinquante francs; André, en voici trente, et toi, Julien, voici un carton d'écolier tout neuf pour te récompenser d'avoir été courageux en mer comme un petit homme.

Julien ne se possédait pas d'aise. Cette caisse à son adresse, c'était le premier meuble qu'il eût possédé.

— Mon oncle, disait-il en sautant de plaisir, voyez donc, nous avons maintenant un mobilier : c'est comme si nous possédions chacun une armoire!

Tout d'un coup, il s'interrompit pour pousser une nouvelle exclamation de surprise :

— Ah ! mon Dieu ! dit-il, jusqu'à mon joli parapluie que M. Gertal m'avait donné et que j'avais tant de regret d'avoir perdu ! Eh bien, le capitaine en a mis un au fond de la caisse, et il est tout pareil, regarde, André.

— Je m'imagine, dit l'oncle Frantz en tendant la main avec émotion à Guillaume, qu'il y a quelqu'un qui a sans doute aidé la mémoire du capitaine.

— Mon vieil ami, dit Guillaume, j'étais chargé de faire l'inventaire complet ; j'ai tâché de ne rien oublier.

Ce soir-là, nos quatre amis dînèrent bien contents. Après dîner on alla remercier le capitaine, et chemin faisant Julien ne put s'empêcher de dire qu'il trouvait que les *assurances* sont une bien bonne chose.

— Oui certes, petit Julien, répondit Guillaume. En donnant aux compagnies d'assurances une faible somme chaque année, on se trouve protégé autant que faire se peut contre les malheurs de toute sorte. Je me suis déjà dit qu'en arrivant chez moi la première chose que je vais faire, ce sera d'assurer contre l'incendie le petit bien dont nous avons hérité et d'assurer contre la grêle mes récoltes de chaque année.

Et le vieux pilote ajouta sentencieusement :

— L'homme sage n'attend point que le malheur ait frappé à sa porte pour lui chercher un remède.

CV. — Le Nord et la Flandre. — Ses canaux, son agriculture et ses industries. — Lille.

Les pays du nord sont ceux que la nature a le moins favorisés ; mais l'intelligence et le travail de l'homme ont corrigé la nature et y ont produit des richesses.

Le lendemain nos amis se séparèrent en se promettant de se revoir bientôt. Guillaume allait retrouver sa femme. Frantz et ses neveux se dirigeaient vers Phalsbourg pour y terminer leurs affaires.

Lorsque le bateau quitta Dunkerque pour naviguer sur le canal, Julien, debout sur le pont, observait le pays avec attention. — Regarde bien, Julien, lui dit l'oncle Frantz, qui était tout près, enfonçant dans l'eau sa longue perche ; le département du Nord où nous voici vaut la peine que tu l'admires. C'est, après le département de la Seine, le plus peuplé de France, et l'agriculture comme l'industrie y est prospère.

En effet, tout le long des bords du canal, souvent noircis

par la poussière du charbon de terre, on voyait se déployer de grandes plaines où travaillaient sans relâche les cultivateurs affairés. On était à la fin de janvier, et chacun préparait la terre à recevoir les semences du printemps.

FLANDRE, ARTOIS ET PICARDIE. — Ces provinces sont riches et couvertes de villes florissantes. Leur fertilité en blé les a fait nommer le grenier de la France. Lille a environ 200000 habitants. L'ancienne capitale de l'Artois était Arras (30000 hab.), fortifiée par Vauban. L'ancienne capitale de la Picardie était Amiens (85000 hab.). Cette ville importante est située sur la Somme, rivière aux eaux dormantes. C'est encore un grand centre industriel; on y fabrique des tapis et des velours renommés. Abbeville (20000 hab.) est connue pour sa serrurerie.

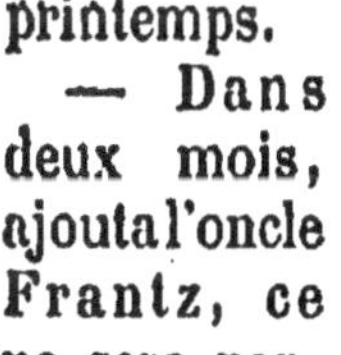

— Dans deux mois, ajouta l'oncle Frantz, ce ne sera partout qu'un immense tapis vert : ici du chanvre et du lin, dont on fera les belles toiles du Nord ou les dentelles de Valenciennes et de Douai ; là, le colza, la navette et l'œillette pour les huiles, le houblon pour la bière, les betteraves pour les raffineries de sucre et pour la nourriture des bestiaux, enfin les céréales de toute sorte ; car ici il n'y a jamais un mètre de terrain inoccupé.

L'ŒILLETTE. — C'est le nom vulgaire de certains pavots cultivés pour leurs graines. Le pavot renferme une substance vénéneuse, l'opium, mais ces graines en sont totalement dépourvues, et ce sont elles qui fournissent l'huile d'œillette, peut-être la meilleure après l'huile d'olive.

— Pourquoi ne voit-on pas de vaches dans les champs par ici ? observa Julien.

— C'est qu'on les nourrit à l'étable pour la plupart. Ce qui n'empêche pas les vaches flamandes d'être une des plus belles aces françaises. Elles sont grandes et donnent beaucoup de lait. Les moutons amands sont aussi renommés, avec eur laine on fait les belles étoffes qui e vendent à Roubaix et à Tourcoing.

— Et toutes ces grandes cheminées, mon oncle, dit Julien, qu'est-ce donc ?

— Ce sont les cheminées d'usines de toute sorte, raffineries de sucre, distilleries d'eau-de-vie, fabriques d'amidon. Bientôt nous verrons les moulins à huile et à farine. Plus tard nous rencontrerons des puits de mines : les mines d'Anzin et de Valenciennes produisent à elles seules le quart de toute la houille retirée du sol français.

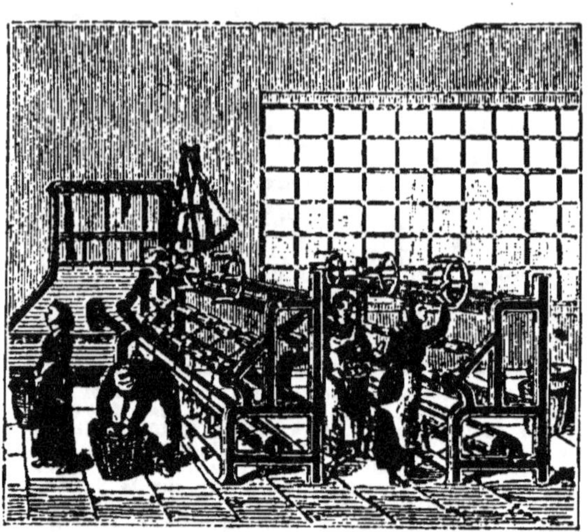

UNE FILATURE DE LIN À LILLE. — Le lin est de toutes les fibres de plantes celle qu'il était le plus difficile de filer à la mécanique. C'est par une merveille de l'industrie que les machines réussissent maintenant à transformer ces fibres si courtes en fils longs et souples qui vont s'enroulant sur des bobines.

— Oh ! oh ! dit le petit Julien, je suis bien content de connaître la Flandre ; je vois que le nord de la France n'en est pas la partie la moins bonne.

Bientôt on arriva à Lille, la cinquième ville de France, qui est en même temps une place forte de premier ordre, tout entourée de remparts et de bastions, et qui soutint plusieurs sièges héroïques. Julien fut envoyé faire quelques commissions à travers Lille : il revint émerveillé du mouvement qu'il avait vu partout, et du bruit des grandes filatures dont on entendait en passant siffler les machines à vapeur.

Comme il avait vu sur une place de Lille le nom de Philippe de Girard, il songea aussitôt à interroger son livre sur ce grand homme. — Quel bonheur, pensa-t-il, que j'eusse mon livre dans ma poche lors de la tempête ! L'Océan ne l'a pas englouti, mon cher livre ; il me semble que je l'aime plus encore, à présent qu'il a fait avec moi tant de courses extraordinaires. Voyons ce qu'il va m'apprendre sur Lille.

Et l'enfant ouvrit son livre.

CVI. — Un grand homme auquel le Nord doit une partie de sa prospérité : Philippe de Girard. — La machine à filer le lin.

Un seul homme, par son génie et sa persévérance, peut faire changer de face toute une contrée.

En l'année 1775, un petit enfant nommé PHILIPPE DE GIRARD venait au monde dans un village du département de Vaucluse.

Le département de Vaucluse, se dit Julien, chef-lieu Avignon; j'ai passé par là en allant à Marseille, je me le rappelle très bien.

Dès que le petit Philippe sut lire, il employa toutes ses journées à étudier, à feuilleter des livres savants.

A l'heure des récréations, Philippe allait jouer dans le jardin paternel, mais ses jeux étaient de nouveaux travaux. Il construisait de petits moulins que faisait tourner le ruisseau du jardin : il fabriquait de toutes pièces ou dessinait sur le papier des machines de diverses sortes.

A l'âge de quatorze ans, Philippe de Girard avait déjà inventé une machine pour utiliser la grande force des vagues de la mer.

Il n'avait pas seize ans lorsqu'un malheur frappa sa famille : son père et sa mère furent forcés de quitter la France pendant la Révolution, et ils perdirent tout ce qu'ils possédaient.

Errants dans des pays étrangers, réduits à la pauvreté la plus grande, les parents de Philippe de Girard seraient peut-être morts de misère sans le courage de leur jeune fils.

Philippe met tout son génie au service de son amour filial; c'est lui qui gagne le pain de son père et de sa mère, il est leur secours, leur consolation, leur honneur. Il travaille sans repos, et c'est pour eux qu'il travaille.

En 1810, Philippe et sa famille étaient réunis à table pour déjeuner. En ce moment, un journal arriva. Son père l'ouvrit, y jeta les yeux, puis le passant à son fils : « Tiens, Philippe, voilà qui te regarde. »

Et le jeune homme lut dans le journal ce décret de Napoléon Ier :

PHILIPPE DE GIRARD, né en 1775 dans un village du département de Vaucluse, mourut en 1845.

« Il sera accordé un prix d'un million de francs à l'inventeur (de quelque nation qu'il puisse être) de la meilleure machine à filer le lin. »

— Un million! s'écria Philippe. Oh! si je pouvais le gagner et vous rendre votre fortune d'autrefois!...

Après le dîner, Philippe va se promener dans le jardin sous les grands arbres, réfléchissant, cherchant comment faire. Il se procure du lin, du fil, une loupe (une loupe est une sorte de verre qui grossit les objets pour les yeux); puis il s'enferme dans sa chambre, et, tenant d'une main le lin, de l'autre le fil, il se dit : « Avec ceci, il faut que je fasse cela. »

Il passa la journée et la nuit à réfléchir, imaginant et construisant dans sa tête des machines de toute sorte.

Le lendemain, quand il revint à la même heure pour le déjeuner en famille, il dit à son père :

— Le million est à nous, la machine est trouvée!

L'idée principale de la machine était trouvée en effet, mais, pour l'exécuter, Philippe de Girard rencontra les plus grandes difficultés. Il dépensa le peu d'argent qu'il avait; enfin, après plusieurs années, au moment où la machine était enfin parfaite et où Philippe allait recevoir son prix, Napoléon tomba. Le gouvernement qui lui succéda refusa de payer le million promis.

Alors Philippe ruiné s'exila. Il alla fonder en Pologne une manufacture de lin qui prit une grande importance et fut même le centre d'une nouvelle ville. Cette ville porte le nom de Girard et elle est désignée sur les cartes actuelles par le nom de *Girardoff*.

Ainsi, grâce à un travail assidu, Girard finit par obtenir et par donner aux siens la richesse qu'il avait failli déjà trouver. Néanmoins, jusqu'à la fin de sa vie il ne cessa de travailler et d'inventer sans relâche; c'est par vingtaines que se comptent les machines que l'industrie lui doit.

Mais sa plus belle œuvre, ce fut cette machine à filer le lin qui devait être une des richesses de sa patrie. Elle se répandit partout rapidement, surtout dans le Nord. C'est une simple machine qui a fait la fortune et la grandeur de plusieurs villes du Nord, principalement de Lille, centre de l'industrie du lin. Aussi la ville de Lille s'est-elle toujours montrée reconnaissante envers Philippe de Girard.

L'Etat fait aujourd'hui une pension à sa nièce et à sa petite-nièce.

CVII. — L'Artois et la Picardie. — Le siège de Calais.

Le courage rend égaux les riches et les pauvres, les grands et les petits, dans la défense de la patrie.

Julien, tournant la page de son livre, continua sa lecture :

L'Artois et la Picardie sont, comme la Flandre, des pays de plaines très fertiles qui produisent en abondance le blé, le colza et le lin. Ces trois provinces industrieuses, placées en face de l'Angleterre, font aussi un grand commerce maritime. Par les ports de Boulogne et de Calais passent chaque année, par centaines de mille, les personnes qui se rendent d'Angleterre en France ou de France en Angleterre.

Il y a cinq cents ans, le roi d'Angleterre, Edouard III, avait envahi la France et assiégé Calais. Les habitants, pendant une année entière, soutinrent vaillamment le siège; mais les vivres vinrent à manquer, la famine était affreuse, il fallut se rendre.

Le brave gouverneur de la ville, Jean de Vienne, fit dire au roi d'Angleterre que Calais se rendait et que tous ses habitants demandaient à quitter la ville.

Eustache de Saint-Pierre et les bourgeois de Calais. — C'est en 1347 que le roi d'Angleterre réduisit à merci la ville de Calais. Cette ville ne fut enlevée aux Anglais qu'en 1558 par le duc de Guise. Calais a aujourd'hui 12 000 habitants; c'est une place forte de première classe.

Le roi répondit qu'il ne les laisserait pas sortir, mais ferait tuer les plus pauvres et accorderait la vie aux riches au prix d'une forte rançon.

Voici la belle réponse que lui fit alors Jean de Vienne.

— Seigneur roi, nous avons tous combattu aussi loyalement les uns que les autres, nous avons tous subi ensemble bien des misères, mais nous en subirons de plus grandes encore plutôt que de souffrir que le plus petit de la ville soit traité autrement que le plus grand d'entre nous.

Le roi furieux répondit qu'en ce cas il les ferait tous pendre.

Les chevaliers anglais réussirent pourtant à le calmer un peu, et il se contenta d'exiger que Calais lui livrât six bourgeois, parmi les notables, pour être mis à mort.

Le gouverneur de la ville vint alors au marché pour annoncer la triste nouvelle. Il fit sonner la cloche. Au son de la cloche, hommes et femmes se réunirent pour l'entendre.

Grande fut la consternation en apprenant l'arrêt du roi d'Angleterre. Tous se regardaient les uns les autres, se demandant quelles seraient parmi eux les six malheureuses victimes. Tout d'un coup le plus riche bourgeois de la ville, Eustache de Saint-Pierre, se leva; il s'avança vers le gouverneur et, d'une voix ferme, il se proposa le premier pour mourir.

Aussitôt trois autres bourgeois imitent son noble exemple et, quand il ne reste plus que deux victimes à choisir, tant d'habitants se proposent pour mourir et sauver leurs concitoyens, que le gouverneur de la ville est obligé de tirer au sort.

Ensuite les six bourgeois partirent au camp anglais, en chemise, pieds nus, la corde au cou, portant les clefs de la ville. Ils s'agenouillèrent devant le roi en lui tendant les clefs,

Il n'y eut alors, parmi les Anglais, si vaillant homme qui pût s'empêcher de pleurer en voyant le dévouement des six bourgeois. Seul, le roi d'Angleterre, jetant sur eux un coup d'œil de haine, commanda que l'on coupât aussitôt leurs têtes. Tous les barons et chevaliers anglais versaient des larmes et demandaient de faire grâce, mais Édouard, grinçant des dents, s'écria :

— Qu'on fasse venir le coupe-tête.

Au même moment, la reine d'Angleterre arriva. Elle se jeta à deux genoux aux pieds du roi, son époux :

— Grâce, grâce ! dit-elle; et elle pleurait à tel point qu'elle ne pouvait se soutenir. Ah! gentil sire, je ne vous ai jamais rien demandé; aujourd'hui je vous le demande, pour l'amour de moi, ayez pitié de ces six hommes !

Le roi garda le silence durant quelques moments, regardant sa femme agenouillée devant lui : — Ah! madame, dit-il, j'aimerais mieux que vous fussiez ailleurs qu'ici.

Enfin il s'attendrit et il accorda la grâce des six héros de Calais.

CVIII. — La couverture de laine pour la mère Etienne. — Reims et les lainages.

Se souvenir toujours d'un bienfait, c'est montrer qu'on en était vraiment digne.

— Mon oncle, dit un jour André à l'oncle Frantz, il y a une chose qui me préoccupe; lorsque nous avons quitté la Lorraine, le père et la mère Etienne nous ont aidés comme si nous étions leurs enfants, et la bonne mère Etienne, sans rien me dire, a glissé dans ma bourse deux pièces de cinq francs que j'y ai trouvées à Epinal. Cependant ils sont très gênés, car ils ont perdu toutes leurs économies pendant la guerre, et moi, malgré nos peines, j'ai néanmoins en ce moment deux fois plus d'argent qu'en quittant Phalsbourg. Je voudrais bien leur rendre ces deux pièces de cinq francs et leur en montrer ma reconnaissance.

— Je t'approuve, André, dit l'oncle Frantz : il faut toujours, dès qu'on le peut, rendre ce qu'on a reçu et répondre à un bon procédé par un autre. Nous passerons chez la mère Etienne avant d'arriver à Phalsbourg, et nous lui offrirons quelque chose.

— Mon oncle, dit Julien qui avait écouté avec attention, je me rappelle que Mme Etienne nous avait mis la nuit sur notre lit des habits pour nous couvrir, car, disait-elle, elle n'avait plus une seule couverture de laine depuis la guerre.

— En effet, dit André, et malgré cela elle n'a pas hésité

à nous donner ses petites économies! Bonne mère Étienne!

— Eh bien, mes enfants, dit l'oncle Frantz, nous arriverons bientôt à Reims, profitons-en pour acheter une chaude couverture que nous offrirons à la mère Étienne. Reims est la ville des lainages par excellence, et notre bateau va y rester assez de temps pour que nous y puissions faire notre achat.

La cathédrale de Reims est un admirable édifice du treizième siècle. On en voit ici l'extérieur et les superbes tours. L'intérieur n'est pas moins magnifique : il est éclairé par des vitraux remarquables et orné d'innombrables statues. C'est dans la cathédrale de Reims qu'étaient couronnés les rois de France.

L'oncle Frantz et les deux enfants parcoururent la belle ville de Reims, la plus peuplée du département de la Marne. Ils visitèrent la superbe cathédrale, et Julien, se rappelant les récits de la mère Gertrude, dit à son oncle que Jeanne Darc avait fait autrefois dans cette cathédrale sacrer le roi Charles VII.

C'était un jour de marché, et partout s'étalaient les produits de la Champagne, qui consistent surtout en lainages, en fers, en vins célèbres.

Ouvrières de Reims cardant et peignant la laine. — La laine, comme le coton, a besoin d'être débarrassée de tous les filaments étrangers et de toutes les impuretés. Pour cela on la carde. Ce mot vient d'une espèce de chardon à tête épineuse, la *cardère*, dont on se sert pour brosser la laine. Ensuite on la peigne comme nous peignons nos cheveux.

— Les lainages, dit l'oncle Frantz, sont la plus ancienne des industries françaises et une de celles où la France l'emporte sur ses rivales. On carde et on peigne les laines, puis on les tisse, et les tissus de Reims, ainsi que les draps de Sedan, sont justement renommés.

La Champagne tire son nom de ses vastes plaines couvertes en partie de vignobles, en partie de vastes forêts. Mézières (le chef-lieu des Ardennes) est une place forte sur la Meuse. Sedan est une petite place forte célèbre par la défaite de Napoléon III. Châlons-sur-Marne, Reims (85000 hab.), Epernay font un grand commerce de vins. Troyes (45000 hab.) fabrique de la bonneterie et des toiles, Chaumont des gants et des couteaux. Langres a une coutellerie très renommée.

Tout en causant ainsi, on choisit une bonne couverture, chaude et grande, et on se réjouit par avance du plaisir qu'on aurait à l'offrir à la mère Étienne.

On reprit ensuite le chemin du bateau et on recommença à travailler en songeant qu'on arriverait bientôt en Lorraine.

Julien s'empressa de se remettre lui aussi au travail ; il fit une belle page d'écriture, des problèmes que l'oncle Frantz lui avait donnés à résoudre et qui roulaient sur l'achat et la vente des lainages. Puis il prit son livre d'histoires et lut ce qui s'y trouvait sur la Champagne.

CIX. — Les hommes célèbres de la Champagne. — Colbert et la France sous Louis XIV. — Philippe Lebon et le gaz d'éclairage. — Le fabuliste La Fontaine.

Nous jouissons tous les jours, et souvent sans le savoir, de l'œuvre des grands hommes : c'est un bienfait perpétuel qu'ils laissent après eux.

I. Le plus grand ministre de Louis XIV et l'un des plus grands hommes qui aient gouverné la France, ce fut COLBERT, le fils d'un simple marchand de laines de Reims qui avait pour enseigne un homme vêtu d'un long vêtement de drap avec ces mots : *Au long-vêtu*. Colbert avait pris dans le commerce des habitudes d'ordre et d'intègre probité, qu'il apporta plus tard dans les affaires publiques. Le cardinal Mazarin dit à son lit de mort à Louis XIV : « Sire, je vous dois beaucoup, mais je crois m'acquitter en quelque sorte avec Votre Majesté en vous donnant Colbert. » Les prévisions de Mazarin ne furent pas trompées, et c'est à Colbert qu'est due pour la plus grande partie la gloire du siècle de Louis XIV.

A cette époque, une foule de gens prenaient dans le trésor public et gaspillaient l'argent de la France. Colbert, par sa fermeté et sa sévérité, réprima tous ces abus. On l'appelait « l'homme de marbre », parce qu'il ne donnait à chacun que ce qui lui était dû, sans se laisser fléchir par les menaces ou par les promesses.

« Sire, écrivait-il au roi, un repas inutile de mille écus me fait une peine incroyable ; et lorsque, au contraire il est question de millions d'or pour la Pologne, je vendrais tout mon bien et j'irais à pied pour y fournir, si cela était nécessaire. » Car c'était alors l'époque où les nations qui entouraient la Pologne commençaient à s'en disputer les provinces.

COLBERT, né à Reims en 1619, mort en 1683. — Il diminua les impôts que payait seul le peuple et augmenta ceux que les nobles payaient. Il encouragea l'agriculture : c'est aussi grâce à lui que l'industrie française se développa, et qu'elle a acquis cette élégance qui la distingue encore au milieu des industries de toutes les nations. En même temps, il améliorait les routes, et fit creuser par Riquet le canal du Midi. Enfin il encouragea les arts et les lettres et attira à Paris les savants, les sculpteurs comme Puget, les peintres, les poëtes, les écrivains de tout genre.

Colbert fit plus que de donner tout son bien pour la France : il lui donna tout son temps, toutes ses forces, toute sa vie. Il travaillait seize heures par jour, soutenu par l'idée qu'il travaillait au bonheur du peuple et à la gloire de la France.

Malheureusement, ce labeur perpétuel ruinait sa santé. En outre les courtisans le haïssaient, car il n'aimait point à leur accorder des faveurs injustes. Le roi Louis XIV finit par méconnaître ses services, et par le disgracier au moment où il allait mourir épuisé par ses travaux.

Mais Colbert laissait en mourant de grandes œuvres, et le bien qu'il avait fait à la France ne fut point perdu. Maintenant encore, dans l'état florissant où nous sommes, on pourrait retrouver la trace des efforts de Colbert. On comprend à peine comment ce grand ministre put suffire à accomplir à la fois tant de travaux et de réformes diverses.

— Mon Dieu, dit Julien en lui-même, voilà un homme qui a été bien utile à la France; et pourtant c'était le fils d'un simple marchand de draps, ce Colbert. Mais ce n'était pas un paresseux, seize heures de travail par jour, comme il prenait de la peine ! Allons, je vois que, pour arriver à faire bien des choses et à les bien faire, il faut travailler sans cesse.

II. PHILIPPE LEBON naquit dans un village de la Haute-Marne. Devenu ingénieur des ponts et chaussées, il était à la campagne, chez son père, lorsqu'il fit une des plus importantes découvertes de notre siècle. Il était occupé à des expériences de physique et de chimie, et chauffait sur le feu une fiole remplie de sciure de bois : le feu s'étant communiqué à la fumée et au gaz qui s'échappaient de la fiole, ce gaz se mit à brûler d'un vif éclat. Aussitôt, Philippe Lebon conçut la pensée d'éclairer les maisons et les villes au moyen du gaz qui sort du bois ou du charbon de terre quand on les chauffe fortement. Il était tellement enthousiasmé de sa découverte, qu'il disait aux habitants de son village :

USINE A GAZ. — Pour fabriquer le gaz, on enferme du charbon dans de grands cylindres de fonte et on le fait chauffer; le gaz s'en échappe et, après avoir été purifié, il se rend sous ces espèces de grandes cloches renversées qu'on voit à gauche dans la gravure, et qu'on appelle *gazomètres*. De ces cloches partent les tuyaux qui conduisent le gaz dans les magasins et dans les rues.

— Je retourne à Paris, et de là je puis, si vous voulez, vous chauffer et vous éclairer avec du gaz que je vous enverrai par des tuyaux.

On le traita de fou, mais son invention, loin d'être une folie, est une des plus utiles applications de la science.

Philippe Lebon eut bien de la peine pour faire accepter en France son idée, et même il n'y put réussir. C'est en Angleterre qu'on adopta d'abord sa découverte.

Au milieu de ses efforts et de ses courageux essais, Philippe Lebon rencontra une mort tragique. Il fut assassiné, en 1804, à Paris, dans les Champs-Elysées, sans qu'on ait jamais pu découvrir ni son meurtrier ni le motif de cet assassinat. Une pension fut accordée par l'Etat à la veuve de Philippe Lebon.

III. Outre ces inventeurs célèbres, la Champagne a produit un de nos plus grands poètes.

A Château-Thierry, dans l'Aisne, vivait au dix-septième siècle un excellent homme de mœurs fort simples, qui était chargé d'inspecter les eaux et forêts. Il passait en effet une grande partie de son temps dans les bois. Il restait tout songeur sous un arbre pendant des heures entières, oubliant souvent le moment de dîner, ne s'apercevant pas parfois de la pluie qui tombait. Il jouissait du plaisir d'être dans la campagne, il regardait et observait tous les animaux; il s'intéressait aux allées et venues de toutes les bêtes des champs, grandes ou petites. Et les animaux lui faisaient penser aux hommes; il retrouvait dans le renard la ruse, dans le loup la férocité, dans le chien la fidélité, dans le pigeon la tendresse. Il composait alors dans sa tête de petits récits dont les personnages étaient des animaux, des fables où parlaient le corbeau, le renard, la cigale et la fourmi.

La Fontaine naquit à Château-Thierry (Aisne) en 1621 et mourut en 1695. A cette époque Château-Thierry faisait partie de la province de Champagne.

Vous avez reconnu, enfants, ce grand poète dont vous apprenez les fables par cœur, La Fontaine. C'est un des écrivains qui ont immortalisé notre langue : ses fables ont fait le tour du monde; on les lit partout, on les traduit partout, on les apprend partout. Elles sont pleines d'esprit, de grâce, de naturel, et en même temps elles montrent aux hommes les défauts dont ils devraient se corriger.

CX. — Retour à la ville natale. — André et Julien obtiennent le titre de Français. — La tombe de Michel Volden.

Le souvenir de ceux qui nous furent chers est dans la vie comme un encouragement à faire le bien.

Après une semaine de fatigue on arriva enfin en Alsace-Lorraine. On quitta le bateau à quelques kilomètres de Phalsbourg; nos voyageurs transportèrent leurs malles et s'installèrent dans une auberge à bon marché qu'ils connaissaient.

Puis l'oncle Frantz, usant de ses droits de tuteur auprès des autorités allemandes, s'empressa de déclarer pour ses neveux et pour lui-même leur résolution de rester Français et d'habiter en France. Comme ils étaient en règle pour toutes les formalités nécessaires, acte en fut dressé sans obstacle.

Alors l'oncle Frantz et les deux enfants se sentirent tout émus d'être enfin arrivés au but qu'ils avaient poursuivi avec tant d'énergie et de persévérance. Ils songèrent à la France; ils étaient heureux de lui appartenir et d'avoir une patrie; et cependant il ne restait plus devant eux rien autre chose, ni maison, ni ville où l'on pût s'installer et vivre tranquille : désormais il faudrait travailler sans relâche pour gagner le pain quotidien jusqu'à ce qu'on eût enfin un foyer, « une maison à soi », comme disait le petit Julien. Mais ces trois âmes courageuses ne s'en effrayaient pas : — Le devoir d'abord, disait l'oncle Frantz, le reste ensuite!

Julien et André, le cœur gros de souvenirs, suivaient avec émotion les rues de la ville natale. On passa devant la petite maison où Julien et André étaient nés, où leur mère, où leur père étaient morts. Chemin faisant on rencontrait des visages amis, de vieilles connaissances qui vous souhaitaient la bienvenue, comme maître Hetman, l'ancien patron d'André.

Après la maison paternelle, la première où se rendirent les enfants fut celle de l'instituteur qui les avait instruits, et auquel ils voulaient exprimer leur reconnaissance.

L'instituteur découvrit dans un coin de son jardin quelques fleurs en avance sur le printemps, et Julien fit un gros bouquet de ravenelles d'or et de pervenches bleues. Puis nos trois amis, dans une même pensée, se dirigèrent vers le petit cimetière de Phalsbourg.

Le soleil allait bientôt se coucher, empourprant l'horizon, lorsqu'on arriva près de la tombe de Michel Volden. On s'agenouilla devant la petite croix en fer qu'André avait lui-même forgée autrefois et placée sur la tombe de son père; puis on y déposa le bouquet de Julien.

Alors de ces trois cœurs remplis de tendresse et de regrets s'éleva intérieurement une prière.

L'oncle Frantz, immobile sur le gazon funèbre, repassait en son âme les souvenirs de sa jeunesse; il songeait aux belles années passées en compagnie de ce frère qui dormait son dernier sommeil au milieu des vieux parents, sur la terre natale devenue une terre étrangère ! Il lui jurait en son cœur d'être le père de ses deux orphelins.

Quant à André et à Julien, ils avaient les yeux pleins de larmes : — Père, murmuraient-ils, nous avons rempli ton vœu, nous sommes enfin les enfants de la France ; bénis tes fils une dernière fois. Père, père, notre cœur est resté tout plein de tes enseignements ; nous tâcherons d'être, comme tu le voulais, dignes de la patrie, et pour cela nous aimerons par-dessus toute chose le bien, la justice, tout ce qui est grand, tout ce qui est généreux, tout ce qui doit faire que la patrie française ne saurait périr.

CXI. — Une lettre à l'oncle Frantz — Un homme d'honneur. — La dette du père acquittée par le fils.

Que notre nom soit sans tache, et que devant personne nous n'ayons à en rougir.

Le lendemain, au moment de quitter Phalsbourg, l'oncle Frantz reçut une lettre de Bordeaux, lettre courte, simple, dix lignes seulement ; mais ces dix lignes imprévues lui causèrent une telle émotion qu'il faillit se trouver mal.

« Frantz, disait la lettre, vous aviez placé toutes vos économies chez mon père, et sa ruine vous a absolument ruiné, vous aussi. Elle en a ruiné beaucoup d'autres, malheureusement, et le but le plus cher de ma vie sera de les rembourser tous. Je ne le puis que très lentement ; néanmoins, comme de tous les créanciers de mon père vous êtes celui auquel il s'intéresse le plus, je veux commencer par vous le devoir que je me suis imposé d'acquitter peu à peu tous les engagements de mon père. Présentez-vous donc à la banque V. Delmore et Cie, rue de Rivoli, à Paris : il vous sera versé sur la présentation de vos titres les 6500 francs qui vous sont dus. »

— André, Julien, s'écria l'oncle Frantz en ouvrant ses bras aux deux enfants, et en les serrant étroitement sur son cœur, remerciez Dieu avec moi et n'oubliez jamais le nom de l'homme d'honneur qui vient de m'écrire.

André lut la lettre tout haut ; Julien écoutait, les yeux grands ouverts de surprise.

— Est-ce possible? s'écria-t-il. Alors, mon oncle, nous ne sommes plus pauvres, et nous pourrons, nous aussi, cultiver un petit bien comme vous le vouliez? Oh ! mon Dieu, mon Dieu, quel bonheur !

Et l'enfant riait de plaisir en disant : — Nous aurons de

belles vaches comme la fermière de Celles, j'apprendrai à labourer, à tailler les arbres, à soigner les bêtes, n'est-ce pas, mon oncle? Oh! que ce monsieur est brave et honnête tout de même, de rembourser ainsi les dettes de son père! Mon oncle, je prierai Dieu pour lui tous les jours de ma vie.

— Tu auras raison, Julien, dit l'oncle, car ce souvenir te rappellera constamment que l'honneur vaut toutes les fortunes du monde : un honnête homme estime plus haut que tout le reste un nom sans tache.

CXII. — Paris. — La longueur de ses rues. — L'éclairage du soir. — Les omnibus.

Que de mouvement et d'activité, mais aussi que de peines et de fatigues dans l'existence des grandes villes!

Le soir même, nos trois amis, après avoir rendu visite au vieux sabotier Etienne et à sa femme, repartirent pour la France. Ils avaient résolu d'aller retrouver Guillaume, en passant par Paris pour y recevoir les fonds de l'oncle Frantz.

L'ILE-DE-FRANCE a formé cinq départements, dont les chefs-lieux sont : Beauvais, célèbre par le courage de Jeanne Hachette : Versailles (30 000 h.), où résidaient naguère le Sénat et la Chambre des députés ; Paris (2 300 000 h.), et les petites villes de Melun et de Laon.

André et Julien étaient ravis de passer par Paris. — Nous n'y resterons pas longtemps, dit l'oncle Frantz; néanmoins je profiterai de notre passage pour vous faire connaître un peu la capitale de notre chère France.

Cette fois on avait pris trois places dans le chemin de fer.

On arriva le lendemain à cinq heures du matin. Après

avoir installé ses malles dans une chambre voisine de la gare, on revêtit ses habits neufs, on mangea un morceau de pain et de fromage d'un grand appétit et l'on se mit en route.

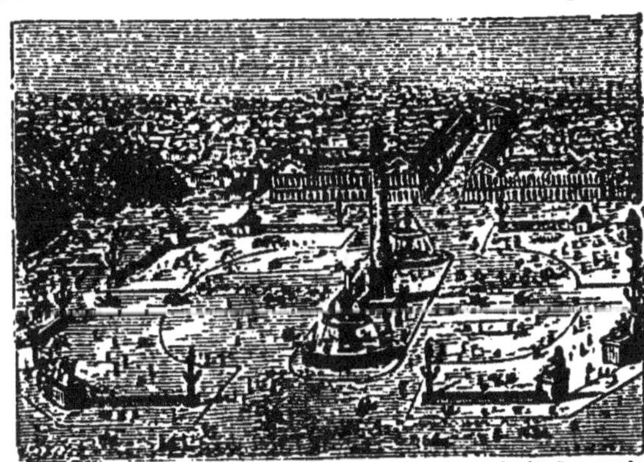

La place de la Concorde a Paris — La place de la Concorde est la plus belle et la plus monumentale de Paris. Elle est ornée de colossales statues en pierre qui représentent les principales grandes villes de France, entre lesquelles la concorde doit régner.

Les magasins commençaient à s'ouvrir, les omnibus se mettaient en mouvement; Julien s'émerveillait de voir tant de monde aller et venir.

Cependant il ne tarda pas à trouver que les rues de Paris étaient bien longues et que ses petites jambes n'avaient jamais été à pareille épreuve.

La rue de Rivoli a Paris. — La rue de Rivoli, ainsi nommée à cause d'une victoire remportée en Italie par nos troupes, est l'une des principales rues de Paris D'un côté, elle est bordée par le palais et le jardin des Tuileries, par le Louvre, par l'Hôtel de Ville; de l'autre côté, par de riches maisons et par des arcades sous lesquelles affluent les promeneurs.

— Sais-tu, lui dit André, comme on parcourait l'interminable rue de Rivoli, qui s'étend depuis la place de la Concorde jusqu'au delà de l'Hôtel de Ville, sais-tu quelle longueur feraient toutes les rues de Paris si elles étaient à la suite les unes des autres.

— Oh! point du tout, dit Julien; André, dis-le-moi vite si tu le sais.

— Eh bien, elles feraient une rue longue de neuf cents kilomètres, c'est-à-dire plus longue que le chemin de Paris à Marseille; et un homme qui accomplirait à pied quarante kilomètres par jour mettrait vingt-cinq jours pour parcourir cette rue.

— Oh ! dit Julien, faut-il qu'il y ait des rues dans ce Paris !... Est-ce qu'on les éclaire toutes quand vient le soir ?

— Certainement, dit l'oncle Frantz ; ce n'est plus comme autrefois, où les rues du vieux Paris n'étaient point éclairées. Chaque soir trente mille becs de gaz s'allument, les magasins s'illuminent et toutes les voitures passent avec des lanternes brillantes.

— Cela doit faire un bel éclairage, s'écria Julien en sautant pour tâcher d'oublier qu'il était fatigué ; je vais être content de voir cela. Tout de même, il faut de bonnes jambes aux Parisiens, car il y a joliment à marcher pour aller d'un bout de leur ville à l'autre.

UNE RUE DU VIEUX PARIS. — Combien les rues de nos villes ressemblaient peu autrefois à ce qu'elles sont aujourd'hui ! Elles étaient si étroites qu'on voyait à peine le jour entre les deux rangées de maisons. Le soir, jusqu'au temps de Philippe-Auguste, les rues n'étaient point éclairées et on ne pouvait sortir sans risquer d'être volé ou assassiné. Aussi, à sept heures du soir, toutes les églises sonnaient le couvre-feu, c'est-à-dire qu'à partir de cette heure on devait éteindre son feu, sa lampe et ne plus sortir de sa maison.

— Les voitures leur aident, petit Julien, dit Frantz. Vois tous ces omnibus qui s'entre-croisent dans les rues. Moyennant 15 centimes on te fera monter sur le haut et tu seras traîné pendant une heure d'un point de Paris à l'autre.

— Oh ! comme c'est bien inventé, cela ! dit l'enfant. Je vois que tout le monde en profite pour aller à ses affaires, car les omnibus sont remplis de voyageurs. Tiens, s'écria-t-il, voici une voiture pleine de facteurs avec leurs boîtes aux lettres devant eux.

— Tous les facteurs sont conduits en voiture vers les quartiers différents qu'ils ont à desservir, dit l'oncle Frantz ; sans cela leurs jambes n'y suffiraient pas, et les lettres mettraient trop de temps à arriver.

Tout en causant on parvint enfin à la maison du banquier, non loin des Halles centrales. L'oncle Frantz entra chez le banquier et y reçut l'assurance que le lendemain matin il toucherait les 6 500 francs qui lui étaient dus. Tranquilles sur ce point, nos trois amis reprirent leur promenade.

CXIII. — Les Halles et l'approvisionnement de Paris. — Le travail de Paris.

Villes et champs ont besoin les uns des autres. L'ouvrier des villes nous donne nos vêtements et une foule d'objets nécessaires à notre entretien; le travailleur des champs nous donne notre nourriture.

On se trouvait tout près des Halles centrales, l'oncle Frantz y conduisit les enfants. Il était neuf heures du matin, c'est-à-dire le moment de la plus grande animation. Julien n'en pouvait croire ses yeux ni ses oreilles. — Oh! oh! s'écria-t-il, c'est bien sûr une des grandes foires de l'année! Que de monde! et que de choses il y a à vendre!

L'oncle se mit à rire de la naïveté de Julien.

— Une foire! s'écria-t-il; mais, mon ami, il n'y en a jamais aux Halles; le bruit et le mouvement que tu vois aujourd'hui sont le bruit et l'animation de chaque jour.

— Quoi! c'est tous les jours comme cela!

— Tous les jours. Il faut bien que ce grand Paris mange. Songe qu'il renferme plus de deux millions d'habitants, dont un demi-million d'ouvriers qui travaillent avec courage depuis l'aube jusqu'au soir. Tous ces habitants, en revenant du travail, de leurs affaires, de leurs plaisirs, ont bon appétit et espèrent trouver à dîner.

LES HALLES CENTRALES A PARIS. — Les Halles centrales de Paris forment un vrai monument dont le faîte s'élève à 25 mètres au-dessus du sol. Il est construit presque tout en fonte ou en zinc. De nombreux vitraux en cristal dépoli et des persiennes laissent partout entrer la lumière sans le soleil. Les Halles centrales sont un établissement unique en son genre dans le monde

— Oh! dit le petit Julien, ils auront certes de quoi le faire. Jamais depuis que je suis au monde je n'ai vu en un seul jour tant de provisions. Regarde, André, ce sont des montagnes de choux, de salades : il y en a des tas hauts comme des maisons ! Et des mottes de beurre empilées par centaines et par mille !

— Sais-tu, dit André, ce qu'il faut à peu près de bœufs et de vaches pour nourrir Paris pendant un an? J'ai vu cela dans un livre, moi : il faut cent soixante mille bœufs ou vaches, cent mille veaux, huit cent mille moutons et soixante mille porcs, sans compter la volaille, le poisson et le gibier.

— Mais, dit l'enfant, ce Paris est un Gargantua, comme on dit ; où trouve-t-on tous ces troupeaux?

— Julien, dit l'oncle Frantz, ces armées de troupeaux arrivent à Paris de tous les points de la France : Paris a sept gares de chemins de fer ; il a aussi la navigation de la Seine à laquelle aboutissent les réseaux des canaux français. Par toutes les voies les provisions lui arrivent. Tiens, regarde par exemple cet étalage de légumes : il y a là des choses qui ont passé la mer pour arriver à Paris; voici des artichauts, penses-tu qu'il puisse en pousser un seul en ce moment de l'année dans les campagnes voisines de Paris?

— Non, il fait encore trop froid.

— Eh bien, Alger où il fait chaud envoie les siens à Paris, qui les lui paie très cher. Ces fromages viennent du Jura, de l'Auvergne, du Mont-d'Or, que tu te rappelles bien ; ces montagnes de beurre, ces paniers d'œufs viennent de la grasse Normandie et de la Bretagne : Paris mange chaque année pour dix-sept millions de francs d'œufs, ce qui suppose près de deux cents millions d'œufs.

— Mon Dieu, dit Julien, que de monde est occupé en France à nourrir Paris !

— Petit Julien, dit André, pendant que les agriculteurs sèment et moissonnent pour Paris, Paris ne reste pas à rien faire, lui, car c'est la ville la plus industrieuse du monde. Ses ouvriers travaillent pour la France à leur tour, et leur travail est d'un fini, d'un goût tels qu'ils n'ont guère de rivaux en Europe. Et les savants de Paris, donc ! ils pensent et cherchent de leur côté ; leurs livres et leurs découvertes nous arrivent en province.

— Oui, ajouta l'oncle Frantz, ils nous enseignent à cultiver notre intelligence, à chercher le mieux sans cesse, pour faire de la patrie une réunion d'hommes instruits et généreux, pour lui conserver sa place parmi les premières nations du monde.

CXIV. — Paris autrefois et aujourd'hui. — Notre-Dame de Paris.

Paris est l'image en raccourci de la France, et son histoire se confond avec celle de notre pays.

— On quitta les Halles et on se dirigea vers la Cité, qui est une île formée par la Seine au milieu de Paris. Pour s'y rendre on traversa la Seine sur l'un des vingt-deux ponts que Paris possède. Au milieu, Frantz fit arrêter les enfants.

— Regardez, leur dit-il, voilà la Cité, le berceau de Paris. C'est là qu'il y a deux mille ans s'élevait une petite bourgade appelée Lutèce : on ne voyait alors en ce lieu qu'une centaine de pêcheurs, s'abritant à l'ombre des grands arbres et de la verdure que fertilisait le limon du fleuve. La Seine leur servait de défense et de rempart, et deux ponts placés de chaque côté du fleuve permettaient de le traverser.

Peu à peu Paris s'est agrandi. Son histoire a été celle de la France. A mesure que la France sortait de la barbarie, Paris, séjour du gouvernement, s'élevait et prenait une importance rapide. Nul événement heureux ou malheureux pour la patrie, dont Paris et ses habitants n'aient subi le contre-coup. Et tout dernièrement encore, enfants, rappelez-vous que Paris, mal approvisionné, souffrant de la faim et du froid, a résisté six mois aux Allemands quand on ne le croyait pas capable de tenir plus de quinze jours. Séparé de tout le pays par le cercle de fer des ennemis, il n'avait point d'autres nouvelles de la patrie que celles qui lui arrivaient sur l'aile des pigeons messagers échappés aux balles allemandes.

Lutèce ou le Paris d'autrefois. — Lutèce était dans une île de la Seine qui est la *Cité* d'aujourd'hui. Elle était habitée par une peuplade gauloise appelée les *Parisiens*, d'où est venu le nom de Paris.

— Oh ! j'aime Paris, dit Julien, et je suis bien content de le connaître... Mon oncle, ajouta-t-il ingénument, quand nous serons aux champs, nous ferons pousser du blé nous aussi pour nourrir la France et le grand Paris.

Tout en causant on avait traversé le pont et on arriva en face de Notre-Dame, l'église métropolitaine de Paris. Ce fut le tour d'André de dire ce qu'il savait.

L'INTÉRIEUR DE NOTRE DAME DE PARIS. — C'est une des plus vastes nefs du moyen âge : elle a 180 mètres de long, elle a 31 arcades terminées en courbes élancées et pointues qu'on appelle *ogives*. Elle est éclairée par 37 fenêtres et par de magnifiques roses en pierre découpées, qu'on nomme *rosaces*.

— Petit Julien, vois-tu cette belle église tout ornée de dentelles découpées dans la pierre, de statues taillées avec art; elle aussi a assisté aux premiers jours de la France. La première église de Paris fut bâtie ici il y a quinze cents ans, elle s'appelait Notre-Dame. Lorsqu'elle devint trop petite et commença à tomber en ruine, on entreprit la construction de celle-ci sur la place même où était l'ancienne Notre-Dame, et on mit un siècle à la construire. Les voûtes de Notre-Dame, depuis lors, n'ont cessé de retentir chaque fois que la France était en péril ou en fête. Elles ont été l'écho des soupirs de tout un peuple. Leurs cloches ont sonné non seulement pour la naissance et la mort d'un homme, mais pour les espérances et les deuils de la patrie entière.

— Oh ! dit Julien, entrons donc nous aussi à Notre-Dame,

voulez-vous, mon oncle? et nous y prierons Dieu tous les trois pour la grandeur de la France.

CXV. — L'Hôtel-Dieu. — Les grandes écoles et les bibliothèques de Paris.

La charité est plus grande en notre siècle qu'autrefois; mais elle ne fera que s'accroître sans cesse, et un jour viendra sans doute où on s'étonnera de toutes les misères qui sont encore aujourd'hui sans secours.

— Mon oncle, dit Julien en sortant de l'église, qu'est-ce que c'est que ce grand bâtiment qui est là tout près?

— C'est l'Hôtel-Dieu, le premier et le plus ancien hôpital de Paris. Paris en a seize autres, et malgré cela Paris manque souvent de lits pour ses malades. Alors on donne des secours à domicile en attendant qu'il se trouve une place vide. Il n'y a pas longtemps que ces nombreux hôpitaux existent; la moitié date de notre siècle. L'Hôtel Dieu seul fut bâti il y a douze cents ans par saint Landry, évêque de Paris.

Plus nous allons, mes enfants, plus la charité se fait grande aux cœurs de tous les hommes, plus ils s'aiment entre eux, car jamais on eut plus de pitié qu'en notre siècle pour ceux qui souffrent. Songez-y, au siècle dernier, Louis XVI, ayant visité les hôpitaux, vit avec étonnement les malades entassés cinq ou six dans le même lit, si bien que l'un mourait au milieu des autres et restait à côté d'eux sans qu'on s'en aperçût. Si pareille chose se voyait de nos jours, quel est celui qui ne parlerait pas bien vite d'y porter remède?

— Mon Dieu, dit Julien, on était donc bien pauvre dans ce temps-là?

L'Hôtel-Dieu à Paris — C'est le plus ancien et le plus célèbre hôpital de Paris, qui en possède encore bien d'autres. On y traite de douze à treize mille malades par an. Il a été complètement rebâti.

— Oui, mon enfant, il y avait alors peu d'industrie en France, partant pas assez de travail et point d'argent. Le peuple ne savait ni lire ni écrire; conséquemment il faisait tout par routine. La terre cultivée avec ignorance rapportait très peu et les famines étaient fréquentes.

— Je suis bien content que ce ne soit plus comme cela, dit Julien, et que chacun songe maintenant à s'instruire

Tout en écoutant l'oncle Frantz, nos enfants suivaient les quais. Le long du chemin ils passèrent devant le joli clocher doré de la Sainte-Chapelle, le Palais de justice, le quai aux Fleurs couvert d'étalages des fleurs les plus variées.

Puis on arriva dans le quartier des Ecoles, et l'on vit en passant une foule de jeunes gens qui allaient aux cours de la Sorbonne, du Collège de France, de l'Ecole de médecine, de l'Ecole de droit. Julien s'émerveillait aussi de voir tant de boutiques de livres, avec de belles cartes aux devantures.

André s'arrêta longtemps devant un magasin où l'on fabriquait des instruments de précision : cet art qui lui rappelait son métier l'intéressait. Derrière la vitrine, on apercevait les ouvriers au travail, polissant l'acier, limant, ajustant avec une adresse merveilleuse les appareils les plus compliqués.

— Oh! s'écriait André, comme on travaille bien à Paris !

Plus loin on admira des instruments d'optique, longues-vues marines, microscopes pour observer les plantes et les animaux invisibles, thermomètres marquant le chaud et le froid, baromètres annonçant le beau temps ou la tempête.

L'Institut de France. — C'est dans ce palais que siègent les cinq grandes Académies dont l'ensemble forme l'*Institut de France*. On appelle *académie* une réunion d'hommes illustres dans les lettres dans les sciences ou dans les arts. Tout le monde connaît l'Académie française qui compta parmi ses membres Bossuet, Racine, Corneille, Boileau et tant d'autres ; l'Académie des sciences compta parmi les siens Buffon, Monge, Lavoisier, Fresnel, etc.

— Mon oncle, disait Julien, c'est donc à Paris qu'on fait tous ces instruments qui servent à la science?

— Oui certes, Julien, et nous voici en ce moment dans le quartier savant de Paris. Là est l'Institut de France, où se réunissent les cinq Académies composées des hommes les plus illustres ; là sont les écoles de premier ordre que la France ouvre à ses enfants : l'Ecole normale supérieure, d'où sortent les professeurs qui enseigneront dans les lycées de l'Etat; l'Ecole polytechnique, où s'instruisent les officiers qui commanderont les régiments français et les futurs ingénieurs qui feront pour la France des travaux difficiles, ponts, aqueducs, canaux, ports, machines à vapeur. C'est encore dans ce quartier que se trouve l'Ecole de médecine, où se préparent un grand nombre de nos médecins, et l'Ecole de droit, d'où sortent beaucoup de nos avocats.

UN COURS A L'ECOLE DE MÉDECINE. — Les médecins doivent connaître le corps humain avec tous ses organes, qu'ils auront plus tard à soigner. Les professeurs montrent aux élèves sur les squelettes tous les os qui composent la charpente de notre corps. Dans la salle de dissection ils leur montrent les muscles et les nerfs. La science des diverses parties du corps s'appelle *anatomie*.

— Oh! dit Julien, que de mouvement on se donne à Paris, que de peines on prend pour s'instruire! Je me rappelle que le petit Dupuytren avait étudié la médecine à Paris et que Monge a professé à l'Ecole polytechnique.

— Paris a aussi d'admirables bibliothèques, dit l'oncle Frantz, comme la Bibliothèque nationale, qui contient deux millions de volumes. Là sont rassemblés les livres les plus savants; professeurs ou élèves les consultent chaque jour; de tout ce travail, de tous ces efforts sont sortis et sortiront encore la gloire, la richesse et l'honneur de la patrie.

UNE SALLE D'ÉTUDE A LA BIBLIOTHÈQUE NATIONALE DE PARIS. — C'est le roi Charles V, dit *le Sage*, qui fonda cette bibliothèque devenue si célèbre. Il avait rassemblé dans une tour, dite *tour de la librairie*, 600 volumes manuscrits, car l'imprimerie n'était pas inventée. Sous Colbert la Bibliothèque nationale prit des développements immenses. C'est maintenant la plus grande qui existe et qui ait existé : elle possède deux millions de livres imprimés et deux cent mille manuscrits. Chaque jour, par centaines, des hommes, des jeunes gens laborieux, des femmes viennent consulter, dans l'une des vastes salles de ce palais, les ouvrages dont ils ont besoin.

En causant ainsi on marchait toujours et on commençait à être bien las; on songea à se reposer un peu et à réparer ses forces : le morceau de pain et de fromage du matin était déjà loin.

L'oncle Frantz entra avec ses neveux dans un petit restaurant, et pour une modique somme on fit un bon repas, car nos amis n'étaient pas difficiles, et en marchant depuis le matin ils avaient gagné un robuste appétit.

— Maintenant, dit Frantz, nous allons monter en omnibus et nous rendre au Jardin des Plantes, où se trouvent réunis les plantes et les animaux curieux du monde entier.

— Oh! dit Julien, quel bonheur! Aller en voiture et voir des bêtes, que me voilà content!

CXVI. — Une visite au Jardin des Plantes. — Les grands carnassiers. — Les singes.

> Visiter un jardin d'histoire naturelle, c'est comme si on faisait un voyage à travers toutes les parties du monde et tous les règnes de la nature.

Les trois visiteurs montèrent sur le haut d'un omnibus, et la lourde voiture partit au trot, les emportant tout le long des quais animés qui bordent la Seine. Julien et André ouvraient leurs yeux tout grands pour tout voir.

Après une demi-heure, l'omnibus s'arrêta devant la grille d'un vaste parc, et nos trois amis entrèrent sous les arbres qui entre-croisent leurs branches au-dessus des allées.

Là, bien des gens allaient et venaient, mais c'était surtout vers la droite qu'on voyait une grande foule et ce fut par là que l'oncle Frantz mena Julien.

Les loges des bêtes féroces au Jardin des Plantes de Paris. — Les bêtes féroces réunies dans la ménagerie du Jardin des Plantes appartiennent à l'ordre des *carnivores*, animaux dont les dents sont propres à broyer la chair. Les principales familles de l'ordre des carnivores ou carnassiers sont la famille des *ours*, des *chats* (depuis le chat domestique jusqu'au tigre et au lion), des *chiens* (depuis le chien domestique jusqu'au loup et au renard) et des *hyènes*.

Ils arrivèrent devant des espèces de grandes cages grillées, derrière lesquelles on voyait s'agiter des bêtes féroces. Dans la plus grande, c'était un lion d'Afrique à la crinière brune qui tournait avec impatience autour de sa cage et bâillait en face de la foule. A côté de lui, dans d'autres cages, d'autres lions, les uns dormant, les autres couchés sur le dos : l'un d'eux, le plus jeune était en train de s'amuser avec une grosse boule de bois qu'on laisse toujours dans la cage des lions ; il la roulait comme un jeune chat fait d'une pelote de fil ; il la lançait, puis bondissait après et la rattrapait. Et tout le monde de rire, y compris Julien.

JAGUAR. — C'est, après le tigre et le lion, le plus grand des carnassiers du genre chat. Il vit en Amérique, surtout au Mexique et dans la Plata. Il se plaît dans les grandes forêts, près des fleuves, grimpe aux arbres comme un chat et y poursuit les singes. Il s'attaque même à l'homme.

— Si on ne dirait pas un gros chat ! s'écria-t-il.

— C'est que les lions sont en effet des carnassiers de la race des chats, dit l'oncle Frantz. Mais ce sont des chats avec lesquels il ne ferait pas trop bon jouer ; même sans vouloir vous faire du mal, il suffirait d'un coup de la queue de ce lion pour vous terrasser, et du petit bout de sa griffe pour vous enlever un morceau de chair.

LE PALAIS DES SINGES AU JARDIN DES PLANTES DE PARIS. — Les singes appartiennent à l'ordre des *quadrumanes*, c'est-à-dire animaux à quatre mains. Ce sont les plus intelligents des animaux et ceux qui, par leur conformation, ressemblent le plus à l'homme. Il y en a de toute race et de toute taille, depuis la grosseur d'un écureuil jusqu'à celle de l'homme le plus grand. Ils se nourrissent de fruits, quelquefois d'insectes, et vivent dans les arbres, où ils sautent de branche en branche avec agilité.

— Mais, dit Julien, ils doivent bien s'ennuyer d'être toute la journée enfermés dans ces cages. Il faut que les barreaux soient bien solides pour qu'ils ne puissent les briser.

— Ne t'inquiète pas, Julien, dit l'oncle en souriant, ce sont de bons barreaux de fer sur lesquels ni leurs dents ni leurs ongles ne peuvent rien.

Et on continua la promenade. A côté, c'était le tigre royal

qui est presque aussi grand que le lion, mais bien plus féroce. Il tournait avec une inquiétude fiévreuse tout autour des barreaux, en regardant les yeux à demi ouverts, d'un air hypocrite.

Plus loin c'étaient les panthères et le jaguar accroupi comme pour faire un bond. A quelque distance on entendait des rires, et la foule se pressait devant une grande et haute cage en forme de rotonde.

— Oh! dit Julien, qu'est-ce qu'il y a là?

C'étaient les singes. Il y en avait une grande quantité réunis, et tout cela courait, gesticulait, criait en se disputant. A l'intérieur se trouvaient des barreaux et une sorte d'arbre : le long des branches les singes montaient et descendaient, se lançant en l'air et s'accrochant aux branches tantôt avec leurs mains, tantôt avec leur queue. L'un d'eux, s'attachant ainsi à l'arbre avec sa queue comme avec une corde, se balançait au bout. D'autres singes venaient près du grillage pour recevoir des mains des spectateurs les friandises qu'on voulait bien leur donner.

— Quel malheur que je n'aie rien sur moi! dit Julien en retournant ses poches.

André chercha dans les siennes et y trouva un morceau de pain qu'il s'empressa d'offrir à un jeune singe. Mais celui-ci, après l'avoir pris, fit la grimace et le laissa tomber.

— Voyez-vous! dit l'oncle Frantz; c'est qu'ils sont habitués à recevoir des morceaux de sucre, et d'autres choses meilleures que du pain sec. Et puis ils n'ont pas grand appétit, sans cela ils trouveraient bien le pain bon.

CXVII. — (*Suite.*) La fosse aux ours. L'éléphant.

Julien serait resté volontiers toute une journée à regarder les singes, mais il y avait encore bien des choses à voir.

— Allons maintenant rendre visite à Martin, dit l'oncle.

— Martin, dit Julien avec étonnement; qui est-ce donc?

— Tu vas le voir, répondit l'oncle Frantz.

Et on s'approcha d'un petit mur, qui bordait comme un parapet une large fosse. Julien s'avança et aperçut au fond un ours de belle taille près d'un réservoir d'eau vive. L'ours paraissait de bonne humeur, il galopait de droite et de gauche en se dandinant et en regardant du coin de l'œil la rangée de spectateurs. Puis tout d'un coup, comme s'il eût compris ce que tout le monde attendait de lui, il s'avança gravement vers un arbre mort placé au milieu de sa fosse, et, l'empoignant entre ses fortes pattes, il se hissa assez rapidement jusqu'aux branches les plus hautes. Là, presque au niveau de la foule, il regarda tout le monde avec satisfaction. On le salua par une acclamation, et on lui lança force bouchées de pain en récompense.

La fosse des ours au Jardin des Plantes. — L'ours se trouve dans toutes les parties du monde. Il recherche les montagnes et les forêts solitaires, où il trouve un abri contre les chasseurs. — Il y en a encore dans les Alpes et les Pyrénées. L'ours marche lourdement, mais nage et grimpe aux arbres avec agilité. Il est assez intelligent, et, comme il peut facilement se tenir sur ses pieds de derrière, les bateleurs lui apprennent à danser et à exécuter divers tours.

Rhinocéros. — C'est un *mammifère* de grande taille. Il a la tête courte avec de petits yeux, le museau armé d'une corne, ou de deux, dont il se sert pour l'attaque ou la défense. La force du rhinocéros est extraordinaire : il attaque même l'éléphant. On le chasse pour sa chair et pour sa peau, qui forme un cuir impénétrable.

Julien émerveillé riait de plaisir, car il n'avait jamais vu d'ours grimper aux arbres.

— Mais cela n'a pas l'air méchant, un ours, dit Julien.

— Mon Dieu, non, dit l'oncle Frantz, à condition qu'il n'ait pas grand'faim et qu'on ne l'irrite pas. Il y en a parmi les ours auxquels il ne faudrait pas trop se fier. Tiens, regarde celui-ci, dit-il en montrant à Julien dans une autre fosse un ours blanc de haute taille qui se promenait la tête basse en grognant de temps à autre. Celui-là vient des glaces du nord. Là, il n'y a point de végétation, rien que de la glace; et l'ours, qui partout ailleurs se nourrit de préférence de plantes, est réduit à ne vivre que d'animaux et surtout de poissons, auxquels il fait la chasse; aussi est-ce la race d'ours la plus féroce.

GIRAFE. — Ce mammifère ruminant est l'animal le plus haut qui existe, sa taille dépasse sept mètres. La girafe habite les déserts de l'Afrique. C'est un animal inoffensif, qui se nourrit de bourgeons et de feuilles d'arbre. Il court avec la plus grande rapidité.

Sur ce propos on quitta la fosse aux ours. On alla admirer la belle taille et la mine intelligente de l'éléphant, qui, enfermé dans une sorte de rotonde, attrapait avec sa trompe les bouchées de pain qu'on lui donnait, et les introduisait ensuite dans sa bouche. Comme on lui présentait en ce moment un gros morceau de pain qu'il ne pouvait saisir avec sa trompe à travers les barreaux, il fit comprendre d'un geste qu'il ne pouvait le prendre ainsi, et relevant la tête il ouvrit une gueule énorme où eussent pu entrer à la fois une vingtaine de pains de même grosseur. On lança par-dessus la grille le morceau dans sa gueule, qu'il referma aussitôt avec satisfaction.

— C'est un bien intelligent animal, dit l'oncle Frantz; il est, dit-on, plus intelligent encore que le cheval, dont il tient lieu dans les pays chauds.

A côté de l'éléphant il y avait l'énorme hippopotame, qui vit dans les rivières de l'Afrique, le rhinocéros avec sa corne plantée au bout du museau et sa peau épaisse comme une cuirasse, sur laquelle les balles glissent sans pouvoir l'entamer. Nos trois visiteurs virent encore la girafe aux longues jambes, si longues qu'elle est forcée de s'agenouiller pour boire, moment dont le lion profite souvent pour bondir sur elle et la déchirer. Ils virent l'autruche, cet énorme oiseau qui galope plus vite qu'un cheval et franchit de grandes distances dans le désert : en certains pays les hommes l'ont apprivoisée et montent sur son dos comme sur celui d'un cheval. Ils virent encore bien d'autres animaux, une vaste volière contenant des oiseaux de toute sorte dont le charmant plumage miroitait au soleil, et ailleurs, dans des cages spéciales, des vautours,

L'AUTRUCHE est un oiseau de l'ordre des *échassiers*, dont la taille, gigantesque pour un oiseau, dépasse deux mètres. Ses ailes sont impropres au vol, mais elle les étend comme des bras quand elle court. Elle vit en Afrique et en Asie. Elle est si vorace qu'elle avale sans danger tout ce qui se présente, bois, pierres, aiguilles, clous. Ses œufs pèsent plus d'un kilogramme. Pour les faire éclore, elle les cache dans le sable que le soleil d'Afrique chauffe toute la journée. On se sert dans certaines contrées de l'autruche comme monture; elle court plus vite que les meilleurs chevaux.

des aigles ; puis, par tout le jardin, dans de petites cabanes, c'étaient des moutons de toute sorte, des chèvres, des espèces étrangères de biches et de bœufs, des loups, des renards, des animaux sauvages.

Ils passèrent enfin devant les vastes serres qui étaient à demi entr'ouvertes, car le temps était beau et le soleil donnait en plein. Là s'étalaient les plantes des pays chauds avec leurs feuilles et leurs fleurs étranges.

— Mon oncle, dit Julien, savez-vous à quoi servent toutes ces serres pleines de plantes et tous ces arbres étrangers.

— Mais, Julien, elles servent d'abord à nous faire connaître et étudier la végétation des autres pays ; il y a toute une grande science qui s'appelle l'histoire naturelle et qui étudie les plantes et les animaux de la nature ; eh bien, c'est ici, dans ce vaste jardin, que cette science trouve à sa portée les principaux êtres qu'elle étudie. On fait au Jardin des Plantes des cours sur la taille des arbres, sur les semis, sur les plantations. Tiens, Julien, ajouta l'oncle, vois-tu là-bas ce grand arbre dont les branches s'étendent en parasol? C'est le cèdre que Jussieu a rapporté et planté pour la première fois en France.

LE VAUTOUR est un grand oiseau de proie, caractérisé par une petite tête, un bec long et recourbé, un cou dénudé. Il a un vol lourd, mais soutenu, et atteint de prodigieuses hauteurs. Il répand une odeur infecte, car il se nourrit habituellement de charognes et d'immondices. Les vautours suivent en grand nombre les armées, les caravanes et les troupeaux, pour dévorer ceux qui tombent.

— Je le reconnais, dit Julien, j'en ai vu l'image dans mon livre : oh! comme il est grand!

— Eh bien, dit l'oncle, il y a eu bien d'autres arbres et d'autres plantes qui ont été introduits en France par le Jardin des Plantes : les acacias qu'on trouve partout aujourd'hui n'existaient pas en France jadis et ont été plantés ici pour la première fois. Les dahlias, les reines-marguerites, qui ornent maintenant tous nos parterres, viennent également de ce jardin On s'efforce ainsi de transporter et de faire vivre chez nous les plantes et les animaux utiles ou agréables. Nous empruntons aux pays étrangers leurs richesses pour en embellir la patrie.

ARBRES DE SERRE. — Les principaux sont les *palmiers*, qui ne peuvent guère croître en France à l'air libre que dans le comté de Nice et à Toulon, les *bambous*, sorte de grands roseaux dont on trouve des plantations aux environs de Nîmes, les *bananiers*, les *aloes*, les *cactus* aux feuilles piquantes.

CXVIII. — Le Louvre. — La Chambre des députés, le Sénat et le palais de la Présidence. — Les Ministres. — Les impressions de Julien à Paris. — Le départ.

Respectons la loi, qui est l'*expression de la volonté nationale.*

Le temps passe vite à Paris. Quand on eut fini de voir le Jardin des Plantes, la brume du soir commençait déjà à s'étendre, et de toutes parts les becs de gaz s'allumaient.

On suivit les quais de la Seine et on admira en passant le Louvre. André expliqua à Julien que les salles de ce palais sont remplies par les plus beaux tableaux des grands peintres de tous les pays : le public peut les visiter tous les jours à certaines heures.

LA COUR DU LOUVRE À PARIS. — Le mot *Louvre* vient de *loup* parce que ce palais a été bâti sur la place d'un ancien rendez-vous de chasse au bord de la Seine dan une forêt autrefois peuplée de loups. C'est le plus vaste et le plus beau palais de Paris. C'est dans les bâtiments représentés par la gravure que se trouve le Musée du Louvre, où sont réunis les tableaux et les statues les plus célèbres de tous les peintres et statuaires du monde.

Nos promeneurs arrivèrent ainsi jusqu'au palais du Corps législatif, situé sur les bords de la Seine. — C'est là que maintenant se rassemblent chaque année les députés élus par toute la France pour faire les lois. Ils partagent le pouvoir de faire des lois, ou *pouvoir législatif*, avec les sénateurs, qui siègent dans un autre palais entouré de jardins magnifiques : le Luxembourg. Quant au président de la République, qui est chargé de faire exécuter les lois par l'intermédiaire des divers ministres et qui possède ainsi le *pouvoir exécutif*, il habite un palais appelé l'Elysée. Là se rassemble le *conseil des ministres*, qui discute sur les affaires de l'Etat. Les ministres de la France sont le Ministre de l'Intérieur, le Ministre de l'Instruction publique, le Ministre de la Justice et des Cultes, le Ministre des Finances, le Ministre de la Guerre, le Ministre des Affaires étrangères, le Ministre de l'Agriculture et du Commerce, le Ministre des Travaux publics, le Ministre de la Marine et des Colonies.

LA CHAMBRE DES DÉPUTÉS. — Les députés ou représentants sont des hommes élus par tous les Français âgés d'au moins 21 ans pour fixer les impôts et pour faire les lois. Ils se réunissent à Paris. A gauche se trouvent le président et les vice-présidents de la Chambre ; au-dessous est la tribune où parle l'orateur. Les députés sont sur les gradins de l'enceinte.

Julien écoutait les explications de son oncle avec intérêt ; car, dès qu'on parlait de la France, son esprit était en éveil. Néanmoins il avait tant couru dans la journée et vu tant de choses, qu'il finissait par en être étourdi : il avait une grande envie de souper pour se coucher de bonne heure.

— Eh bien, dit l'oncle Frantz en riant, je vois que notre petit Julien commence à demander grâce et que demain il quittera Paris avec moins de regret qu'il ne croyait d'abord.

— Hélas ! oui, répondit l'enfant. Je suis tout de même bien content de connaître Paris et j'aurai grand plaisir à me rappeler plus tard tout ce que j'y ai vu de beau J'aime Paris de tout mon cœur parce que c'est la capitale de la France ;

mais tenez, mon oncle, à vous dire franchement, je suis si fatigué de rencontrer tant de monde et d'entendre tant de bruit, que je me réjouis de ne plus voir bientôt que des champs, des bœufs et des vaches.

Oh! oh! dit l'oncle, c'est très bien, et je pense comme toi, mon Julien; seulement, avant de soigner les vaches, il faudra retourner à l'école encore longtemps.

— Oui, dit l'enfant gaîment, et j'espère m'appliquer à l'école plus encore qu'autrefois.

CXIX. — Versailles. — Quelques grands hommes de Paris et de l'Ile-de-France. — Les poètes classiques : Racine, Boileau. — Un grand chimiste, Lavoisier.

Paris a produit tant de grands hommes et d'hommes utiles qu'on ne sait comment choisir dans le nombre : c'est la ville du monde qui s'est le plus illustrée par les travaux de l'esprit.

Le lendemain, lorsqu'on eut reçu l'argent de l'oncle Frantz, on se dirigea vers la gare de l'Ouest et on monta en wagon pour aller rejoindre le vieux pilote Guillaume dans la partie de l'Orléanais et de la Beauce qui est voisine du Perche. On s'arrêta quelques heures à Versailles, pour visiter le château que Louis XIV y fit construire et qui lui servit de résidence.

VERSAILLES, LE CHATEAU ET LE PARC. —Versailles est une belle ville de 50 000 hab., située à quelques lieues de Paris. Auprès se trouve le château de Louis XIV, qui forme à lui seul comme une autre ville. Les jardins sont remplis de bassins, de jets d'eau, de cascades qu'on fait couler les jours de fête; c'est ce qu'on nomme les *grandes eaux*.

André et Julien se promenèrent dans le parc aux allées symétriques et ils admirèrent les nombreux jets d'eau des bassins.

On remonta ensuite en chemin de fer, et Julien, pour ne pas perdre son temps en voiture et pour compléter tout ce qu'il savait déjà de la France, ouvrit son livre sur les grands hommes et lut les derniers chapitres avec attention.

L'Ile-de-France et surtout Paris ont produit tant de grands hommes que l'espace manquerait pour raconter leur vie. Bornons-nous à quelques mots sur les principaux poètes et savants nés dans cette contrée :

I. Racine, qui fut le rival de Corneille pour la poésie, naquit en 1639, dans une petite ville du département de l'Aisne. Il perdit son père et sa mère dès l'âge de quatre ans et fut élevé par son grand-père. Il avait un tel goût pour les vers qu'aucun plaisir n'égalait à ses yeux celui de lire les poètes.

Racine devint un grand poète à son tour et fit paraître à Paris une série de chefs-d'œuvre qui contribuèrent à l'éclat du siècle de Louis XIV : ce sont des pièces de théâtre en vers, appelées tragédies, où l'on représente des événements propres à émouvoir.

Racine avait une âme tendre et généreuse. Il comprenait combien le roi Louis XIV, sur la fin de son règne, avait tort de ne pas mettre fin aux guerres continuelles et aux abus dont souffrait le peuple. Il composa sur ce sujet un écrit où il exprimait respectueusement au roi son avis et ses idées de réforme : le roi fut irrité, et le poète fut disgracié.

Racine naquit à la Ferté-Milon (Aisne) en 1639 et mourut en 1699. Principales tragédies : *Athalie*, *Britannicus*, *Esther*, etc.

Racine, qui était déjà malade et dont la sensibilité naturelle était extrême, éprouva un vif chagrin; son mal s'aggrava et il mourut deux ans après.

II. Boileau, né à Paris en 1636, fut aussi l'un des principaux poètes du siècle de Louis XIV. Il tourna en ridicule, dans ses vers, les vices et les défauts de son temps.

Boileau avait autant de cœur que d'esprit et il le prouva à plusieurs reprises. Un jour on lui apprend que le ministre a retiré au vieux Corneille la pension qui lui avait été accordée en récompense de ses glorieux travaux. Corneille n'avait pour vivre que cette pension. Aussitôt Boileau demande à être introduit près du roi :

— Sire, lui dit-il, je ne saurais me résoudre à recevoir une pension de Votre Majesté, tandis que notre grand Corneille ne reçoit plus la sienne; si l'état des finances exige un sacrifice, qu'il retombe sur moi et non sur notre plus illustre poète.

Louis XIV consentit à rétablir la pension de Corneille.

Un autre jour, Boileau apprend qu'un savant magistrat de l'époque, Patru, est dans la misère et qu'il est réduit pour vivre à vendre sa bibliothèque. Patru va céder ses livres, ses chers livres, son plus grand trésor, et cela pour une faible somme, parce que les acheteurs abusent du besoin où il se trouve. Aussitôt Boileau va trouver Patru : il lui propose d'acheter ses livres, et lui en offre un prix élevé ; Patru accepte. — Fort bien, dit Boileau, mais je mets à notre marché une condition. — Laquelle ? — C'est que vous me rendrez le service de garder dans votre maison tous ces livres qui ne reviendront dans la mienne qu'après votre mort. — Et Patru, les larmes aux yeux, remercie Boileau de cette générosité délicate. Le prix d'un bienfait est double, quand ce bienfait cherche à se cacher lui-même.

BOILEAU *et son jardinier.* — Boileau naquit à Paris en 1636 et y mourut en 1711. Il avait une maison de campagne aux environs de Paris, à Auteuil. Il raconte quelque part les causeries qu'il aimait à faire avec son jardinier et lui adresse de jolis vers.

III. Parmi les savants nombreux que Paris a vus naître, un des plus illustres est LAVOISIER, né en 1743. Il fit ses études dans les grands collèges de Paris et y obtint les plus beaux succès. Dès sa première jeunesse il montra un goût très vif pour les sciences ; il étudia l'astronomie, puis la botanique avec Jussieu, et enfin une science qu'il devait plus tard transformer et renouveler : la *chimie*. C'est la chimie qui enseigne de quels éléments les différentes choses sont composées, par exemple de quoi sont formés l'air, l'eau, le feu. C'est cette science qui apprend aussi à fabriquer tant de choses dont nous nous servons : l'alcool, le vinaigre, la potasse, la soude, les couleurs des peintres, celles des teinturiers, les médicaments des pharmaciens.

LAVOISIER DANS SON CABINET DE CHIMIE. — Le grand chimiste est occupé à faire bouillir une substance dans un vase recourbé appelé *cornue*. Il en recueille les vapeurs pour en étudier la composition.

Au sortir du collège, Lavoisier se retira dans l'isolement, ne voyant personne, mangeant à peine pour pouvoir mieux travailler d'esprit, tout entier à ses recherches scientifiques.

Aussi, dès l'âge de vingt cinq ans, grâce à ses savants travaux, il fut élu membre de l'Académie des sciences.

On doit à Lavoisier de nombreuses découvertes : c'est lui qui a su trouver le premier de quels gaz l'air que nous respirons se compose, de quels éléments est formée l'eau que nous buvons ; c'est lui qui a expliqué comment la respiration nous fait vivre et entretient la chaleur de notre corps. Lavoisier est le créateur de la chimie moderne.

En même temps qu'il se livrait à tous ces travaux par amour de la vérité et de la science, il entreprit, dans un but d'humanité, une foule d'autres études. Il fit des expériences malsaines et dangereuses sur les gaz qui s'échappent des fosses d'aisances, et qui si souvent causent la mort des travailleurs. Il raconte lui-même ces expériences avec une noble simplicité et expose toutes les précautions que les travailleurs doivent prendre pour éviter les accidents.

Malheureusement, une mort prématurée vint arrêter le grand Lavoisier au milieu de ses travaux. C'était l'époque sanglante de 1794, où la France attaquée de tous côtés, au dehors et au dedans, ne savait plus distinguer ses amis et ses ennemis. Lavoisier, qui avait occupé un poste dans les finances, fut accusé avec beaucoup d'autres. Lui-même, sûr de son innocence, au lieu de s'enfuir, vint noblement se constituer prisonnier. Mais, enveloppé dans une condamnation qui frappait à la fois des coupables et des innocents, il mourut sur l'échafaud.

La veille de sa mort, les savants qui avaient travaillé avec lui et qui admiraient son génie étaient venus le voir dans son cachot : ils lui avaient apporté une couronne, symbole de la gloire qui lui était réservée dans l'avenir.

CXX. — La ferme du père Guillaume dans l'Orléanais. — Les ruines de la guerre.

Les maux de la guerre ne finissent point avec elle; que de ruines elle laisse à sa suite quand elle a passé quelque part!

Quelques heures après être partis de Paris, et après avoir traversé Chartres, célèbre par sa belle cathédrale gothique, nos voyageurs descendaient du chemin de fer. Ils laissèrent dans la petite gare leurs caisses de voyage ; puis, munis seulement d'un paquet léger et d'un bâton, ils suivirent à pied la route qui menait à la ferme de la Grand'Lande, située dans la partie la plus montueuse de l'Orléanais.

Ils marchèrent assez longtemps le long d'une jolie chaîne de collines au pied desquelles serpentait la rivière. Ils suivaient un sentier étroit, déjà ombragé par les feuilles naissantes des arbres; au-dessus d'eux les oiseaux chantaient dans les branches, fêtant le prochain retour du printemps. Julien, plus gai encore que les pinsons qui gazouillaient autour de lui, sautait de joie en marchant : — Oh! disait-il, quel bonheur! Nous allons donc être tous réunis, et puis nous allons vivre aux champs!...

André partageait en lui-même la joie de Julien; l'oncle Frantz se sentait aussi tout heureux à la pensée de revoir son vieil ami le pilote Guillaume et de s'installer auprès de lui avec ses deux enfants d'adoption.

Ils marchaient depuis une bonne demi-heure et n'avaient encore rencontré personne à qui s'informer du chemin ; ils craignirent de s'être égarés. Afin d'apercevoir mieux le pays, ils montèrent sur un talus, et Julien distingua, à deux cents pas de là, derrière une haie, deux petites filles accroupies par terre, un couteau à la main, en train de cueillir de la salade sauvage. Il les appela pour qu'elles leur indiquassent le chemin. Sa voix fut plusieurs fois répétée par un bel écho de la colline ; malgré cela, les deux petites filles étaient si occupées à leur besogne qu'elles n'y firent point attention.

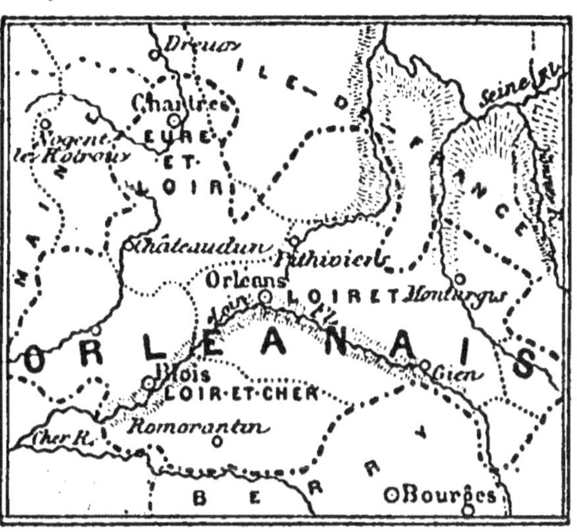

CARTE DE L'ORLÉANAIS. — C'est dans l'Orléanais que se trouvent les plaines fertiles de la Beauce, surnommées les greniers de Paris. Par malheur, vers le sud, l'Orléanais renferme des plaines stériles et marécageuses. La ville la plus importante est Orléans (50 000 hab.). Viennent ensuite Chartres (20 000 hab.), qui fait un grand commerce de blé ; Blois (20 000 hab.), sur la Loire, célèbre par son ancien château et ses souvenirs historiques ; Vendôme, sur le Loir. Châteaudun est célèbre par sa défense héroïque contre les armées allemandes.

— Mon oncle, dit alors Julien, je vais descendre la colline et courir près d'elles pour leur demander le chemin.

L'enfant courut en avant et s'approchant des deux petites, qui avaient levé la tête en l'entendant venir :

— Est-ce que la ferme de la Grand'Lande est loin d'ici ? leur demanda-t-il.

— Oh ! non, répondit l'aînée, dans cinq minutes on est chez nous.

— Chez vous, reprit Julien en regardant les deux enfants de tous ses yeux ; mais alors vous êtes donc les petites filles de M. Guillaume ?

— Mais oui, répondirent-elles à la fois.

— Et nous, s'écria le petit garçon tout joyeux, nous

sommes ses amis et nous venons le voir. Peut-être bien vous a-t-il parlé de nous déjà : je m'appelle Julien Volden, moi, et je sais votre nom à toutes les deux : tenez, vous qui êtes grande comme moi, vous vous appelez Adèle, dit Julien en désignant l'aînée des petites, et votre sœur, qui est plus jeune, s'appelle Marie ; elle a cinq ans.

La petite Marie se mit à sourire : — Notre père nous a parlé de vous aussi, Julien, dit-elle ; il vous aime beaucoup.

Et les deux enfants regardèrent Julien avec intérêt, comme si la connaissance était désormais complète entre eux.

Julien, enchanté, reprit aussitôt : Vous devez être bien contentes à présent d'avoir une ferme et de vivre aux champs? Moi, j'aime les champs comme tout, savez-vous? Et les vaches, et les chevaux, et toutes les bêtes, d'abord!

La ferme ravagée par la guerre. — La guerre est toujours un grand malheur pour les peuples, quel qu'en soit le résultat, et les vainqueurs souvent n'y perdent pas moins que les vaincus. Là où les batailles se livrent, les campagnes sont dévastées ; la vie entière dans tout le pays est suspendue tant que dure la guerre, l'industrie est en souffrance, le commerce est arrêté et ne reprend ensuite qu'avec peine. Néanmoins, quand la Patrie est attaquée, c'est à ses enfants de se lever courageusement pour la défendre ; ils doivent sacrifier sans hésiter leurs biens et leur vie.

Le visage des petites filles s'était assombri. L'aînée poussa un gros soupir et ne répondit rien. La plus jeune, Marie, plus expansive que sa sœur, s'écria tristement :

— Oh! Julien, nous avons beaucoup de peine, au contraire. Il y a sur la ferme des charges trop dures, à ce que dit papa ; et puis, pendant la guerre, les bâtiments ont été à moitié détruits ; rien n'est ensemencé. Alors papa dit : « Il vaut mieux que je m'en retourne sur mer! » et maman pleure.

L'enfant, qui avait exposé la situation tout d'une haleine, s'arrêta d'un air découragé.

La petite figure de Julien s'attrista à son tour. En ce moment, l'oncle Frantz et André arrivèrent, et on se dirigea vers la ferme.

Chemin faisant, chacun observait la campagne, en réfléchissant aux paroles désolées de la petite.

Bientôt on vit se dessiner au pied de la colline, derrière quelques noyers mutilés, les bâtiments de la ferme.

— Mon Dieu! s'écria Julien en joignant les mains avec tristesse, pauvre maison! elle est presque démolie : il y a des places où il ne reste plus que les quatre murs tout noirs avec des trous de boulets. Je vois qu'on s'est battu ici comme chez nous : il me semble que je reviens à Phalsbourg.

Et, tout en marchant, Julien réfléchissait aux malheurs sans nombre que la guerre entraîne après elle partout où elle passe.

CXXI. — J'aime la France.

Le travail est béni du ciel, car il fait renaître le bonheur et l'aisance où la guerre ne laisse que deuil et misère.

Dans la grande salle délabrée de la ferme, dont les murs portaient encore la trace des balles, le pilote Guillaume se promenait la tête basse, les mains derrière le dos. Il était changé : il n'avait point cet air d'assurance et de décision qui lui était habituel à bord du navire : il semblait inquiet et abattu.

A la voix de la petite Marie il se retourna et, apercevant ses amis, il courut se jeter au cou de son ancien camarade.

— Frantz, lui dit-il, à demi-voix, tu arrives à propos, car je suis dans la peine et je compte sur ton amitié pour me donner du courage. Il va me falloir encore quitter ma femme et mes enfants, alors que j'espérais passer ici auprès d'eux le temps qui me reste à vivre : je suis tout triste en y pensant.

Pendant qu'il disait ces mots, les yeux limpides du vieux pilote devenaient humides malgré lui. Tout d'un coup, faisant effort sur lui-même et se redressant brusquement : — Allons, dit-il, ce n'est qu'une espérance à abandonner. — Et comme Frantz l'interrogeait : — Voici, dit-il, en deux mots ce dont il s'agit. Le parent qui nous a laissé cette propriété en héritage avait emprunté de l'argent sur sa terre; je ne puis rembourser cet argent, et je vais être obligé de vendre la terre ; mais les biens ont tant baissé de prix depuis la guerre et la ferme est en si triste état, que je ne la vendrai pas moitié de ce qu'elle vaut. Je serai donc après cela au même point qu'avant d'hériter, et je n'aurai d'autre ressource que de retourner sur l'Océan.

L'oncle Frantz s'approcha du pilote et prenant sa main dans les siennes :

— Guillaume, dit-il avec émotion, te rappelles-tu cette nuit d'angoisse que nous avons passée ensemble au milieu de la tempête? Nous te devons la vie. A présent que tu te trouves dans l'embarras, c'est à nous de te venir en aide.

— Oui, dit André en s'approchant, nous vous avons promis alors d'aider les autres à notre tour comme vous nous avez aidés vous-même ; nous tiendrons notre promesse.

— Mes braves amis, dit Guillaume, malheureusement vous ne pouvez rien : je n'ai besoin que d'argent, et vous en avez, hélas! moins encore que moi-même.

— Guillaume, reprit l'oncle Frantz, tu te trompes : je ne suis plus aussi pauvre que je l'étais quand tu nous as quittés, et c'est maintenant surtout que j'en suis heureux, puisque je puis t'être utile.

En même temps il avait tiré de sa poche une liasse de papiers.

— Tiens, dit-il, regarde : les honnêtes gens ne manquent pas encore en France; le fils de l'armateur de Bordeaux m'a remboursé tout ce qui m'était dû par son père. Prends cela, et va payer ceux qui voudraient te forcer à vendre ton bien pour l'acheter le quart de ce qu'il vaut.

Guillaume était si ému qu'il resta un moment sans répondre.

Puis, gravement : — J'accepte, Frantz, dit-il, mais à une condition : c'est que nous ne nous séparerons plus. Ma terre, une fois délivrée de cette charge, a de la valeur ; elle est fertile, nous nous associerons pour la cultiver, nous partagerons les profits ; nous ne ferons plus qu'une seule famille.

Et les deux amis s'embrassèrent étroitement, tandis que la femme du vieux pilote, de son côté, remerciait Frantz avec effusion. A ce moment, la petite Marie s'approcha de son père ; elle le tira doucement par sa manche, et à demi-voix :

— Alors, dit-elle en souriant, Julien restera avec nous aussi ?

— Je le crois bien, répondit le vieux pilote en prenant le petit garçon sur ses genoux : il ira en même temps que vous deux à l'école, et, si vous n'apprenez pas vite et bien, il vous fera honte, car il est studieux, lui, et il connaît maintenant son pays mieux que la plupart des autres enfants. Et toi, André, tu nous aideras à cultiver cette terre jusqu'à ce que nous ayons trouvé à t'établir comme serrurier au village voisin. Ce ne sera pas trop de notre travail à tous les trois pour ensemencer ces champs restés en friche depuis la guerre et pour reconstruire cette maison en ruine.

— Oui, Guillaume, dit Frantz avec émotion, tu as raison ; nous travaillerons tous, chacun de notre côté. Si la guerre a rempli le pays de ruines, c'est à nous tous, enfants de la France, d'effacer ce deuil par notre travail, et de féconder cette vieille terre française qui n'est jamais ingrate à la main qui la soigne. Dans quelques années, nous aurons couvert les champs qui nous entourent de riches moissons; nous aurons relevé pièce par pièce le toit de la ferme, et si vous voulez, mes amis, nous y placerons joyeusement un petit drapeau aux couleurs françaises.

Chacun applaudit à la proposition de l'oncle Frantz, et Julien plus fort que tout le monde : — Oui, oui, c'est cela, mon oncle, s'écria-t-il. Quand je pense que nous avons eu tant de peine pour être Français et que nous le sommes maintenant ! — En même temps, il regardait les petites filles de Guillaume : — N'aimez-vous pas la France? leur dit-il ; oh ! moi, de tout mon cœur j'aime la France.

Et dans la joie qu'il éprouvait de se voir enfin une patrie, une maison, une famille, comme le pauvre enfant l'avait si souvent souhaité naguère, il s'élança dans la cour de la ferme, frappant ses petites mains l'une contre l'autre; puis, songeant à son cher père qui aurait tant voulu le savoir Français, il se mit à répéter de nouveau à pleine voix : — J'aime la France !

« J'aime la France !... la France !... France..., » répéta fidèlement et nettement le bel écho de la colline, qui se répercutait encore dans les ruines de la ferme.

Julien s'arrêta surpris.

— Tous les échos te répondent l'un après l'autre, Julien, dit gaîment André.

— Tant mieux, s'écria le petit garçon, je voudrais que le monde entier me répondît et que chaque pays de la terre dît : « J'aime la France. »

— Pour cela, reprit l'oncle Volden, il n'y a qu'une chose à faire : que chacun des enfants de la patrie s'efforce d'être le meilleur possible ; alors la France sera aimée autant qu'admirée par toute la terre.

Six ans se sont écoulés depuis ce jour. Ceux qui ont vu la ferme de la Grand'Lande à cette époque ne la reconnaîtraient plus maintenant.

Pas un mètre de terrain n'est inoccupé, et la jachère y est inconnue ; le sol travaille sans cesse : aussitôt les céréales moissonnées, la charrue retourne les sillons, et de nouveau on ensemence la terre en variant les cultures avec intelligence. Grâce aux riches prairies de trèfle et de luzerne, le fourrage ne manque jamais à la ferme. Au lieu de six vaches qu'elle nourrissait avant la guerre, la terre de la Grand'Lande en nourrit douze, sans compter trois belles juments dont les poulains s'ébattent chaque année dans les regains des prairies. C'est vous dire qu'avec tous ces animaux l'engrais ne manque pas, et que chaque année la terre, au lieu de s'appauvrir, va s'améliorant.

LA FERME RÉPARÉE PAR LA PAIX. — Peu de nations ont éprouvé un plus grand désastre que la France en 1870, mais peu de nations auraient pu le réparer avec une aussi grande rapidité. Malgré cette crise violente, notre commerce, déjà considérable, a continué à s'accroître ; il a augmenté de plus d'un milliard. C'est par le travail et l'activité de tous ses enfants que la patrie devient ainsi chaque jour plus prospère.

Mais aussi comme tout le monde travaille à la Grand'-Lande! C'est une vraie ruche où les paresseux ne trouveraient pas de place.

Venez avec moi, nous la parcourrons en quelques instants.

Il est à peine jour sur les coteaux verts de la ferme, mais les coqs vigilants ont salué la petite pointe de l'aurore : à leur voix le poulailler s'éveille; une trentaine de poules, caquetant et chantant, vont chercher dans la rosée les petits vers qu'a fait sortir la fraîcheur de la nuit. Bientôt la ménagère matinale, la bonne dame Guillaume, elle aussi, sera debout. Regardez : sa fille aînée la suit. Adèle est une belle et laborieuse fille qui a déjà quinze ans et demi, et qui, active comme sa mère, court partout où sa présence est utile, à la laiterie, aux étables, au potager.

Le potager, c'est surtout le domaine de l'oncle Frantz. Le voyez-vous qui tire au cordeau des planches symétriques pour repiquer des salades? L'oncle Frantz est un jardinier de premier ordre. Il a aussi un verger superbe, avec des espaliers que ne renieraient point les horticulteurs de la banlieue parisienne.

Mais voici le pilote Guillaume. Il conduit à l'abreuvoir le joli troupeau de vaches, les juments et leurs poulains. Le vieux pilote a pris tout ce bétail sous sa haute juridiction, et il aime son troupeau comme jadis il affectionnait son navire : — Depuis six ans que je les soigne, s'écrie-t-il parfois avec un légitime orgueil, je n'en ai pas eu une seule de gravement malade.

Mais aussi comme toutes ces bêtes ont l'air bien soignées! Comme elles sont propres! Comme elles s'en reviennent du pas tranquille et lent qui leur plaît le mieux! Guillaume a façonné son pas au leur : — Affaire d'habitude, dit-il; c'est moins difficile que d'apprendre l'équilibre au roulis des vagues.

Cette fillette de onze ans qui sort de la ferme, c'est la petite Marie, la plus jeune de la famille. D'une main elle emporte avec précaution la soupe chaude des laboureurs, de l'autre elle tient ses livres de classe, car elle va de ce pas à l'école.

Venons avec elle jusque là-bas, dans ces champs où les gais rayons du soleil sèment leur or sur les sillons. Reconnaissez-vous ce grand garçon barbu déjà ? C'est André. Quand il y a chômage chez le serrurier du bourg, André travaille à la ferme. En ce moment, deux beaux bœufs rouges traînent la charrue : le jeune homme les excite doucement, et de sa voix mâle, un peu grave, il chante une vieille chanson du pays natal ; car André n'a oublié ni son père, ni son premier amour, la Patrie. A l'heure matinale où l'alouette, montant comme une flèche, chante au-dessus des sillons, l'âme du jeune homme s'élance, elle aussi, tantôt vers le passé plein de souvenirs, tantôt vers l'avenir qui s'ouvre avec ses devoirs et avec ses espérances. André a vingt ans sonnés : il sera bientôt sous les drapeaux, il sera bientôt soldat de la France.

Près d'André, regardez cet adolescent encore un peu mince, avec de grands yeux expressifs et affectueux : c'est notre petit Julien. Comme il a grandi ! C'est qu'il a quatorze ans et demi, savez-vous ? Ah ! le temps passe vite. Oui, mais Julien l'a bien employé : il a appris tout ce qu'un jeune homme peut apprendre dans la meilleure école et avec la meilleure volonté possible.

Mais quel est ce camarade de son âge qui travaille aux champs avec lui et qui ne le quitte guère ? Devinez... Vous le connaissez pourtant ; c'est le jeune Jean-Joseph, l'orphelin d'Auvergne, qui a pu venir rejoindre nos amis à la ferme de la Grand'Lande : il est devenu pour eux comme un nouveau frère.

Vous souvenez-vous? il y a six ans, à pareille époque, André et Julien s'étaient endormis sous un sapin de la montagne, à la veille de franchir les Vosges ; et, quand le soleil s'était levé ce matin-là, les deux enfants sans soutien, s'agenouillant sur la terre de France qu'ils venaient d'atteindre, s'étaient écriés ensemble : « France aimée, nous sommes tes enfants, et nous voulons devenir dignes de toi ! » Ils ont tenu parole. Les années ont passé, mais leur cœur n'a point changé ; ils ont grandi en s'appuyant l'un sur l'autre et en s'encourageant sans cesse à faire le bien ; ils resteront toujours fidèles à ces deux grandes choses qu'ils ont appris si jeunes à aimer : Devoir et Patrie.

TABLE DES MATIÈRES

SAINT-CLOUD. — IMPRIMERIE Ve ECO. BELIN ET FILS.

www.ingramcontent.com/pod-product-compliance
Lightning Source LLC
LaVergne TN
LVHW010102240826
846091LV00017B/377